FÜR SIE

Was koche ich morgen?

*Zusammenstellung, Erprobung und
Bearbeitung der Rezepte:*
Kochstudio und Redaktion
„Kochen und Moderne Ernährung"
der Frauenzeitschrift FÜR SIE.
Helga Ganzow (Leitung)
Heide Cohrs
Gisela Knutzen, Bielefeld

Text:
Helga Ganzow

Grafik:
Jürgen Helge

Fotos:
Studio Arnold Zabert, Hamburg

Satz:
Utesch Satztechnik, Hamburg

Druck:
Printed in Germany

ISBN 3-7670-0342-2

FÜR SIE

Was koche ich morgen?

Vehling-Verlag
Werl i.W. · Hergiswil · Graz

GERICHTE FÜR JEDEN GESCHMACK: SO WIRD DAS KOCHEN ZUM VERGNÜGEN

Das kennen Sie vielleicht: Da steht man vor dem Vorrats- oder Kühlschrank und stellt sich die Frage: „Was koche ich morgen?" Schließlich möchte jede Hausfrau den Speisezettel möglichst abwechslungsreich gestalten – also immer wieder mal ein anderes Gericht auf den Tisch bringen. Gar nicht so einfach. Aber mit den Rezepten aus diesem Buch ist das kein Problem mehr. Die Expertinnen des FÜR SIE-Kochstudios haben für Sie 366 leckere Gerichte zusammengestellt. Von Januar bis Dezember – für jeden Tag des Jahres finden Sie die passende Hauptmahlzeit. Natürlich mit Zutaten, z. B. Obst, Gemüse, Fisch und Geflügel, die in dem jeweiligen Monat gerade günstig auf dem Markt angeboten werden. Für jeden Geschmack und für jede Gelegenheit ist etwas dabei.

Zum Beispiel:

- Gute Hausmannskost für alle, die es deftig mögen.
- Gerichte für die schnelle Küche. Ideal für Berufstätige, die auch mit wenig Zeitaufwand eine leckere Mahlzeit zaubern möchten. Deshalb empfehlen wir Ihnen auch Rezepte mit Tiefkühlkost, für den Schnellkochtopf und mit der Mikrowelle.
- Süße Hauptspeisen – besonders für die heiße Jahreszeit.
- Feine Gerichte für Gäste.
- Vollwertkost – der neue Trend in der Küche.

Denn unser Speisezettel hat sich geändert. Immer mehr Frauen haben erkannt, wie wichtig es ist, gesundheitsbewußt und trotzdem schmackhaft zu kochen.
Das trifft exakt auf die Vollwertkost zu: Gerichte mit Getreideprodukten, frischem Obst und Gemüse, Sprossen, Nüssen und Hülsenfrüchten.

- Kalorienarme Vorschläge für die schlanke Linie.
- Gerichte ohne Fleisch – für die leichte Küche.

Sie brauchen also nur zu wählen. Zu empfehlen sind alle Gerichte. Denn sie schmecken gut und sind auf Gramm, Grad und Minute getestet. Das heißt: Jede Zutat, jede Beschreibung der einzelnen Arbeitsstufen bei der Zubereitung, jede Zeit-, Temperatur- und Kalorienangabe wurde im FÜR SIE-Kochstudio genau getestet.
Damit auch wirklich alles gelingt, verraten wir noch eine Fülle von Tips und Tricks, z. B. wie eine Brühe geklärt wird. Und damit Sie das „Küchenlatein“ verstehen, haben wir ein kleines Kochlexikon zusammengestellt. Sie erfahren darin z. B., was pochieren, blanchieren oder bardieren bedeutet. Auch über die verschiedenen Gar-Methoden und über Mengen und Gewichte informieren wir. Und nicht zu vergessen: Unser Saison-Kalender zeigt Ihnen, in welchen Monaten die Hauptangebotszeit der einzelnen Gemüse- und Obstsorten ist.
Kurzum: Mit dem Buch „Was koche ich morgen?“ wird die Aufstellung des täglichen Speisezettels zum Vergnügen. Wir wünschen Ihnen gutes Gelingen beim Ausprobieren.

Ihre
Helga Ganzow,
Leiterin des Ressorts „Kochen und Moderne Ernährung“ der Frauenzeitschrift FÜR SIE

INHALT

Januar

Februar

März

April

Mai

Juni

Juli

August

September

Oktober

November

Dezember

SAISONKALENDER

Gemüsekalender

	JAN	FEB	MÄRZ	APR	MAI	JUNI	JULI	AUG	SEPT	OKT	NOV	DEZ
Artischocken	○	○	●	●	●					○	○	○
Auberginen	○	○	○	○	●	●	●	●	●	○	○	○
Blumenkohl	○	○	●	●	○	●	●	●	●	○	○	○
Bohnen						○	●	●	●	●		
Broccoli	○	○	○			○	●	●	●	●	○	○
Chicorée	●	●	○	○						○	●	●
Endiviensalat	○	○	○	○	○	○	●	●	●	●	○	○
Erbsen, grün				○	○	●	●	●	○			
Feldsalat	●	●	○						○	●	●	●
Fenchel				○	○	○	○	○	●	●	○	○
Grünkohl	●	○	○							●	●	●
Kohlrabi				○	●	●	●	○	○	○		
Kopfsalat			●	●	●	●	●	●	●			
Mangold							●	●	●	○		
Möhren	●	○	○	○	○	●	●	●	●	●	●	●
Paprika	○	○	○	○	○	○	○	●	●	●	○	○
Porree	○	○	○	○	○	○	○	●	●	●	●	●
Radiccio	●	●	○	○							○	●
Radieschen	○	○	○	○	●	●	●	○	○	○	○	○
Rosenkohl	●	●	○	○						●	●	●
Rote Bete	○	○							●	●	●	●
Rotkohl	●	●	●	○	○	○	○	●	●	●	●	●
Schwarzwurzeln	●	●	○							○	●	●
Sellerie	●	●	●	○	○	○	○	○	○	●	●	●
Staudensellerie	○	○	○	○	○	○	○	○	●	●	●	●

Zeichenerklärung: ● Monate starker Angebote ○ Monate geringerer Angebote

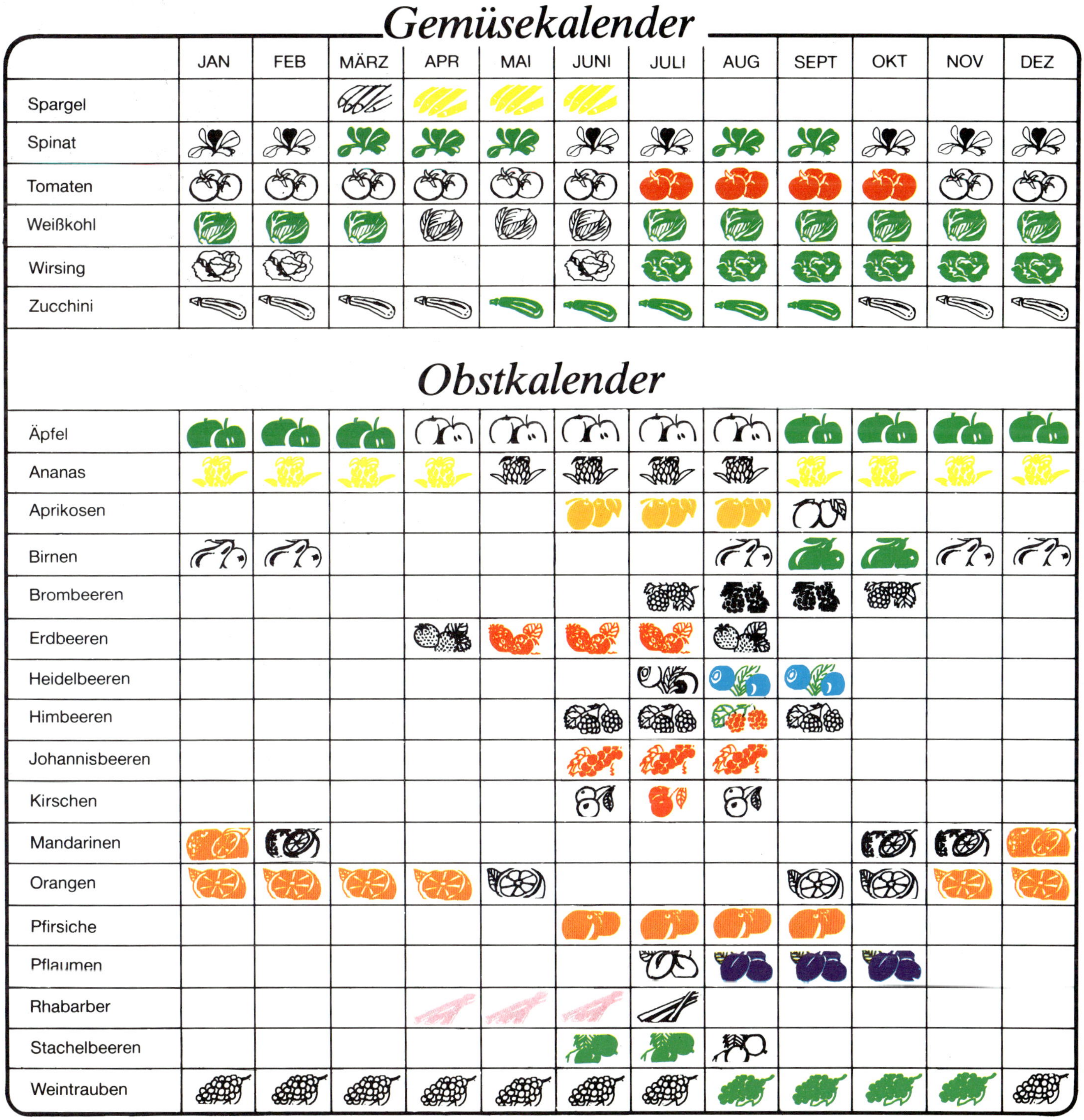

Zeichenerklärung: Monate starker Angebote Monate geringerer Angebote

JANUAR

Im Januar sollten Sie Gerichte mit typischem Wintergemüse auf den Speisezettel setzen, zum Beispiel Weißkohl, Wintermöhren, Steckrüben und Knollensellerie.
Zu empfehlen sind auch Schwarzwurzeln. Die erdigen, braunen Stangen werden in diesen Wochen reichlich angeboten. Unter der unscheinbaren Schale verbirgt sich ein feines, weißes Gemüse. Es ähnelt im Geschmack ein wenig dem Spargel. Daher werden die Stangen auch als Spargel des Winters bezeichnet.

Gemüse-Eier-Nester

Zutaten *(für 4 Personen):*
3 grüne Paprikaschoten (à 150 g),
200 g Tomaten,
1 Bund Petersilie,
1 Knoblauchzehe,
1 Eßlöffel Butter oder Margarine (20 g),
Salz, Pfeffer,
4 Eier.

Zubereitung: Die Paprikaschoten halbieren, entstielen, entkernen und die weißen Scheidewände entfernen. Unter fließendem kaltem Wasser abspülen und dann in Streifen schneiden. Die Tomaten kurz in kochendes Wasser geben, herausnehmen, in kaltem Wasser abschrecken und die Haut abziehen. Die Tomaten halbieren, entkernen und das Fruchtfleisch in Würfel schneiden. Petersilie von den Stielen zupfen, waschen, trockentupfen und fein hakken. Die Knoblauchzehe abziehen und in feine Scheiben schneiden.
Nun Butter oder Margarine in einer Pfanne erhitzen und Paprikastreifen, Tomatenwürfel und Knoblauchscheiben hineingeben. Mit Salz und Pfeffer würzen und alles etwa 5 Minuten dünsten. Dann vier Vertiefungen in das Gemüse drücken und jeweils ein Ei über den Vertiefungen aufschlagen. Zugedeckt alles etwa 10 Minuten stocken lassen. Evtl. noch mit etwas Salz und Pfeffer würzen und mit gehackter Petersilie garnieren. Dazu Bauernbrot reichen.
Pro Person: ca. 590 kcal (2480 kJ). Zubereitungszeit: ca. 55 Minuten.

Steckrüben-Eintopf

Zutaten *(für 4 Personen):*
1 Steckrübe (1,1 kg),
500 g Möhren,
1 Zwiebel (50 g),
750 g Schweinebauch,
750 ml (¾ l) Fleischbrühe (Instant),
Salz, Pfeffer,
1 Bund Majoran,
1 Bund Petersilie.

Zubereitung: Die Steckrübe in Scheiben schneiden, schälen und waschen. Die Möhren putzen, schrappen oder schälen und waschen. Steckrübe und Möhren in Stifte schneiden. Die Zwiebel abziehen und würfeln. Das Fleisch unter fließendem kaltem Wasser abspülen, trockentupfen, würfeln und ohne Fett kurz in einem Topf anbraten. Die Zwiebelwürfel kurz mitbräunen und die Gemüsestifte zufügen. Die Brühe angießen und mit Salz und Pfeffer würzen. Zugedeckt alles etwa 30 Minuten kochen.

Majoran und Petersilie unter fließendem kaltem Wasser abspülen, trockentupfen, die Blättchen von den Stielen zupfen. Die Petersilie hacken. Den Eintopf abschmecken und mit Majoranblättern und gehackter Petersilie bestreut servieren.

Pro Person: ca. 980 kcal (4120 kJ). Zubereitungszeit: ca. 50 Minuten.

Rindfleischsuppe mit Backobst

Zutaten *(für 4 Personen):*
Für die Suppe:
750 g Suppenfleisch (Querrippe),
1 l Fleischbrühe (Instant),
250 g Backobst,
1 Bund Suppengrün.
Für die Klöße:
Je 125 ml (⅛ l) Wasser und Milch,
2 Eßlöffel Margarine (40 g),
½ Teelöffel Salz,
geriebene Muskatnuß,
125 g Grieß,
2 Eier.

Zubereitung: Das Suppenfleisch unter fließendem kaltem Wasser abspülen. Die Brühe zum Kochen bringen. Das Fleisch hineingeben und zugedeckt etwa 1 Stunde kochen lassen.
Inzwischen das Backobst einweichen. Suppengrün putzen, waschen und in Stücke schneiden. Backobst nach 1 Stunde zum Fleisch geben und das Suppengrün nach weiteren 30 Minuten zufügen. Alles nochmal 15 Minuten kochen lassen.
Für die Klöße Wasser, Milch, Margarine, Salz und geriebene Muskatnuß zum Kochen bringen. Grieß auf einmal hineinschütten und gut rühren, bis sich ein Kloß bildet, der sich vom Topfboden löst. Die Masse etwas abkühlen lassen und nun die Eier nacheinander unterrühren. Von der Masse mit zwei Eßlöffeln Klöße abstechen. Diese in siedendes, leicht gesalzenes Wasser gleiten und etwa 10 Minuten garziehen lassen. Nun das Fleisch aus der Brühe nehmen und in Würfel schneiden. Zusammen mit den Klößen wieder in die Suppe geben. Die Suppe nach Belieben mit glatter Petersilie garniert anrichten.
Pro Person: ca. 780 kcal (3280 kJ). Zubereitungszeit: ca. 2 Stunden.

Rinderfilet-gulasch

Zutaten *(für 4 Personen):*
500 g Rinderfilet,
8 Eßlöffel Speiseöl (80 g),
Salz, Paprika, edelsüß,
500 g Porree,
je 8 Eßlöffel Rotweinessig und Sojasauce,
4 Teelöffel rote Pfefferkörner,
400 ml Schlagsahne,
Zucker.

Zubereitung: Das Fleisch unter fließendem kaltem Wasser abspülen, gut trockentupfen und in Würfel schneiden. Das Öl in einer Pfanne heiß werden lassen und die Fleischstücke darin von allen Seiten gut anbraten. Mit Salz und Paprika würzen. Vom Porree das Wurzelende und ca. ⅓ Grün abschneiden, der Länge nach aufschlitzen und gründlich unter fließendem kaltem Wasser waschen. Die Porreestangen in feine Streifen schneiden, einige zum Garnieren zurückstellen und die restlichen Porreestreifen zum Fleisch geben und ca. 1 Minute mitbraten. Nun Essig, Sojasauce, rote Pfefferkörner (davon ebenfalls einige zum Garnieren beiseite stellen) und Sahne zufügen. Alles weitere 2 Minuten schmoren lassen. Mit Zucker abschmecken. Das Filetgulasch mit Porreestreifen und roten Pfefferkörnern garniert servieren. Dazu Reis reichen.
Pro Person: ca. 670 kcal (2810 kJ). Zubereitungszeit: ca. 20 Minuten.

Bananen-Apfel-Auflauf

Zutaten *(für 4 Personen):*
Mark einer Vanilleschote,
1 unbehandelte, gewaschene Zitrone,
100 g gemahlener Dinkel (Weizensorte, gibt's im Reformhaus),
50 g Maisgrieß,
80 g Haselnußblättchen,
1 Messerspitze gemahlener Zimt,
80 g Butter,
2 Eßlöffel Honig,
400 g Äpfel,
4 mittelgroße Bananen (500 g).

Zubereitung: Zuerst die Vanilleschote aufschlitzen und das Mark herausschaben. Die Schale der Zitrone abreiben. Nun Dinkel, Grieß, die Hälfte der Haselnußblättchen, Vanillemark, Zimt und die abgeriebene Zitronenschale in einer Schüssel vermischen. Die Butter durch kurzes Erhitzen flüssig werden lassen und mit dem Honig in die Schüssel geben. Alles mit den Knethaken des Handrührgerätes zu einer krümeligen Masse verarbeiten. Die Äpfel schälen und ein Viertel Stück Apfel zur Garnierung zurückbehalten. Vom Rest das Kerngehäuse entfernen und dann grob raffeln. Die Bananen schälen und in Scheiben schneiden. Dabei ebenfalls eine Banane für die Garnierung zurückstellen. Das Obst unter die Auflaufmasse mischen und in eine gefettete Auflaufform füllen. Im Backofen auf mittlerer Schiene bei 200 Grad etwa 30–40 Minuten backen. Nach 20 Minuten mit Apfelspalten, längs halbierter Banane und restlichen Nüssen garnieren und weiterbacken.
Pro Person: ca. 570 kcal (2390 kJ). Zubereitungszeit: ca. 75 Minuten.

Kartoffelklöße mit Basilikum

Zutaten *(für 4 Personen):*
1 kg Kartoffeln (mehlig kochend),
Pfeffer, Salz,
geriebene Muskatnuß,
2 Eier,
220–250 g Weizenmehl,
Salzwasser.
Außerdem:
1 Topf Basilikum,
2–3 Eßlöffel Butter (50 g),
3–4 Eßlöffel geriebener Parmesankäse (40 g).

Zubereitung: Die Kartoffeln gründlich waschen, mit der Schale kochen, kurz abkühlen lassen und pellen. Die Kartoffeln mit einem Kartoffelstampfer zerdrücken und mit Pfeffer, Salz und geriebener Muskatnuß würzen. Die Eier verquirlen und zu der Kartoffelmasse gießen. Nun soviel Mehl unter die Masse kneten, bis sie nicht mehr klebt. Mit den Händen 8–12 Klöße formen und diese im siedenden Salzwasser etwa 10 Minuten ziehen lassen. Inzwischen die Basilikumblätter von den Stielen zupfen, waschen, trockentupfen und fein schneiden. Die Butter zerlassen und geschnittenes Basilikum hineingeben. Die Klöße abtropfen lassen, in eine Schüssel geben (siehe Tip) und mit heißer Basilikumbutter übergießen.
Parmesan dazu reichen.
Pro Person: ca. 470 kcal (1970 kJ). Zubereitungszeit: ca. 60 Minuten.

So servieren Sie Klöße am besten:

Legen Sie einen kleinen Teller mit der Wölbung nach oben in die Servierschüssel. So kann sich das abfließende Wasser darunter sammeln, und die Klöße bleiben schön trocken.

Gebackener Rotbarsch

Zutaten *(für 4 Personen):*
1 Rotbarsch (1,5 kg),
Zitronensaft,
2 Päckchen getrocknete Steinpilze (à 5 g),
6 Eßlöffel Wasser oder Sherry,
Salz, Pfeffer,
3 Zweige Rosmarin,
3 Eßlöffel Speiseöl (30 g),
3 Zwiebeln (150 g),
100 g durchwachsener Speck.

Zubereitung: Den Fisch unter fließendem kaltem Wasser abspülen. Etwas trockentupfen und mit Zitronensaft beträufeln. Die Steinpilze in Wasser oder Sherry etwa 20 Minuten einweichen. Salz, Pfeffer und einige Rosmarinnadeln mischen und den Fisch damit von innen und außen würzen. Den Fisch auf ein geöltes Backblech setzen und im Backofen bei 200 Grad etwa 30 Minuten backen. Die Zwiebeln abziehen und in Stücke schneiden. Mit den Rosmarinzweigen zum Fisch geben. Den Speck in feine Würfel schneiden und nach 20 Minuten zusammen mit den eingeweichten Steinpilzen und der Flüssigkeit dazugeben. Den Fisch auf einer Platte anrichten und den Bratfond darübergießen. Dazu Folienkartoffeln und Kräuterquark reichen.
Pro Person: ca. 560 kcal (2350 kJ). Zubereitungszeit: ca. 60 Minuten.

Spinat im Reisbett

Zutaten *(für 4 Personen):*
2 Zwiebeln (100 g),
1–2 Eßlöffel Butter oder Margarine (30 g),
250 g Reis,
250 g Möhren,
500 ml (½ l) Hühnerbrühe (Instant),
1 kg frischer Spinat oder 1 Paket tiefgefrorener Blattspinat (450 g),
100 g Gouda Käse,
100 g Frühstücksspeck (in Scheiben).

Zubereitung: Die Zwiebeln abziehen und in Würfel schneiden. Fett in einem Topf erhitzen und die Zwiebelwürfel darin glasig dünsten. Den Reis waschen und abtropfen lassen. Die Möhren putzen, schrappen oder schälen und in feine Streifen schneiden. Reis und Möhrenstreifen zu den Zwiebelwürfeln geben und kurz mit andünsten. Mit Hühnerbrühe ablöschen. Alles ca. 15 Minuten zugedeckt kochen lassen. Den Spinat verlesen, gründlich waschen und in kochendem, leicht gesalzenem Wasser, portionsweise blanchieren. Abtropfen lassen und gut ausdrücken oder tiefgefrorenen Spinat auftauen lassen. Nun die Reismischung in eine gefettete Auflaufform geben und den Spinat in die Mitte füllen. Den Gouda in kleine Würfel schneiden und darübergeben. Die Speckscheiben auf den Spinat legen. Alles im Backofen bei 225 Grad etwa 10–15 Minuten goldbraun überbacken.
Pro Person: ca. 390 kcal (1640 kJ). Zubereitungszeit: ca. 60 Minuten.

Krautbraten

Zutaten *(für 4 Personen):*
1 Weißkohl (ca. 1 kg),
Salzwasser.
Für die Füllung:
2–3 Eßlöffel Butter oder Margarine (50 g),
2 Gewürznelken,
1 Lorbeerblatt,
1 Zwiebel (50 g),
Salz,
375 g Rinderhackfleisch,
125 g Schweinebraten (Aufschnitt),
1 Ei,
2 Eßlöffel Semmelmehl.
Außerdem:
50 g durchwachsener Speck (in Scheiben).

Zubereitung: Vom Kohl die äußeren welken Blätter entfernen und vom Strunk das Ende abschneiden. Dann den Kohl in kochendem Salzwasser etwa 15 Minuten blanchieren. Die äußeren 10 Blätter lösen und gut abtropfen lassen. Mit der Hälfte der Blätter eine gefettete feuerfeste Form auslegen.
Für die Füllung den restlichen Kohl in Würfel schneiden. Das Fett in einem Topf erhitzen und den geschnittenen Kohl darin andünsten. Gewürznelken und Lorbeerblatt zufügen. Die Zwiebel abziehen und würfeln. Die Zwiebelwürfel ebenfalls zufügen und alles zugedeckt etwa 15 Minuten garen. Nun das Gemüse salzen und Hackfleisch zufügen. Den Schweinebraten in Würfel schneiden. Schweinebratenwürfel, Ei und Semmelmehl zum Kohl geben, alles gut vermischen und abschmecken. Die Füllung in die Auflaufform geben und die restlichen Kohlblätter darüberlegen. Mit Speckscheiben belegen und den Kohlbraten im vorgeheizten Backofen bei 200 Grad etwa 55 Minuten braten. Dazu Salzkartoffeln reichen.
Pro Person: ca. 580 kcal (2440 kJ). Zubereitungszeit: ca. 2 Stunden.

Reisauflauf mit Kirschen

Zutaten *(für 4 Personen):*
1 l Milch,
80 g Margarine,
1 Prise Salz,
250 g Milchreis,
1 Glas Sauerkirschen (Abtropfgewicht 370 g),
3 Eigelb,
75 g Zucker,
1 Päckchen Vanillinzucker,
1 Beutel Citro-back,
3 Eiweiß,
50 g Semmelmehl,
2–3 Eßlöffel Zucker (25 g),
½ Teelöffel gemahlener Zimt,
1–2 Eßlöffel Butter (30 g).

Zubereitung: Milch, Margarine und Salz in einem Topf zum Kochen bringen. Den Reis unter Rühren einstreuen und bei geringer Hitze nach Packungsanweisung etwa 40 Minuten ausquellen lassen.
Inzwischen die Kirschen auf einem Sieb abtropfen lassen und den Saft auffangen. Nun Eigelb, Zucker, Vanillinzukker und Citro-back schaumig rühren. Den abgekühlten Reis untermischen. Das Eiweiß steif schlagen. Eiweiß und Kirschen (einige zum Garnieren beiseite stellen) unter die Reismasse heben. In eine gefettete Auflaufform füllen. Semmelmehl, Zucker und Zimt mischen und den Auflauf damit bestreuen. Die Butter in Flöckchen daraufsetzen und die restlichen Kirschen darauf verteilen. Im Backofen bei 200 Grad etwa 45 Minuten backen. Kirschsaft dazureichen.
Pro Person: ca. 820 kcal (3440 kJ). Zubereitungszeit ca. 95 Minuten.

Lammkoteletts mit Mais und Tomaten

Zutaten *(für 4 Personen):*
4 Lammkoteletts (à 125 g),
schwarzer Pfeffer,
Thymian,
2 Eßlöffel Speiseöl (20 g),
Salz,
1 Eßlöffel Butter oder Margarine (20 g),
1 kleine Dose Maiskörner (Abtropfgewicht 480 g),
1 Dose geschälte Tomaten (Abtropfgewicht 480 g).

Zubereitung: Die Lammkoteletts unter fließendem kaltem Wasser abspülen, trokkentupfen und mit schwarzem Pfeffer und Thymian würzen. Das Öl in einer Pfanne erhitzen und die Koteletts von jeder Seite ca. 5 Minuten darin braten. Danach salzen und warmstellen. Das Fett in einem Topf erhitzen und den abgetropften Mais darin 5 Minuten dünsten. Dann die abgetropften, in Stücke geschnittenen Tomaten zufügen und kurz mit erhitzen. Das Gemüse mit Salz, Pfeffer und Thymian abschmecken. Lammkoteletts und Gemüse anrichten. Dazu Baguette reichen.
Pro Person: ca. 360 kcal (1510 kJ). Zubereitungszeit: ca. 35 Minuten.

Schwarzwurzelgemüse

Zutaten *(für 4 Personen):*
500 g Schwarzwurzeln,
250 g Frühlingszwiebeln,
250 ml (¼ l) Wasser,
Zucker,
Pfeffer, Salz,
Estragon,
Zitronensaft,
100 ml Schlagsahne,
3 Eßlöffel heller
Saucenbinder,
375 g Fleischwurst,
2 Eßlöffel Butter oder
Margarine (40 g).

Zubereitung: Die Schwarzwurzeln schälen, waschen und in Stücke schneiden. Von den Frühlingszwiebeln den Wurzelansatz entfernen und etwa ein Drittel Grün abschneiden. (Etwas Grün fein schneiden und zum Garnieren beiseite stellen). Die Frühlingszwiebeln halbieren und gründlich waschen. Wasser, Zucker, Pfeffer, Salz, Estragon und Zitronensaft zum Kochen bringen, die Schwarzwurzeln hinzufügen und zugedeckt etwa 20–25 Minuten garen. Nach 15 Minuten die Frühlingszwiebeln zufügen.
Nach Ende der Garzeit die Sahne unterrühren, Saucenbinder einstreuen und das Gemüse damit binden. Inzwischen Fleischwurst in Scheiben schneiden. Fett in einer Pfanne erhitzen und die Wurstscheiben darin von beiden Seiten braun braten. Das Gemüse mit etwas kleingeschnittenem Zwiebelgrün und den Wurstscheiben anrichten. Dazu Salzkartoffeln reichen.
Pro Person: ca. 470 kcal (1970 kJ). Zubereitungszeit: ca. 60 Minuten.

Porree-pfannkuchen

Zutaten *(für 4 Personen):*
Für den Teig:
280 g Weizenmehl,
4 Eier,
500 ml (½ l) Milch,
Salz, Pfeffer.

Außerdem:
500 g Porree,
200 g Kabanossi (italienische Hartwurst),
160 g Butter oder Margarine,
Salz, Pfeffer.

Zubereitung: Für den Teig Mehl, Eier und Milch verrühren und mit Salz und Pfeffer abschmecken. Den Teig etwa 10 Minuten quellen lassen.
Inzwischen vom Porree den Wurzelansatz abschneiden und etwa ein Drittel Grün entfernen. Der Länge nach einritzen und unter fließendem kaltem Wasser gründlich abspülen. Nun Porree und Kabanossi in Scheiben schneiden. Ein Eßlöffel Fett in einer Pfanne zerlassen und Porree- und Wurstscheiben darin andünsten. Mit Salz und Pfeffer würzen und warmstellen. Das restliche Fett nach und nach in der Pfanne erhitzen und vier Pfannkuchen darin von beiden Seiten goldbraun backen. Jeweils vor dem Wenden Porree-Wurst-Gemisch darüber verteilen. Dazu Tomatensalat reichen.
Pro Person: ca. 830 kcal (3490 kJ). Zubereitungszeit: ca. 20 Minuten.

Das süße Hauptgericht

Schupfnudeln

Zutaten *(für 4 Personen):*
500 g Kartoffeln (mehlig kochend, siehe Tip),
1 Ei,
70 g Grieß,
3 Eßlöffel Weizenmehl (30 g),
Salz,
Salzwasser,
50 g Butter oder Margarine.

Zubereitung: Die Kartoffeln waschen, in der Schale kochen, abgießen und kurz abkühlen lassen. Dann pellen und mit einem Kartoffelstampfer zerdrücken. Nun Ei, Grieß, Mehl und Salz unter die abgekühlte Kartoffelmasse kneten und aus dem Teig fingerdicke Rollen von etwa 8–10 cm Länge formen, die an den Enden spitz zulaufen. Portionsweise in siedendem, leicht gesalzenem Wasser ziehen lassen, bis sie hochsteigen.

Die Schupfnudeln auf einem Sieb abtropfen lassen. Das Fett in einer Pfanne erhitzen und die Schupfnudeln darin von allen Seiten goldbraun braten. Nach Belieben mit frischen Pfefferminzblättern garnieren. Dazu Backobstkompott reichen.

Pro Person: ca. 310 kcal (1300 kJ). Zubereitungszeit: ca. 60 Minuten.

Diese Kartoffelsorten sind „mehlig kochend"

Wegen ihrer kurzen Reifezeit gibt es unter den Frühkartoffeln so gut wie keine mehligen Sorten (nur die Ilona). Das hängt mit dem Anteil an Stärke zusammen: Je länger die Reifezeit, desto höher ist dieser – und damit ist die Kartoffel auch mehliger. Hierzu gehören: Bintje, Irmgard, Aula und Datura.

Pochierte Eier in Currysauce

Zutaten *(für 4 Personen):*
1 Eßlöffel Butter oder Margarine (20 g),
2 Zwiebeln (100 g),
1 Apfel (150 g),
2 Teelöffel Currypulver,
250 ml (¼ l) Wasser,
1 Beutel helle Sauce (Instant),
4–5 Eßlöffel Schlagsahne (50 ml),
Salz, Zucker,
2 l Wasser,
5 Eßlöffel Essig,
1 Eßlöffel Salz,
8 Eier,
40 g Pinienkerne.

Zubereitung: Für die Sauce Fett in einem Topf erhitzen. Die Zwiebeln abziehen und in feine Würfel schneiden. Den Apfel waschen, evtl. schälen, vierteln, vom Kerngehäuse befreien und in dünne Spalten schneiden. Nun Zwiebelwürfel in dem heißen Fett andünsten und Apfelspalten zufügen. Curry darüberstreuen und alles kurz andünsten. Wasser angießen und das Saucenpulver einstreuen. Alles unter vorsichtigem Rühren kurz aufkochen lassen und die Sahne einrühren. Die Sauce mit Salz und Zucker abschmecken.
Für die Eier Wasser, Essig und Salz in einem großen Topf zum Kochen bringen. Die Eier einzeln aufschlagen, hineingleiten lassen und etwa 4 Minuten in dem siedenden Essigwasser ziehen lassen. Die Eier herausnehmen, kurz abtropfen lassen und in der Sauce servieren. Mit Pinienkernen bestreuen und nach Belieben mit Kerbel garnieren. Dazu Reis reichen.
Pro Person: ca. 360 kcal (1510 kJ). Zubereitungszeit: ca. 35 Minuten.

Gemüseauflauf mit Schafskäse

Zutaten *(für 4 Personen):*
3 Eßlöffel Speiseöl (30 g),
300 g Rinderhackfleisch,
3 Zwiebeln (150 g),
1 Aubergine (200 g),
300 g Tomaten,
1 grüne Paprikaschote (150 g),
2 Knoblauchzehen,
2 Becher Sahnejoghurt (à 150 g), Pfeffer, Salz,
2 Eier,
1 Teelöffel Speisestärke,
75 g Schafskäse,
2 Eßlöffel Butter (40 g).

Zubereitung: Öl in einer Pfanne erhitzen und das Hackfleisch darin anbraten. Zwiebeln abziehen und in Würfel schneiden. Von der Aubergine den Stielansatz abschneiden, die Frucht unter fließendem kaltem Wasser abspülen, halbieren, eventuell die Kerne entfernen und das Fruchtfleisch in grobe Würfel schneiden. Tomaten kurz in kochendes Wasser geben, in kaltem Wasser abschrecken und die Haut abziehen. Das Fruchtfleisch kleinschneiden. Paprikaschote halbieren. Das Kerngehäuse entfernen, die Schote unter fließendem kaltem Wasser abspülen und kleinschneiden.

Gemüse und abgezogene fein geschnittene Knoblauchzehen zum Hackfleisch geben. Alles gut durchschmoren lassen. Joghurt, Pfeffer, Salz, Eier und Speisestärke verquirlen und abschmecken. Eine Spring- oder Auflaufform fetten, die Hackfleisch-Gemüsemasse einfüllen, Ei-Joghurt-Gemisch darübergießen, Schafskäse darüber zerbröckeln und mit Butterflöckchen belegen. Den Auflauf im Backofen bei 225 Grad etwa 30 Minuten backen.

Pro Person: ca. 620 kcal (2600 kJ). Zubereitungszeit: ca. 50 Minuten.

Feurige Fischsuppe

Zutaten *(für 4 Personen):*
500 g Kabeljaufilet,
Saft 1 Zitrone,
1 Flasche Sangrita (0,7 l),
500 ml (½ l) Wasser,
Salz,
1 Beutel Fischgewürz,
2 Zwiebeln (100 g),
250 g Staudensellerie,
2 Eßlöffel Speiseöl (20 g),
1 Paket tiefgefrorene Erbsen (450 g),
125 ml (⅛ l) saure Sahne,
einige Spritzer Tabasco,
1 Bund Dill.

Zubereitung: Das Kabeljaufilet unter fließendem kaltem Wasser abspülen, trockentupfen und mit Zitronensaft beträufeln. Dann in Würfel schneiden. Nun Sangrita, Wasser, Salz und Fischgewürz in einem Topf zum Kochen bringen. Die Zwiebeln abziehen und in kleine Würfel schneiden. Vom Staudensellerie Wurzelansatz und grüne Blätter abschneiden, waschen und in Stücke schneiden. Das Öl in einem Topf erhitzen und vorbereitete Zwiebeln und Staudensellerie darin andünsten. Das heiße Sangrita-Wasser-Gemisch dazugießen. Fischwürfel und Erbsen zufügen und alles etwa 10 Minuten zugedeckt ziehen lassen. Die saure Sahne unterrühren und die Suppe mit Tabasco abschmecken. Den Dill unter fließendem kaltem Wasser abspülen, trockentupfen und fein schneiden. Die Suppe mit Dill bestreut servieren. Dazu Baguette reichen.

Pro Person: ca. 290 kcal (1210 kJ). Zubereitungszeit: ca. 45 Minuten.

Nudeln mit Früchten

Zutaten *(für 4 Personen):*
200 g Bandnudeln,
1 Eßlöffel Butter oder Margarine (20 g),
100 g gehackte Walnußkerne,
1 Paket tiefgefrorener Tropic-Cocktail (300 g),
75 g Puderzucker,
40 g Walnußkerne.

Zubereitung: Zuerst den Tropic-Cocktail auftauen. Bandnudeln nach Packungsanweisung kochen (siehe Tip). Danach mit kaltem Wasser abschrecken und abtropfen lassen. Fett in einem Topf zerlassen und Nudeln darin schwenken. Walnußkerne daruntermischen. Nudeln und Früchte anrichten, mit Puderzucker bestäuben und mit Walnußkernen garnieren. Pro Person: ca. 590 kcal (2480 kJ). Zubereitungszeit: ca. 25 Minuten.

So werden Nudeln richtig gekocht:

Nudeln müssen nach dem Kochen „al dente" – also bißfest sein. Deshalb beachten Sie folgende Regeln: Nudeln brauchen Bewegungsfreiheit. Also einen großen Topf und pro 250 g-Packung 2½–3 l Wasser nehmen. Sobald das Wasser sprudelnd kocht, geben Sie die Nudeln auf einmal hinein. Am besten, Sie rühren mit einem Kochlöffel gleich einige Male um. Danach lassen Sie die Nudeln bei milder Hitze leicht sprudelnd die auf der Packung angegebene Zeit weiterkochen.

Putenrollbraten mit Aprikosen

Zutaten *(für 4 Personen):*
200 g getrocknete Aprikosen,
100 ml Madeira,
1 kg Putenbrust,
Salz, Pfeffer,
Thymian,
2 Teelöffel Senf,
3 Eßlöffel Butterschmalz (60 g),
250 ml (¼ l) Fleischbrühe (Instant),
1 Eßlöffel heller Saucenbinder.

Zubereitung: Zuerst die Aprikosen in Madeira einweichen. In das Putenfleisch eine Tasche schneiden, das Fleisch unter fließendem kaltem Wasser abspülen und trockentupfen. Von innen und außen mit Salz, Pfeffer und Thymian würzen und mit Senf bestreichen.
Die Aprikosen abtropfen lassen und in die Fleischtasche füllen. Das Fleisch etwas aufrollen und zusammenbinden. Nun Butterschmalz in einem großen Topf erhitzen und das Fleisch rundherum darin anbraten. Die Einweichflüssigkeit der Aprikosen und Brühe in den Topf gießen. Zugedeckt alles etwa 90 Minuten schmoren lassen. Danach den Putenbraten warmstellen.
Den Saucenbinder in den Bratenfond streuen und den Fond damit binden. Das Fleisch in Scheiben schneiden und die Sauce dazu servieren. Dazu Salzkartoffeln und Rotkohl reichen.
Pro Person: ca. 600 kcal (2520 kJ). Zubereitungszeit: ca. 110 Minuten.

Gulasch

Zutaten *(für 4 Personen):*
600 g Schweinegulasch,
1 Eßlöffel Schweineschmalz (25 g),
2 Zwiebeln (100 g),
Salz,
300 ml helles Bier,
2 Teelöffel Paprika, edelsüß,
1 Messerspitze gemahlene Nelken,
1 Lorbeerblatt,
200 g Tomaten,
200 g Gewürzgurken,
125 ml (⅛ l) saure Sahne.

Zubereitung: Das Schweinefleisch unter fließendem kaltem Wasser abspülen und trockentupfen. Schweineschmalz in einem Topf erhitzen und die Fleischwürfel portionsweise kräftig darin anbraten.
Die Zwiebeln abziehen und vierteln. Die Zwiebeln zum Fleisch geben, salzen und mit anschmoren. Mit Bier ablöschen und Paprika, Nelken und Lorbeerblatt zufügen. Die Tomaten kurz in kochendes Wasser geben, in kaltem Wasser abschrecken und die Haut abziehen. Die Tomaten entkernen und vierteln. Die Tomatenviertel zum Fleisch geben und alles im geschlossenen Topf etwa 45 Minuten schmoren.
Inzwischen die Gewürzgurken in Scheiben schneiden und zuletzt in dem Gulasch erwärmen. Die saure Sahne zufügen, Lorbeerblatt entfernen und das Gulasch nochmal abschmecken. Dazu Salzkartoffeln reichen.
Pro Person: ca. 750 kcal (3150 kJ). Zubereitungszeit: ca. 70 Minuten.

Seelachsfilet mit Kräutersauce

Zutaten *(für 4 Personen):*
Für den Fisch:
750 g Fischfilet (z. B. Seelachs),
Saft 1 Zitrone,
Salz,
5 Eßlöffel Weizenmehl (50 g),
2–3 Eßlöffel Butter oder Margarine (50 g).
Für die Sauce:
250 ml (¼ l) Fleischbrühe (Instant),
Saft 1 Zitrone,
2 Eßlöffel Schlagsahne,
3 Eßlöffel heller Saucenbinder,
1 Zweig Estragon,
1 Bund glatte Petersilie,
1 Prise Zucker.

Zubereitung: Das Fischfilet unter fließendem kaltem Wasser abspülen, in dicke Streifen schneiden und mit Zitronensaft beträufeln. Die Fischstreifen salzen und in Mehl wenden. Das Fett in einer Pfanne zerlassen und die Fischstreifen etwa 5 Minuten darin von allen Seiten braun braten. Den Fisch warmstellen.
Den Bratensatz mit Brühe ablöschen. Zitronensaft und Sahne zufügen und den Saucenbinder einstreuen. Estragon- und Petersilienblätter von den Stielen zupfen, unter fließendem kaltem Wasser abspülen, trockentupfen und fein hacken. In die Sauce geben und mit Zucker abschmecken. Fischfilet und Kräutersauce anrichten und nach Belieben mit einem Petersilienblatt garnieren. Dazu Naturreis reichen.
Pro Person: ca. 330 kcal (1390 kJ). Zubereitungszeit: ca. 30 Minuten.

Champignons mit Nußsauce

Zutaten *(für 4 Personen):*
500 g Champignons,
3 Eßlöffel Speiseöl (30 g),
Salz.
Für die Sauce:
2–3 Eßlöffel Butter oder Margarine (50 g),
3 Eßlöffel Roggenschrot (30 g),
80 g gemahlene Haselnußkerne,
125 ml (⅛ l) Milch,
250 ml (¼ l) Schlagsahne,
150 g geriebener Gouda Käse,
Pfeffer, Salz,
geriebene Muskatnuß,
1 Bund Petersilie,
1 Eßlöffel Haselnußkerne.

Zubereitung: Die Champignons gründlich waschen und von den Stielen das untere Ende abschneiden. Das Öl in einer Pfanne erhitzen und die Champignons etwa 5 Minuten darin dünsten. Danach salzen.
Für die Sauce das Fett in einem Topf erhitzen und Roggenschrot und gemahlene Haselnußkerne darin leicht anrösten. Mit Milch und Sahne ablöschen und alles unter Rühren etwa 3 Minuten kochen lassen. Den Käse zufügen und die Sauce mit Pfeffer, Salz und geriebener Muskatnuß abschmecken. Die Petersilie von den Stielen zupfen, unter fließendem kaltem Wasser abspülen, trockentupfen und fein hacken. Die Haselnußkerne in die Sauce geben und mit den Champignons anrichten. Mit Petersilie bestreut servieren.
Pro Person: ca. 620 kcal (2600 kJ). Zubereitungszeit: ca. 35 Minuten.

Fruchtige Tomatensuppe

Zutaten *(für 4 Personen):*
1 Zwiebel (70 g),
1 Eßlöffel Butter oder Margarine (20 g),
250 g Staudensellerie,
1 ½ Pakete pürierte Tomaten (à 500 g),
125 g blaue Weintrauben,
abgeriebene Schale von 1 unbehandelten Zitrone,
1 kleine Dose Aprikosen (Abtropfgewicht 220 g),
125 ml (⅛ l) Weißwein,
½ Flasche Tomatensaft (¼ l),
Salz,
Tabasco,
1 ½ Eßlöffel Worcestersauce,
Zitronenpfeffer.

Zubereitung: Die Zwiebel abziehen und in feine Würfel schneiden. Das Fett in einem Topf erhitzen und die Zwiebelwürfel darin glasig dünsten. Vom Staudensellerie Wurzelansatz und Blätter entfernen, die Stangen waschen. Evtl. braune Stellen herausschneiden. Die Stangen in Stücke schneiden. Staudensellerie und Tomatenpüree zu den Zwiebeln geben und alles zugedeckt etwa 10 Minuten kochen lassen.

Inzwischen die Weintrauben waschen, halbieren und die Kerne entfernen. Nun Weintrauben, abgeriebene Zitronenschale, Aprikosen mit Saft, Wein und Tomatensaft in den Topf geben und alles erhitzen. Die Suppe mit Salz, Tabasco, Worcestersauce und Zitronenpfeffer abschmecken. Nach Belieben mit einigen Pfefferminzblättchen garnieren.

Pro Person: ca. 110 kcal (400 kJ). Zubereitungszeit: ca. 30 Minuten.

Schnell zubereitet

Rührei mit Silberzwiebeln

Zutaten *(für 4 Personen):*
1 Glas Silberzwiebeln (Abtropfgewicht 110 g),
1 Knoblauchzehe,
1 Eßlöffel Speiseöl (10 g),
8 Eier,
4 Eßlöffel Milch,
Salz, Pfeffer,
1 Bund Petersilie.

Zubereitung: Die Silberzwiebeln auf einem Sieb abtropfen lassen. Die Knoblauchzehe abziehen und fein hacken. Das Öl in einer Pfanne erhitzen und Zwiebeln und Knoblauch darin andünsten. Eier und Milch verquirlen und mit Salz und Pfeffer abschmecken. Die Petersilienblätter von den Stielen zupfen, unter fließendem kaltem Wasser abspülen, trockentupfen und fein hacken. Die Eiermasse über die Zwiebeln gießen und zugedeckt stocken lassen. Mit gehackter Petersilie bestreut servieren. Dazu Bauernbrot und Tomatenachtel reichen.
Pro Person: ca. 200 kcal (920 kJ). Zubereitungszeit: ca. 15 Minuten.

So frieren Sie Petersilie ein:

Sie können Petersilie und andere Kräuter unzerkleinert einfrieren. Dafür die Kräuter waschen, abtropfen lassen, in einen Klarsichtbeutel geben und einfrieren. Bei Bedarf zerdrücken Sie die gefrorenen Kräuter im Beutel.

Gefüllter Rinderbraten

Zutaten *(für 4 Personen):*
750 g Rindfleisch aus der Keule,
75 g Pinienkerne,
70 g Oliven (mit Paprika gefüllt), Salz,
gemahlener Zimt,
2 Eßlöffel Olivenöl (20 g),
1 Zwiebel (50 g),
1 Tomate (100 g),
1 Knoblauchzehe,
375 ml (3/8 l) Fleischbrühe (Instant), Pfeffer,
5 Teelöffel Johannisbeergelee (100 g).

Zubereitung: Das Rindfleisch unter fließendem kaltem Wasser abspülen, trokkentupfen und drei tiefe Einschnitte in das Fleisch schneiden. Pinienkerne und abgetropfte Oliven (einige zurückbehalten) hacken und mit Salz und Zimt abschmecken. Diese Mischung in die Fleischeinschnitte füllen und den Braten mit einem Zwirnsfaden umwickeln.

Das Öl erhitzen und das Fleisch darin von allen Seiten kräftig anbraten. Die Zwiebel abziehen und fein würfeln. Die Tomaten kurz in kochendes Wasser geben, in kaltem Wasser abschrecken, enthäuten und vierteln. Die Knoblauchzehe abziehen und durch die Knoblauchpresse drücken. Zwiebel, Tomaten und Knoblauch zum Fleisch geben und kurz mit anschmoren. Brühe angießen und alles etwa 2 ½ Stunden zugedeckt schmoren lassen. Danach das Fleisch warm stellen. Den Saucenfond pürieren und mit Pfeffer und Johannisbeergelee abschmecken. Die restlichen Pinienkerne und Oliven in die Sauce geben. Die Sauce zum Fleisch servieren. Dazu Kartoffelkroketten reichen.

Pro Person: ca. 550 kcal (2310 kJ). Zubereitungszeit: ca. 3 Stunden.

Gebackene Selleriescheiben

Zutaten *(für 4 Personen):*
1 Sellerieknolle (ca. 1 kg),
Salzwasser,
2 Eier,
150 g geriebener Gouda Käse,
5 Eßlöffel Semmelmehl (50 g),
Pfeffer, Salz,
4 Eßlöffel Weizenmehl (40 g),
8 Eßlöffel Sojaöl (80 g).

Zubereitung: Die Sellerieknolle gründlich waschen, in etwa 2 cm dicke Scheiben schneiden und diese dann schälen. In leicht gesalzenem Wasser etwa 15–20 Minuten garen.
Inzwischen die Eier verquirlen und Käse und Semmelmehl daruntermischen. Die Selleriescheiben gut abtropfen lassen und mit Pfeffer und Salz würzen. Nacheinander in dem Eigemisch und Mehl wenden.
Das Sojaöl in einer Pfanne erhitzen und die Selleriescheiben darin von jeder Seite in etwa 3 Minuten goldbraun braten. Dazu Kräuterquark reichen.
Pro Person: ca. 500 kcal (2100 kJ). Zubereitungszeit: ca. 45 Minuten.

Weißkohl-Eintopf

Zutaten *(für 4 Personen):*
1 Päckchen getrocknete Steinpilze (5 g),
1 Weißkohl (ca. 1 kg),
2 Zwiebeln (100 g),
500 g Kartoffeln,
1 Eßlöffel Butter oder Margarine (20 g),
1 ½ l Fleischbrühe (Instant),
Salz, Pfeffer,
1 rote Paprikaschote (200 g),
2 feine, ungebrühte Bratwürste (à 90 g).

Zubereitung: Zuerst die Pilze waschen und in Wasser einweichen. Vom Weißkohl die äußeren welken Blätter entfernen und den Strunk herausschneiden. Den Kohl waschen und in grobe Würfel schneiden. Die Zwiebeln abziehen und würfeln. Die Kartoffeln schälen, waschen und in Scheiben schneiden.

Nun das Fett in einem Topf erhitzen und das vorbereitete Gemüse darin andünsten. Die Pilze mit dem Einweichwasser zufügen und die Brühe angießen. Mit Salz und Pfeffer würzen. Alles zugedeckt etwa 10 Minuten garen.
Inzwischen die Paprikaschote halbieren, entstielen, entkernen und die weißen Scheidewände entfernen. Die Hälften waschen und in Streifen schneiden. Die Paprikastreifen in die Suppe geben. Die Wurstmasse aus der Pelle drücken und als Klößchen in die Suppe geben. Alles nochmals etwa 10 Minuten bei geringer Hitze garen. Nach Belieben mit grobem Pfeffer bestreut servieren.
Pro Person: ca. 430 kcal (1810 kJ). Zubereitungszeit: ca. 50 Minuten.

Das süße Hauptgericht

Semmelauflauf

Zutaten *(für 4 Personen):*
10 Brötchen (ca. 375 g),
500 ml (½ l) Milch,
120 g Zucker,
3 Eigelb,
1 Prise Salz,
75 g Frischkäse,
abgeriebene Schale und Saft
1 unbehandelten Zitrone,
60 g Haselnußkrokant,
90 g Rum-Rosinen,
3 Eiweiß.
Zum Garnieren:
1 Eßlöffel Hagelzucker,
Pfefferminzblättchen,
Zitronenschale.

Zubereitung: Die Brötchen in Würfel schneiden und in der Milch einweichen. Zukker, Eigelb, Salz, Frischkäse, Zitronenschale und -saft verrühren. Haselnußkrokant und Rum-Rosinen unterrühren und alles unter die Brötchenmasse mischen. Das Eiweiß steifschlagen und unterziehen. Die Masse in eine gefettete Auflaufform füllen und im Backofen bei 200 Grad etwa 45 Minuten backen. Mit Hagelzucker bestreuen und mit Pfefferminzblättchen und Zitronenschale garnieren. Dazu Weinschaumsauce reichen.
Pro Person: ca. 470 kcal (1970 kJ). Zubereitungszeit: ca. 90 Minuten.

Lammfleisch mit Kichererbsen

Zutaten *(für 4 Personen):*
100 g Kichererbsen,
100 g rote Bohnen,
1 ½ l Wasser,
750 g Lammschulter (ohne Knochen),
3 Zwiebeln (150 g),
1 Knoblauchzehe,
1 Eßlöffel Speiseöl (10 g),
Pfeffer,
1 Eßlöffel Sahnejoghurt (40 g),
2 Teelöffel Zitronensaft,
Salz,
1 Bund Zitronenmelisse.

Zubereitung: Kichererbsen und Bohnen kurz waschen. Über Nacht in 1 ½ Liter Wasser einweichen. Das Lammfleisch unter fließendem kaltem Wasser abspülen, trokkentupfen und in Würfel schneiden. Zwiebeln und Knoblauchzehe abziehen und fein hacken. Das Öl in einem Topf oder Schnellkochtopf erhitzen und die Fleischwürfel darin von allen Seiten kräftig anbraten. Zwiebeln und Knoblauch zufügen und alles pfeffern. Kichererbsen, Bohnen und ¾ l Einweichwasser zufügen und den Topf nach Anweisung des Herstellers schließen. 45 Minuten im Schnellkochtopf oder 2 Stunden im normalen Topf garen. Danach Sahnejoghurt und Zitronensaft unterrühren und mit Salz abschmecken. Zitronenmelisse unter fließendem kaltem Wasser abspülen, trockentupfen und die Hälfte fein schneiden, zufügen. Das Gericht mit Zitronenmelissenblättern garniert anrichten. Dazu Fladenbrot reichen. Pro Person: ca. 680 kcal (2860 kJ). Zubereitungszeit: ca. 2 ¾ Stunden (mit Garzeit).

Aus dem Schnellkochtopf

Eier in Krabbensauce

Zutaten *(für 4 Personen):*
8 Eier,
1 Zwiebel (50 g),
2 Eßlöffel Butter oder Margarine (40 g),
1 Eßlöffel Weizenmehl (30 g),
250 ml (¼ l) Fleischbrühe (Instant),
250 ml (¼ l) Milch,
125 g Nordseekrabbenfleisch,
Zitronensaft,
Salz,
Zucker,
Sojasauce,
1 Bund Estragon.

Zubereitung: Die Eier hart kochen, abschrecken und pellen. Die Zwiebel abziehen und in feine Würfel schneiden. Das Fett in einem Topf erhitzen und die Zwiebelwürfel darin andünsten. Das Mehl zufügen, anschwitzen und mit der Brühe ablöschen. Die Milch hinzugießen und alles gut durchkochen lassen. Die Krabben mit Zitronensaft beträufeln, in die Sauce geben und kurz darin erwärmen. Die Sauce mit Salz, Zucker und Sojasauce abschmecken und die Eier darin anrichten. Nach Belieben mit gewaschenen Estragonblättchen garnieren. Dazu Risi-Pisi (Reis mit Erbsen) reichen.
Pro Person: ca. 370 kcal (1550 kJ). Zubereitungszeit: ca. 20 Minuten.

Kartoffelpfanne

Zutaten *(für 4 Personen):*
800 g Kartoffeln,
3 Zwiebeln (150 g),
1 grüne Paprikaschote (200 g),
4 Eßlöffel Öl (40 g),
Salz, Pfeffer,
100 g Salami (in Scheiben),
100 g Schafskäse,
½ Beet Kresse.

Zubereitung: Die Kartoffeln gründlich waschen, in der Schale kochen, kurz abkühlen lassen und pellen. Die erkalteten Kartoffeln in dünne Scheiben schneiden. Die Zwiebeln abziehen (siehe Tip) und in dünne Ringe schneiden. Die Paprikaschote halbieren, entstielen, entkernen, die weißen Scheidewände entfernen und die Schoten waschen. Danach in feine Streifen schneiden. Das Öl in einer Pfanne erhitzen und die Kartoffelscheiben darin anbraten. Mit Salz und Pfeffer würzen. Zwiebelringe, Paprikastreifen und Salamischeiben hinzufügen. Alles 5 Minuten mitbraten. Den Schafskäse in Würfel schneiden, Kresse abschneiden und waschen. Die Kartoffelpfanne mit Schafskäsewürfeln bestreuen und mit Kresse garniert anrichten.

Pro Person: ca. 460 kcal (1930 kJ). Zubereitungszeit: ca. 40 Minuten.

So fließen beim Zwiebelputzen keine Tränen

Übergießen Sie die Zwiebeln zunächst mit kochend heißem Wasser. Dadurch werden die ätherischen Öle gebunden. Dann schneiden Sie die Spitze ab. Jetzt lassen sich die äußeren Häute schnell abziehen und der Wurzelstand abschneiden.

FEBRUAR

Frisches Gemüse aus heimischer Ernte gibt es im Februar nur noch spärlich. Aber aus den südlichen Ländern ist genug auf dem Markt: Auberginen, Fenchel, Brokkoli und Chinakohl. Sie können damit abwechslungsreiche, auch exotische Gerichte zubereiten.

Schollenfilet-Röllchen mit Sauce Bèarnaise

Zutaten *(für 4 Personen):*
4 Schollenfilets (à 150 g),
Saft 1 Zitrone,
Salz,
2 Granatäpfel (à 300 g).
Für die Sauce:
6 Eßlöffel Weißwein,
2 Eßlöffel Essig,
1 Bund Estragon,
3 Pfefferkörner,
2 Schalotten,
2 Eigelb,
Salz,
1 Prise Zucker,
100 g Butter,
1 Päckchen tiefgefrorene „8 Kräuter".
Außerdem:
Holzspießchen,
Alufolie,
evtl. Estragon zum Garnieren.

Zubereitung: Die Schollenfilets unter fließendem kaltem Wasser abspülen, trockentupfen und mit Zitronensaft beträufeln. Danach salzen. Die Granatäpfel waschen und halbieren. Mit einem Teelöffel die Kerne herauslösen und dabei die festen Zwischenhäute entfernen. Die Granatapfelkerne auf die Schollenfilets verteilen. Die Filets aufrollen und mit Holzspießchen feststecken. Die Röllchen in eine gefettete Auflaufform setzen, mit Alufolie abdecken und im Backofen bei 200 Grad etwa 30 Minuten garen. Inzwischen für die Sauce Wein, Essig, gewaschene Estragonblätter und Pfefferkörner in einem Topf zum Kochen bringen. Die Schalotten abziehen und in Würfel schneiden. Die Schalottenwürfel in den Topf geben und alles gut durchkochen lassen. Dann durch ein Sieb gießen und kurz abkühlen lassen. Eigelb, Salz und Zucker verquirlen und in die Flüssigkeit rühren. Die Sauce im Wasserbad so lange schlagen, bis sie dicklich ist. Eßlöffelweise die geschmolzene, lauwarme Butter zufügen und unterschlagen. Zuletzt die Kräuter unterrühren und die Sauce abschmecken. Die Schollenfilet-Röllchen in der Sauce Bèarnaise anrichten und nach Belieben mit Estragonblättern garniert servieren. Dazu Reis reichen.
Pro Person: ca. 600 kcal (2520 kJ). Zubereitungszeit: ca. 50 Minuten.

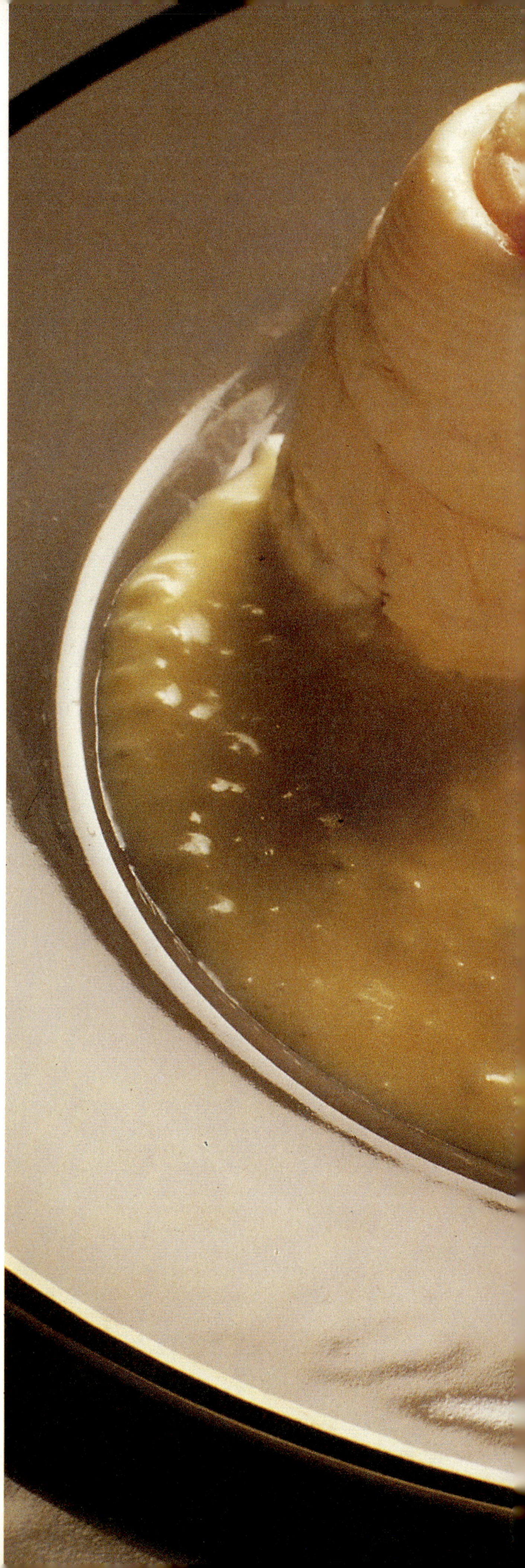

Kalbsgeschnetzeltes mit Porree

Zutaten *(für 4 Personen):*
600 g geschnetzeltes Kalbfleisch (aus der Schulter),
2 Eßlöffel Sojasauce,
4 Eßlöffel Essig,
2 Teelöffel Honig,
3 Eßlöffel Speiseöl (30 g),
Salz,
2 Zwiebeln (100 g),
125 ml (⅛ l) Fleischbrühe (Instant),
400 g Porree,
1 Eßlöffel Butter oder Margarine (15 g),
2 Teelöffel Zucker (10 g),
1 Eßlöffel Crème fraîche (40 g).

Zubereitung: Das Kalbfleisch unter fließendem kaltem Wasser abspülen und trockentupfen. Sojasauce, Essig und Honig verrühren und das Fleisch in dieser Marinade etwa zwei Stunden marinieren. Danach das Öl in einer Pfanne erhitzen und das Fleisch portionsweise kräftig darin anbraten. Salzen. Die Zwiebeln abziehen und in Würfel schneiden. Die Zwiebelwürfel zum Fleisch geben und mitbraten. Die Marinade und die Brühe hinzugießen und alles etwa 30 Minuten zugedeckt schmoren. Von den Porreestangen den Wurzelansatz und ein Drittel Grün abschneiden, der Länge nach aufschlitzen und gründlich unter fließendem kaltem Wasser abspülen. Den Porree in Ringe schneiden, in den letzten 15 Minuten zum Fleisch geben und mitgaren. Nun Fett, Zucker und Crème fraîche zufügen und das Gericht abschmecken. Dazu Nudeln reichen.
Pro Person: ca. 310 kcal (1300 kJ). Zubereitungszeit: ca. 45 Minuten (ohne Marinierzeit).

Hackbraten mit Brokkoli

Zutaten *(für 4 Personen):*
Für den Hackteig:
1 Brötchen,
1 Zwiebel (50 g),
750 g gemischtes Hackfleisch,
2 Eier,
Salz, Pfeffer,
2 Teelöffel Senf,
3 Eßlöffel Tomatenketchup.
Für die Füllung:
250 g Brokkoli,
Salzwasser.
Außerdem:
1 Eßlöffel Mandelblättchen,
1 Eßlöffel Butter oder Margarine (20 g).

Zubereitung: Zuerst das Brötchen in Wasser einweichen. Die Zwiebel abziehen und fein würfeln. Nun Hackfleisch, Zwiebelwürfel, das gut ausgedrückte Brötchen und Eier zu einem Hackfleischteig verkneten. Mit Salz, Pfeffer, Senf und Tomatenketchup abschmecken.
Den Brokkoli in Röschen teilen und dabei eventuell von den Stielen etwas abschneiden. Die Brokkoliröschen in kochendem, leicht gesalzenem Wasser etwa 2 Minuten blanchieren. Gut abtropfen lassen. Nun die Hälfte der Hackfleischmasse in eine gefettete Kastenform (30 cm lang) füllen, die Hälfte der Brokkoliröschen darauf verteilen und mit dem restlichen Fleischteig bedecken. Im Backofen bei 175 Grad etwa 45 Minuten backen.
Inzwischen Mandelblättchen in einer trockenen Pfanne goldbraun rösten, herausnehmen und Fett hineingeben, zerlassen und die restlichen Brokkoliröschen darin schwenken. Den Hackbraten mit Brokkoliröschen anrichten und mit Mandelblättchen bestreuen. Dazu Kartoffelplätzchen reichen.
Pro Person: 530 kcal (2230 kJ). Zubereitungszeit: ca. 1 Stunde.

Überbackene Auberginen

Zutaten *(für 4 Personen):*
4 Auberginen (à 200 g),
Saft 1 Zitrone.
Für die Füllung:
100 g Hirse,
200 ml Fleischbrühe (Instant),
1 Zwiebel (40 g),
250 g Champignons,
100 g Tomaten,
1 Eßlöffel Butter oder Margarine (20 g),
150 g geriebener Cheddar Käse,
Salz, Pfeffer.

Zubereitung: Die Auberginen waschen und den Stielansatz abschneiden. Die Früchte der Länge nach halbieren, aushöhlen und sofort mit Zitronensaft beträufeln. Die Hirse waschen. Die Brühe zum Kochen bringen und die Hirse zufügen. Bei geringer Hitze etwa 20 Minuten quellen lassen. Zwiebel abziehen und in Würfel schneiden. Die Champignons waschen und eventuell halbieren. Die Tomaten kurz in kochendes Wasser geben, in kaltem Wasser abschrecken, enthäuten, die Kerne entfernen und das Fruchtfleisch kleinschneiden. Das Fett in einer Pfanne erhitzen und Zwiebelwürfel, Champignons, das ausgehöhlte Innere der Auberginen und Tomaten etwa 5 Minuten darin dünsten. Die Hirse und zwei Drittel des geriebenen Käses zufügen und alles mit Salz und Pfeffer pikant abschmecken. Die Auberginen mit Salz und Pfeffer würzen und die Füllung hineingeben. Den restlichen Käse darüberstreuen. Die Auberginenhälften in eine gefettete Auflaufform setzen und im Backofen bei 200 Grad etwa 30 Minuten überbacken. Dazu Tomatensauce reichen. Pro Person: ca. 330 kcal (1390 kJ). Zubereitungszeit: ca. 60 Minuten.

Rindfleischsuppe

Zutaten *(für 4 Personen):*
750 g Rindfleisch (hohe Rippe, ohne Knochen),
250 g Schalotten,
2 Eßlöffel Speiseöl (20 g),
Salz,
1 rote Pfefferschote,
1 Wacholderbeere,
1 Lorbeerblatt,
1 Knoblauchzehe,
500 ml (½ l) Rotwein,
500 ml (½ l) Fleischbrühe (Instant),
125 g Staudensellerie,
125 g Möhren,
je 1 rote und gelbe Paprikaschote (250 g),
125 g Porree,
100 g Crème fraîche.

Zubereitung: Das Rindfleisch waschen, trockentupfen und in Würfel schneiden. Die Schalotten abziehen. Das Öl erhitzen und das Fleisch portionsweise darin von allen Seiten kräftig anbraten. Die Schalotten kurz mitbraten. Salz, Pfefferschote, Wacholderbeere und Lorbeerblatt zufügen. Knoblauchzehe abziehen und dazugeben. Rotwein und Brühe angießen. Alles etwa 1 ½ Stunden zugedeckt kochen lassen. Inzwischen vom Staudensellerie Wurzelansatz und Blätter abschneiden, die Stangen waschen und in Stücke schneiden. Die Möhren putzen, schrappen oder schälen, waschen und in Stifte schneiden. Die Paprikaschoten halbieren, vom Kerngehäuse befreien, waschen und würfeln. Von der Porreestange den Wurzelansatz und ein Drittel Grün abschneiden, die Stange der Länge nach aufschlitzen und waschen. Den Porree in Ringe schneiden. Das vorbereitete Gemüse in den letzten 20 Minuten zum Fleisch geben. Kurz vor dem Servieren Crème fraîche einrühren und die Suppe abschmecken.
Pro Person: ca. 730 kcal (3070 kJ). Zubereitungszeit: ca. 1 ¾ Stunden.

Bunte Spieße

Zutaten *(für 4 Personen):*
600 g Putenbrustfleisch,
½ Dose Ananasscheiben (Abtropfgewicht 480 g),
200 g Zucchini,
150 g kleine Tomaten,
2 Eßlöffel Speiseöl (20 g),
1 Zweig Rosmarin.

Für die Marinade:
4 Eßlöffel Speiseöl (40 g),
6 Eßlöffel Sojasauce,
Salz, Pfeffer,
Paprika edelsüß.
Außerdem:
Holzspieße.

Zubereitung: Zuerst für die Marinade Öl, Sojasauce, Salz, Pfeffer und Paprika verrühren.
Danach das Putenfleisch unter fließendem kaltem Wasser abspülen, trockentupfen und in grobe Würfel schneiden. In die Marinade geben und etwa 30 Minuten stehen lassen.
Inzwischen die Ananasscheiben zum Abtropfen auf ein Sieb geben und dann vierteln.
Die Zucchini waschen, den Stielansatz abschneiden und die Zucchini in etwa 1 cm dicke Scheiben schneiden. Die Tomaten waschen.
Nun Putenfleisch, Ananasviertel, Zucchinischeiben und Tomaten auf Holzspieße stekken. Das Öl in einer Pfanne erhitzen und die Spieße darin in etwa 10–15 Minuten rundherum braun braten. Oder die Spieße mit der Marinade bepinseln und unter den vorgeheizten Grill schieben. Kurz vor Ende der Garzeit den Rosmarinzweig mit in die Pfanne legen. Dazu Reis und Currysauce reichen.
Pro Person: ca. 390 kcal (1640 kJ). Zubereitungszeit: ca. 40 Minuten.

Omelett mit Oliven

Zutaten: *(für 4 Personen):*
200 g Zwiebeln,
1 Knoblauchzehe,
80 g Oliven (mit Paprika gefüllt),
1 Eßlöffel Speiseöl (10 g),
1 Päckchen tiefgefrorene Petersilie,
8 Eier,
4 Eßlöffel Mineralwasser,
Salz, Pfeffer,
Paprika, edelsüß.

Zubereitung: Zwiebeln und Knoblauchzehe abziehen. Die Zwiebeln in Ringe schneiden und die Knoblauchzehe fein hacken. Die abgetropften Oliven halbieren. Das Öl in einer Pfanne erhitzen und die Zwiebelringe, Knoblauch und Oliven darin dünsten. Die Petersilie zufügen und alles warm stellen.
Eier, Mineralwasser, Salz, Pfeffer und Paprika verschlagen. Aus der Masse in einer beschichteten Pfanne nacheinander vier Omeletts backen (siehe Tip). Die Oliven-Zwiebel-Mischung auf die Omeletts verteilen und diese zur Hälfte überklappen. Dazu Fladenbrot und Tomatensalat reichen.
Pro Person: ca. 210 kcal (880 kJ). Zubereitungszeit: ca. 30 Minuten.

So können Sie das pikante Omelette verfeinern:

Geben Sie unter die verschlagenen Eier 50 g Schinkenwürfel, jeweils 1–2 Eßlöffel geriebenen Käse und gehackte Kräuter.

Rinderfilet mit roten Bohnen

Zutaten *(für 4 Personen):*
4 dünne Scheiben Rinderfilet (à 150 g),
2 Knoblauchzehen,
Pfeffer,
1 Eßlöffel Speiseöl (10 g),
Alufolie.
Außerdem:
4 grüne Paprikaschoten (à 125 g),
2 Zwiebeln (100 g),
1 Dose rote Bohnen (Abtropfgewicht 480 g),
1 Becher Crème double (150 g),
Salz,
2 Eßlöffel Tomatenmark,
evtl. 1 rote Peperoni zum Verzieren.

Zubereitung: Das Fleisch unter fließendem kaltem Wasser abspülen und trockentupfen. Die Knoblauchzehen abziehen und durch die Knoblauchpresse drücken. Das Fleisch mit zerdrückter Knoblauchzehe und Pfeffer würzen. Das Öl in einer Pfanne erhitzen und die Fleischscheiben von jeder Seite etwa 2–3 Minuten darin anbraten. Fleisch in Alufolie wickeln und beiseite stellen. Die Paprikaschoten halbieren, entstielen, entkernen, die weißen Scheidewände entfernen, die Schoten gründlich waschen und in feine Streifen schneiden. Die Zwiebeln abziehen und in feine Ringe schneiden. Die Bohnen abtropfen lassen. Das vorbereitete Gemüse in das heiße Bratfett geben und etwa 3 Minuten darin dünsten. Crème double, Salz und Tomatenmark zufügen und abschmekken. Das Fleisch darauf anrichten. Nach Belieben mit einer roten Peperoni verzieren. Dazu Nudeln reichen.
Pro Person: ca. 670 kcal (2810 kJ). Zubereitungszeit: ca. 20 Minuten.

Überbackene Pfannkuchen

Zutaten *(für 4 Personen):*
150 g Weizenvollkornmehl,
75 g Buchweizenmehl,
2 Eier,
Salz,
375 ml (3/8 l) Milch,
125 ml (1/8 l) Mineralwasser.
Für die Füllung:
200 g getrocknete Pflaumen (ohne Kern),
200 g Äpfel,
1 Beutel Citro-back,
1 Teelöffel gemahlener Zimt,
4 Eßlöffel Orangensaft.
Für den Guß:
250 g Schlagsahne,
3 Eier,
2 Eßlöffel Honig (60 g),
75 g Mandelblättchen.

Zubereitung: Zuerst die Pflaumen über Nacht in Wasser einweichen.
Für den Pfannkuchenteig Weizenvollkornmehl, Buchweizenmehl, Eier, Salz, Milch und Mineralwasser verrühren. Den Teig etwa 30 Minuten quellen lassen.
Inzwischen die eingeweichten Pflaumen zum Abtropfen auf ein Sieb geben. Die Äpfel waschen, schälen, vom Kerngehäuse befreien und in Spalten schneiden. Nun Pflaumen und Äpfel pürieren. Citroback, Zimt und Orangensaft zufügen und abschmecken.
Aus dem Pfannkuchenteig in einer beschichteten Pfanne nacheinander acht dünne Pfannkuchen backen. Diese mit dem Fruchtpüree bestreichen, aufrollen und in eine gefettete, feuerfeste Form legen.
Für den Guß Sahne, Eier und Honig verrühren. Über die Pfannkuchenrollen gießen und Mandelblättchen darüberstreuen. Im Backofen bei 220 Grad etwa 10 Minuten überbacken. Nach Belieben mit etwas Minze verzieren.
Pro Person: ca. 860 kcal (3610 kJ). Zubereitungszeit: ca. 45 Minuten.

Ohne Fleisch

Spinatpudding mit Käsesauce

Zutaten *(für 4 Personen):*
1 Eßlöffel Butter (20 g),
1 kleine Knoblauchzehe,
2 Pakete tiefgefrorener Spinat (à 300 g),
Salz, Pfeffer,
geriebene Muskatnuß,
125 ml (⅛ l) Schlagsahne,
4 Eier,
2 Eßlöffel Speisestärke (20 g).

Für die Sauce:
250 ml (¼ l) Milch,
100 g Crème fraîche,
100 g Bressot Käse,
Pfeffer.

Zubereitung: Zuerst Butter in einem Topf zerlassen. Knoblauchzehe abziehen und durch die Knoblauchpresse drücken. In der heißen Butter andünsten. Den Spinat unaufgetaut zufügen und die auf der Packung angegebene Flüssigkeitsmenge zugießen. Salz, Pfeffer und geriebene Muskatnuß zufügen und alles zugedeckt bei geringer Hitze auftauen und erwärmen. Sahne, Eier und Speisestärke verquirlen und zum Spinat geben. Abschmecken und in vier bis sechs gefettete, feuerfeste Förmchen füllen. Im Backofen bei 200 Grad etwa 20 Minuten garen.

Inzwischen für die Sauce die Milch in einen Topf gießen. Die Crème fraîche und den Bressot-Käse zufügen und alles unter Rühren langsam erwärmen. Die Sauce mit Pfeffer abschmecken. Dazu Reis reichen.
Pro Person: ca. 490 kcal (2050 kJ). Zubereitungszeit: ca. 40 Minuten.

Szegediner Gulasch

Zutaten *(für 4 Personen):*
500 g Schweinegulasch,
40 g Schweineschmalz,
200 g Zwiebeln,
2 Knoblauchzehen,
Paprika, edelsüß,
Salz,
1 Lorbeerblatt,
5 Pimentkörner,
2–3 Eßlöffel Tomatenmark (80 g),
125 ml (⅛ l) Fleischbrühe (Instant),
500 g Sauerkraut,
125 ml (⅛ l) saure Sahne,
1 Eßlöffel Speisestärke (10 g),
Pfeffer.

Zubereitung: Fleisch unter fließendem kaltem Wasser abspülen und gut trockentupfen. Schweineschmalz in einem Topf erhitzen und das Fleisch portionsweise darin anbraten. Zwiebeln und Knoblauchzehen abziehen. Zwiebeln in Würfel schneiden und Knoblauchzehen feinhacken. Zum Fleisch geben und kurz mit anschmoren. Paprika, Salz, Lorbeerblatt, Pimentkörner und Tomatenmark zufügen und alles mit Brühe ablöschen. Zugedeckt etwa 30 Minuten schmoren lassen. Dann das Sauerkraut zufügen und alles weitere 20 Minuten schmoren. Saure Sahne und Speisestärke verrühren (siehe Tip) und die Sahne in das Gulasch einrühren. Mit Pfeffer abschmecken. Dazu Kümmelkartoffeln reichen.
Pro Person: ca. 770 kcal (3230 kJ). Zubereitungszeit: ca. 70 Minuten.

Damit Stärkemehl richtig bindet:

Stärkemehl verliert seine Bindekraft, wenn es zu lange gekocht wird. Es darf nur in kalter Flüssigkeit angerührt werden und in der Speise einmal kurz aufkochen.

Hähnchentopf mit Fenchel

Zutaten *(für 4 Personen):*
500 g Hähnchenbrustfilets,
750 ml (¾ l) Fleischbrühe (Instant),
4 Pfefferkörner,
1 Lorbeerblatt,
Salz,
500 g Fenchel,
125 g Möhren,
1 Becher Crème fraîche (150 g),
2 Teelöffel Speisestärke (10 g),
Pfeffer,
Koriander,
2 Eigelb,
50 g Pinienkerne.

Zubereitung: Die Hähnchenbrustfilets unter fließendem kaltem Wasser abspülen und trockentupfen. Die Brühe in einem Topf zum Kochen bringen. Pfefferkörner, Lorbeerblatt und Salz zufügen und die Hähnchenbrustfilets etwa 5 Minuten darin garen.
Inzwischen vom Fenchel Wurzelansatz und Grün abschneiden. Das Fenchelgrün aufbewahren. Die Möhren putzen und schrappen oder schälen. Fenchel und Möhren waschen und in Stücke schneiden. In die Brühe geben und alles weitere 15 Minuten garen. Crème fraîche und Speisestärke verrühren und die Flüssigkeit damit binden. Mit Salz, Pfeffer und Koriander abschmecken und mit Eigelb legieren. Dafür die Eigelb mit wenig heißer Flüssigkeit verquirlen und dann unter Rühren in die Flüssigkeit zurückgießen. Pinienkerne rösten. Den Hähnchentopf mit Pinienkernen bestreuen und mit Fenchelgrün garniert anrichten. Dazu Reis servieren.
Pro Person: ca. 520 Kcal (2180 kJ). Zubereitungszeit: ca. 50 Minuten.

Möhrencreme-suppe

Zutaten *(für 4 Personen):*
750 g Möhren,
500 g Kartoffeln (mehlig kochend),
2–3 Eßlöffel Butter (50 g),
Salz,
Zucker,
500 ml (½ l) Fleischbrühe (Instant),
250 ml (¼ l) Milch,
125 ml (⅛ l) Schlagsahne,
1 Paket tiefgefrorene Fleischklößchen (300 g),
evtl. glatte Petersilie zum Garnieren.

Zubereitung: Möhren schrappen oder schälen, Kartoffeln schälen, beide Zutaten waschen und kleinschneiden. Eine Möhre beiseite legen. Die Butter in einem Topf erhitzen und Möhren- und Kartoffelwürfel darin andünsten. Salz und Zucker zufügen. Die Brühe angießen. Alles etwa 25 Minuten zugedeckt garen. Danach die Suppe pürieren, die Milch dazugießen und aufkochen lassen. Sahne und Fleischklößchen zufügen und alles etwa 10 Minuten ziehen lassen. Die Suppe abschmekken. Die restliche Möhre in feine Streifen schneiden.
Die Suppe mit Möhrenstreifen und nach Belieben mit Petersilie anrichten.
Pro Person: ca. 490 kcal (2060 kJ). Zubereitungszeit: ca. 50 Minuten.

Gefüllte China-kohl-Köpfchen

Zutaten *(für 4 Personen):*
750 g Chinakohl,
Salz,
375 g Bratwurstbrät,
evtl. Küchengarn,
50 g durchwachsener Speck,
1 Zwiebel (50 g),
1 Möhre (100 g),
200 g Tomaten.

Zubereitung: Vom Chinakohl den Strunk abschneiden und die äußeren Blätter entfernen. Die Blätter ablösen und in kochendem Wasser kurz blanchieren. Die Chinakohlblätter auf einem Sieb abtropfen lassen. Danach die dicken Blattrippen flach schneiden. Nun jeweils zwei große Blätter mit Salz würzen und übereinanderlegen. In die Mitte jeweils etwas Bratwurstbrät geben und den Kohl darüber zusammendrücken. Eventuell mit Küchengarn zusammenbinden.
Den Speck würfeln und in einem Topf glasig dünsten. Die Zwiebel abziehen, Möhre schrappen oder schälen, waschen und beide Zutaten in kleine Würfel schneiden. Den restlichen Kohl kleinschneiden. Zwiebel- und Möhrenwürfel und den kleingeschnittenen Kohl zum Speck geben und alles zugedeckt 5 Minuten dünsten.
Die Tomaten kurz in kochendes Wasser geben, häuten und vierteln. Das Gemüse in eine gefettete feuerfeste Form füllen. Chinakohl-Köpfchen und Tomatenviertel auf das Gemüse setzen. Zugedeckt im Backofen bei 200 Grad etwa 40 Minuten dünsten. Dazu Salzkartoffeln reichen.
Pro Person: ca. 490 kcal (2060 kJ). Zubereitungszeit: ca. 90 Minuten.

Lammhaxen

Zutaten *(für 4 Personen):*
4 Lammhaxen (ca. 1,2 kg),
Salz, Pfeffer,
2 Teelöffel Senf,
1 Eßlöffel Butterschmalz (20 g),
2 Zwiebeln (100 g),
375 ml (3/8 l) Fleischbrühe (Instant),
200 ml Schlagsahne,
1 Eßlöffel dunkler Saucenbinder,
2 Teelöffel Zitronensaft,
4 Tomaten (250 g),
1 Glas Minzgelee (Füllmenge 175 g),
evtl. Basilikumblätter zum Garnieren.

Zubereitung: Die Lammhaxen unter fließendem kaltem Wasser abspülen, trockentupfen, mit Salz und Pfeffer würzen und mit Senf bestreichen. Das Butterschmalz in einem großen Schmortopf erhitzen und die Lammhaxen darin von allen Seiten braun anbraten.
Die Zwiebeln abziehen, in Stücke schneiden und kurz mit anschmoren. Mit Brühe ablöschen und zugedeckt etwa 40 Minuten schmoren lassen. Danach die Lammhaxen warmstellen und den Bratfond mit Sahne ablöschen. Den Saucenbinder einstreuen und die Sauce mit Zitronensaft abschmecken.
Die Tomaten kurz in kochendes Wasser geben, in kaltem Wasser abschrecken und die Stengelansätze herausschneiden. Die Tomaten enthäuten, vierteln und entkernen. Das Minzgelee kurz erwärmen. Lammhaxen, Sauce, Tomatenviertel und Minzgelee anrichten und nach Belieben mit Basilikumblättern garnieren. Dazu Nudeln reichen.
Pro Person: ca. 700 kcal (2940 kJ). Zubereitungszeit: ca. 60 Minuten.

Schnell zubereitet

Spiegeleier in pikanter Sauce

Zutaten *(für 4 Personen):*
2 Eßlöffel Speiseöl (20 g),
8 Eier,
evtl. Schnittlauch zum Garnieren.

Für die Sauce:
4 Eßlöffel Tomatenketchup (ca. 80 g),
Salz, Pfeffer,
Paprika, edelsüß,
Knoblauchpulver,
Zucker,
125 ml (⅛ l) Fleischbrühe (Instant),
1 Teelöffel Speisestärke (5 g),
200 g kleine Tomaten.

Zubereitung: Zuerst die Sauce bereiten. Dafür Tomatenketchup, Salz, Pfeffer, Paprika, Knoblauchpulver, Zucker, Brühe und Speisestärke in einem Topf verrühren und zum Kochen bringen. Die Tomaten waschen. Die Hälfte halbieren und den Stengel herausschneiden. Die restlichen Tomaten kurz in kochendes Wasser geben, in kaltem Wasser abschrecken, enthäuten, in kleine Würfel schneiden und zur Sauce geben. Die Sauce abschmecken. Nun Öl in einer Pfanne heiß werden lassen und die Eier darin braten. Eier, Sauce und Tomatenhälften anrichten und nach Belieben mit Schnittlauchröllchen bestreuen. Dazu Röstkartoffeln reichen.
Pro Person: ca. 280 kcal (1180 kJ). Zubereitungszeit: ca. 30 Minuten.

Reispfanne mit Hackfleisch

Zutaten *(für 4 Personen):*
2 Eßlöffel Speiseöl (20 g),
350 g Rinderhackfleisch,
2 Zwiebeln (100 g),
300 ml Wasser,
Salz, Pfeffer,
2 Teelöffel Currypulver,
1 Eßlöffel Zitronensaft,
125 g Kurzzeitreis,
300 g tiefgefrorene Erbsen,
100 g Tiefseekrabbenfleisch.

Zubereitung: Das Öl in einer Pfanne erhitzen und das Hackfleisch darin krümelig anbraten. Die Zwiebeln abziehen und in kleine Würfel schneiden. Zum Hackfleisch geben und kurz mitbraten. Nun Wasser, Salz, Pfeffer, Curry, Zitronensaft, Reis und Erbsen zufügen und alles etwa 5 Minuten zugedeckt garen. Das Krabbenfleisch darüberstreuen und kurz mit erwärmen (siehe Tip). Dazu Tomatensauce reichen.
Pro Person: ca. 370 kcal (1550 kJ). Zubereitungszeit: ca. 20 Minuten.

Krabben nur kurz erwärmen

Wenn Sie Krabben für warme Gerichte verwenden wollen, dann immer erst kurz vor dem Anrichten hinzugeben. Denn Krabben sind schon vorgekocht und werden durch nochmaliges Kochen trocken und hart.

Kabeljau in Sahnesauce

Zutaten *(für 4 Personen):*
800 g Kabeljaufilet,
Zitronensaft,
Salz,
1 Zwiebel (50 g),
1 Eßlöffel Butter oder Margarine (20 g),
200 g Doppelrahmfrischkäse,
125 ml (⅛ l) trockener Weißwein,
3 Eßlöffel Kapern,
weißer Pfeffer,
evtl. Dill und Zitrone zum Garnieren.

Zubereitung: Das Kabeljaufilet unter fließendem kaltem Wasser abspülen, trockentupfen, mit Zitronensaft beträufeln und salzen. Die Zwiebel abziehen und in feine Würfel schneiden. Das Fett in einem Topf erhitzen und die Zwiebelwürfel darin andünsten. Den Frischkäse zufügen und darin schmelzen lassen. Den Wein angießen und alles etwa 10 Minuten zugedeckt köcheln lassen. Die Kapern zufügen und die Sauce mit Pfeffer abschmecken. Das Fischfilet hineinlegen und etwa 8 Minuten in der heißen Sauce garziehen lassen. Nach Belieben mit einem Dillsträußchen und einer Zitronenscheibe verziert anrichten. Dazu Salzkartoffeln reichen.
Pro Person: ca. 370 kcal (1550 kJ). Zubereitungszeit: ca. 30 Minuten.

Auflauf mit Beeren

Zutaten: *(für 4 Personen):*
1 Paket tiefgefrorener Beerencocktail (300 g),
16 Löffelbiskuits (ca. 100 g),
4 Eigelb,
60 g Zucker,
6 Eßlöffel Milch,
4 Eßlöffel Crème fraîche (100 g),
2 Teelöffel Speisestärke (10 g),
4 Eiweiß,
2 Eßlöffel Mandelblättchen (20 g).

Zubereitung: Den Beerencocktail auf einem Sieb auftauen lassen und den Saft auffangen. Die Löffelbiskuits zerbröckeln. Eine feuerfeste Form gut einfetten und die Biskuits hineinstreuen. Mit dem Beerensaft beträufeln.
Nun Eigelb und Zucker schaumig schlagen. Milch, Crème fraîche und Speisestärke verrühren und zur Eigelbmasse geben. Das Eiweiß steif schlagen und unter die Eigelbmasse ziehen. Unter zweidrittel der Masse die Beeren heben und alles über den Biskuits verteilen. Restliche Eischaummasse darüber geben und mit Mandelblättchen bestreuen. Im Backofen bei 190 Grad etwa 30 Minuten backen. Dazu Weinschaumsauce reichen.
Pro Person: ca. 240 kcal (1010 kJ). Zubereitungszeit: ca. 60 Minuten.

Das süße Hauptgericht

Selleriecreme-suppe

Zutaten *(für 4 Personen):*
1 Bund Suppengrün,
500 g Hühnerklein.
Außerdem:
1, 2 kg Sellerie,
2 Zwiebeln (100 g),
75 g Butter oder Margarine,
Salz, Pfeffer,
geriebene Muskatnuß,
200 ml Schlagsahne,
200 g gekochter Schinken.

Zubereitung: Das Suppengrün putzen, waschen und kleinschneiden. Das Hühnerklein unter fließendem kalten Wasser abspülen. Zwei Liter Wasser in einen Topf geben und das Hühnerklein mit Suppengrün darin eine Stunde kochen.
Inzwischen den Sellerie schälen, waschen und in feine Würfel schneiden. Die Zwiebeln abziehen und hacken. Das Fett in einem Topf erhitzen und das vorbereitete Gemüse darin andünsten. Mit Salz, Pfeffer und geriebener Muskatnuß würzen.
Die Hühnerbrühe durch ein Sieb gießen und das Gemüse mit Brühe ablöschen. Mit einer Schaumkelle einige Selleriewürfel herausnehmen und beiseite stellen. Die restliche Suppe pürieren, die Sahne zufügen und abschmecken. Schinken in kleine Würfel schneiden. Schinken- und Selleriewürfel in die Suppe geben und kurz darin erwärmen. Nach Belieben mit Selleriegrün und einigen Schinkenstreifen garnieren. Dazu Bauernbrot reichen.
Pro Person: ca. 650 kcal (2730 kJ). Zubereitungszeit: ca. 90 Minuten.

Huhn mit Gemüse

Zutaten *(für 4 Personen):*
Je 1 rote und grüne Paprikaschote (à 150 g),
400 g Staudensellerie,
150 g Frühlingszwiebeln,
500 g Hähnchenbrustfilet,
1 Eiweiß,
1 Eßlöffel Speisestärke (10 g),
½ Teelöffel Salz,
1 Eßlöffel Speiseöl (10 g),
4 Eßlöffel Sojasauce,
½ Teelöffel Zucker,
1 Teelöffel Weinessig,
1 Teelöffel Ingwerpulver,
2 Teelöffel Chilisauce.

Zubereitung: Die Paprikaschoten halbieren, entstielen, entkernen, die weißen Scheidewände entfernen und waschen. Vom Staudensellerie Wurzelansatz und grüne Blätter abschneiden und die Stangen waschen. Von den Frühlingszwiebeln Wurzelansatz und ein Drittel Grün abschneiden. Gründlich waschen. Das vorbereitete Gemüse kleinschneiden.
Das Hähnchenbrustfilet unter fließendem kaltem Wasser abspülen, trockentupfen und in Stücke schneiden. Eiweiß, Speisestärke und Salz verquirlen und das Fleisch darin wenden. Das Öl in einer Pfanne erhitzen und die Fleischwürfel darin portionsweise schnell von allen Seiten hellbraun anbraten. Herausnehmen und warmstellen.
Nun das kleingeschnittene Gemüse in dem Bratfett anbraten. Sojasauce, Zucker, Weinessig, Ingwerpulver und Chilisauce zufügen und alles zugedeckt etwa 5 Minuten schmoren lassen. Fleisch zufügen, wieder erwärmen und das Gericht abschmecken. Dazu Reis reichen.
Pro Person: ca. 200 kcal (840 kJ). Zubereitungszeit: ca. 40 Minuten.

Rosenkohl-Kuchen

Zutaten *(für 4 Personen):*
Für den Teig:
200 g Roggenmehl (Type 1150),
Salz,
1 Ei,
2 Eßlöffel Wasser,
125 g Butter oder Margarine.
Außerdem:
700 g Rosenkohl,
2 Zwiebeln (60 g),
1–2 Eßlöffel Butter oder Margarine (25 g),
200 g gekochter Schinken,
1 rote Paprikaschote (150 g),
3 Eier,
200 ml saure Sahne,
Salz, geriebene Muskatnuß.

Zubereitung: Roggenmehl, Salz, Ei, Wasser und Fett in eine Schüssel geben und mit den Knethaken des Handrührgerätes zu einem glatten Teig verkneten. 30 Minuten kalt stellen.

Vom Rosenkohl den unteren Strunk und die welken Blätter entfernen und den Kohl waschen. In leicht gesalzenem Wasser etwa 10 kochen. Danach abtropfen lassen.

Eine Springform (22 cm ∅) fetten. Den Teig nochmals durchkneten, ausrollen und die Springform damit auslegen. Rosenkohl hineingeben. Die Zwiebeln abziehen und fein würfeln. Das Fett in einer Pfanne erhitzen und die Zwiebelwürfel darin andünsten. Den Schinken in Würfel schneiden. Die Paprikaschote halbieren, entstielen, entkernen, die Schote waschen und in kleine Würfel schneiden. Eier und Sahne verquirlen, Zwiebelwürfel, Schinken- und Paprikawürfel zufügen und mit Salz und geriebener Muskatnuß abschmecken. In die Springform füllen und im Backofen bei 180 Grad etwa 50–60 Minuten backen. Dazu Käsesauce reichen.

Pro Person: ca. 820 kcal (3440 kJ). Zubereitungszeit: ca. 2 Stunden.

Pilzsuppe mit Rindfleisch

Zutaten *(für 4 Personen):*
750 g Rindfleisch (Hohe Rippe),
1 Bund Suppengrün,
2 Beutel getrocknete Steinpilze (à 5 g),
350 g Champignons,
125 g Möhren,
je 1 rote und grüne Paprikaschote (à 150 g),
2 Knoblauchzehen,
2–3 Eßlöffel Margarine (50 g),
Salz, Pfeffer.

Zubereitung: Das Fleisch unter fließendem kaltem Wasser abspülen. Das Suppengrün putzen, waschen und kleinschneiden. 1 ½ Liter Wasser in einem Topf zum Kochen bringen, Fleisch und Suppengrün zufügen und etwa 2 Stunden darin köcheln lassen.

Steinpilze in ⅛ Liter Wasser einweichen. Die Champignons putzen, waschen und in Scheiben schneiden. Die Möhren schrappen oder schälen, waschen und ebenfalls in Scheiben schneiden. Die Paprikaschoten halbieren, entstielen, entkernen, die weißen Scheidewände entfernen, die Schoten waschen und in Streifen schneiden. Die Knoblauchzehen abziehen und fein hacken.

Die Margarine in einem Topf erhitzen und Champignons und Knoblauch darin andünsten. Die Möhrenscheiben, Paprikastreifen und Steinpilze mit Einweichwasser zufügen. Die Fleischbrühe durch ein Sieb dazugießen. Alles etwa 15 Minuten zugedeckt kochen lassen. Inzwischen das Fleisch in Würfel schneiden. In die Suppe geben und kurz darin erwärmen und mit Salz und Pfeffer abschmecken. Dazu Fladenbrot reichen.

Pro Person: ca. 420 kcal (1760 kJ). Zubereitungszeit: ca. 2 ½ Stunden.

Pikanter Bohnen-Hackfleisch-Topf

Zutaten *(für 4 Personen):*
300 g getrocknete rote Bohnen,
2 l Wasser,
3 Zwiebeln (150 g),
2 Knoblauchzehen,
je 1 rote und grüne Chilischote,
2 Eßlöffel Schmalz (40 g),
500 g Rinderhackfleisch,
Salz,
gerebelter Majoran,
Paprika, edelsüß,
1 Dose Tomaten (Abtropfgewicht 480 g),
100 ml saure Sahne,
evtl. Majoran zum Garnieren.

Zubereitung: Die Bohnen kurz waschen und über Nacht in Wasser einweichen. Am nächsten Tag im Einweichwasser kurz aufkochen und 1 ½ Stunden zugedeckt weiter köcheln lassen. Die Zwiebeln abziehen und in Würfel schneiden. Die Knoblauchzehen abziehen und fein hakken. Die Chilischoten waschen, der Länge nach aufritzen und die Kerne entfernen. Die Chilischoten in Ringe schneiden. Das Schmalz in einem Topf erhitzen und das Hackfleisch darin krümelig anbraten. Zwiebelwürfel, Knoblauch und Chili zufügen und mit anbraten. Salz, Majoran, Paprika und abgetropfte Bohnen zufügen. ¼ Liter Bohnenbrühe angießen und die kleingeschnittenen Tomaten mit Flüssigkeit zufügen. Alles etwa 10 Minuten zugedeckt kochen lassen. Saure Sahne einrühren und das Gericht abschmecken. Nach Belieben mit frischem Majoran garnieren.
Pro Person: ca. 690 kcal (2900 kJ). Zubereitungszeit: ca. 105 Minuten.

Fenchel-Kartoffel-Gratin

Zutaten *(für 4 Personen):*
800 g Kartoffeln,
1 Fenchelknolle (375 g),
1 Eßlöffel Margarine (20 g),
250 ml (¼ l) saure Sahne,
Salz, Pfeffer,
75 g geriebener Appenzeller Käse,
1 Eßlöffel Butter (25 g).

Zubereitung: Die Kartoffeln (siehe Tip) waschen, mit Schale kochen, abgießen und kurz abkühlen lassen. Dann pellen und gut durchgekühlt in Scheiben schneiden. Von der Fenchelknolle Wurzelansatz und Grün abschneiden, Knolle waschen und kleinschneiden. Die Margarine in einem Topf erhitzen und den Fenchel darin 5 Minuten andünsten.
Das Fenchelgrün fein hacken. Kartoffelscheiben, Fenchel und Fenchelgrün in eine gefettete, feuerfeste Form schichten. Saure Sahne, Salz und Pfeffer verquirlen und über das Gemüse gießen. Den Käse darüberstreuen und Butterflöckchen daraufsetzen. Das Gratin im Backofen bei 220 Grad etwa 40 Minuten backen.
Pro Person: ca. 500 kcal (2100 kJ). Zubereitungszeit: ca. 1 Stunde.

Kartoffeln gleich auspacken

Wenn Sie Kartoffeln in Plastiktüten kaufen, sollten sie zu Hause gleich ausgepackt werden. Denn es können sich in der feuchtwarmen Luft sehr schnell Fäulniserreger bilden. Geben Sie deshalb die Kartoffeln am besten in ein luftiges Gefäß, z. B. in einen Korb, und stellen Sie es an einen dunklen Platz.

Ohne Fleisch

Hasenragout

Zutaten *(für 4 Personen):*
1 kg Hasenkeule,
100 g durchwachsener Speck,
3 Eßlöffel Speiseöl (30 g),
3 Eßlöffel Gin,
100 g Möhren,
100 g Zwiebeln,
10 Wacholderbeeren,
2 Lorbeerblätter,
Salz, Pfeffer,
750 ml (¾ l) Fleischbrühe (Instant),
2 Eßlöffel dunkler Saucenbinder,
200 ml Kondensmilch.

Zubereitung: Die Hasenkeulen unter fließendem kaltem Wasser abspülen, trockentupfen und das Fleisch von den Knochen lösen und in Stücke schneiden. Den Speck würfeln, das Öl in einem Topf erhitzen und die Speckwürfel darin auslassen. Das Hasenfleisch zufügen und von allen Seiten kräftig anbraten. Den Gin darüber gießen. Möhren schrappen oder schälen, waschen, Zwiebeln abziehen und beide Zutaten in Würfel schneiden. Die Gemüsewürfel zum Fleisch geben und etwa 3 Minuten mitbraten. Wacholderbeeren und Lorbeerblätter zufügen und mit Salz und Pfeffer würzen. Das Ragout mit Fleischbrühe ablöschen. Alles zugedeckt etwa 40 Minuten schmoren lassen. Danach Saucenbinder einstreuen, mit Kondensmilch verfeinern und das Ragout abschmecken. Dazu Kartoffelkroketten reichen.
Pro Person: ca. 600 kcal (2520 kJ). Zubereitungszeit: ca. 60 Minuten.

Leber mit Champignons

Zutaten *(für 4 Personen):*
4 Scheiben Schweineleber (à 150 g),
3 Eßlöffel Mehl (30 g),
3 Eßlöffel Speiseöl (30 g),
Salz, Pfeffer,
Salbei,
50 g durchwachsener Speck,
2 Zwiebeln (100 g),
250 g kleine Champignons,
250 ml (¼ l) Fleischbrühe (Instant),
125 ml (⅛ l) Schlagsahne,
evtl. Salbei zum Garnieren.

Zubereitung: Die Leberscheiben (siehe Tip) unter fließendem kaltem Wasser abspülen, trockentupfen und danach in Mehl wenden. Das Öl in einer Pfanne erhitzen und die Leberscheiben darin von jeder Seite etwa 3 Minuten braten. Die Leber mit Salz, Pfeffer und Salbei würzen und warmstellen.

Den Speck fein würfeln und in dem Bratfett auslassen. Die Zwiebeln abziehen und in dünne Ringe schneiden. Die Champignons putzen und waschen. Zwiebelringe und Champignons zu den Speckwürfeln in die Pfanne geben und kurz mitdünsten. Die Fleischbrühe und Sahne angießen. Die Flüssigkeit etwas einkochen lassen und die Sauce abschmecken. Sauce und Leberscheiben anrichten und nach Belieben mit frischem Salbei garnieren. Dazu Kartoffelpüree reichen.

Pro Person: ca. 520 kcal (2180 kJ). Zubereitungszeit: ca. 35 Minuten.

So wird die Leber besonders zart:

Legen Sie die Leber mindestens 30 Minuten vor der Zubereitung in kalte Milch. Leber sollten Sie immer erst ganz zum Schluß salzen, sonst wird sie hart und trocken.

Kalorienarm

Gedünstetes Thunfischsteak

Zutaten *(für 4 Personen):*
4 Scheiben Thunfischsteak (à 200 g),
2 Eßlöffel Zitronensaft,
Salz,
50 g Knoblauchbutter,
200 ml Weißwein,
400 g Frühlingszwiebeln,
2 Schalotten.

Zubereitung: Den Fisch unter fließendem kaltem Wasser abspülen, trockentupfen, mit Zitronensaft beträufeln (siehe Tip) und leicht salzen. Die Knoblauchbutter in einer Pfanne erhitzen und die Thunfischsteaks von beiden Seiten kurz darin anbraten. Den Weißwein zugießen. Von den Frühlingszwiebeln Wurzelansatz und ein Drittel Grün abschneiden und waschen. Die Schalotten abziehen und eventuell halbieren. Zwiebeln und Schalotten zum Fisch in die Pfanne geben und alles zugedeckt etwa 8 Minuten garziehen lassen. Dazu Petersilienkartoffeln reichen.

Pro Person: ca. 370 kcal (1550 kJ). Zubereitungszeit: ca. 25 Minuten.

Fisch: Erst säuern, dann salzen

Der Fisch muß vor der Zubereitung immer erst ca. 15 Minuten mit Zitronensaft oder Essig gesäuert werden. Dadurch wird das Fischfleisch fester und der Geruch gebunden. Salzen sollten Sie den Fisch aber erst kurz vor dem Braten oder Dünsten. So wird dem Fisch kein Wasser entzogen.

Bandnudeln mit Käsesauce

Zutaten *(für 4 Personen):*
300 g grüne Bandnudeln.
Für die Sauce:
250 ml (¼ l) Schlagsahne,
75 g Schafskäse,
100 g Mortadella,
Salz, Pfeffer,
30 g Walnüsse,
2 kleine Tomaten (100 g).

Zubereitung: Die Nudeln nach Packungsanweisung kochen.
Für die Sauce die Sahne in einem Topf erhitzen und Schafskäse darin schmelzen lassen. Die Mortadella in Würfel schneiden und zufügen. Die Sauce mit Salz und Pfeffer abschmecken. Die Sauce zu den Nudeln (siehe Tip) servieren und mit ganzen oder gehackten Walnüssen und gewaschenen, halbierten Tomaten anrichten. .
Pro Person: ca. 960 kcal (2910 kJ). Zubereitungszeit: ca. 30 Minuten.

So halten Sie Nudeln richtig warm

Um Nudeln warm zu halten, sollte man sie niemals im heißen Kochwasser liegenlassen. Sie werden dann zu weich und schmecken fade. Lieber abgießen und nach Bedarf in einer Bratpfanne in heißem Fett wieder aufwärmen.

MÄRZ

In diesem Monat heißt es: Öfter mal Fisch essen. Nutzen Sie vor allem das Angebot an Dorsch und Kabeljau. Bei beiden Arten handelt es sich um den gleichen Fisch: Der kleinere Dorsch wird in der Ostsee gefangen, während der größere Kabeljau in der Nordsee und im Atlantik lebt.

Gefüllter Krustenbraten

Zutaten *(für 4 Personen):*
1 kg Schweineschulter mit Schwarte,
250 g Champignons,
1 große Zwiebel (70 g),
250 g Rinderhackfleisch,
Salz, Pfeffer,
gerebelter Majoran,
3 Wacholderbeeren,
125 g Möhren,
125 g Sellerie,
100 g Schalotten,
250 ml (¼ l) Fleischbrühe (Instant),
100 ml Schlagsahne,
4 Eßlöffel Madeira (4 cl),
dunkler Saucenbinder.
Außerdem: *Küchengarn.*

Zubereitung: Das Fleisch unter fließendem kaltem Wasser abspülen, trockentupfen und eine Tasche hineinschneiden. Die Schwarte kreuzweise einritzen. Die Champignons putzen, waschen und fein hakken. Die Zwiebel abziehen, ebenfalls fein hacken. Hackfleisch, Champignons, Zwiebel, Salz, Pfeffer und Majoran mischen. Hackfleischteig in die Fleischtasche füllen, den Braten mit Küchengarn zubinden. Mit der Schwarte nach oben in eine Fettpfanne legen und im Backofen bei 200 Grad etwa 2 Stunden braten (siehe Tip).

Inzwischen die Wacholderbeeren zerdrücken. Möhren und Sellerie schälen, waschen und in Stücke schneiden. Die Schalotten abziehen und eventuell halbieren. 30 Minuten vor Ende der Bratzeit das vorbereitete Gemüse zum Fleisch geben und mitschmoren.
Nun den Braten herausnehmen und warm stellen. Den Bratensatz mit Brühe ablöschen und durch ein Sieb in einen Topf gießen. Den Bratenfond aufkochen lassen. Sahne und Madeira zufügen, mit Saucenbinder binden und die Sauce abschmecken. Den Braten aufschneiden, auf einer Platte anrichten und die Sauce dazu servieren. Dazu Kartoffelkroketten und glasierte Möhren reichen.
Pro Person: ca. 970 kcal (4070 kJ). Zubereitungszeit: ca. 140 Minuten.

So erkennen Sie, ob der Braten gar ist:

Fühlt er sich auf Druck (mit einem Gabelrücken) weich an, ist er innen noch rot. Gibt das Fleisch federnd nach, ist er rosa. Durchgegart muß er sich fest anfühlen.

Eier auf Spinat

Zutaten *(für 4 Personen):*
1 kg frischer Spinat,
8 Eier,
2 Zwiebeln (100 g),
1–2 Eßlöffel Butter oder Margarine (30 g),
Salz, Pfeffer,
Knoblauchpulver,
100 g Schinkenspeck (in dünnen Scheiben).

Zubereitung: Den Spinat verlesen und gründlich waschen. Reichlich Wasser zum Kochen bringen und den Spinat darin blanchieren. Zum Abtropfen auf ein Sieb geben. Die Eier hart kochen. Die Zwiebeln abziehen und in feine Würfel schneiden. Das Fett in einem Topf erhitzen, die Zwiebelwürfel zufügen und andünsten. Den Spinat zufügen, mit Salz, Pfeffer und Knoblauchpulver würzen und etwa 5–10 Minuten zugedeckt dünsten.

Nun die Eier pellen und halbieren. Den Schinkenspeck in einer Pfanne braten. Halbierte Eier und gebratenen Schinkenspeck auf dem Spinat anrichten. Dazu Salzkartoffeln reichen.

Pro Person: ca. 490 kcal (2060 kJ). Zubereitungszeit: ca. 30 Minuten.

Augen auf beim Eierkauf:

Achten Sie beim Einkauf auf Verpackungsdatum, Handelsklasse und aufs Gewicht. Angeboten werden Eier der Klasse A (frisch) und mit zusätzlicher Banderole (extra). Gewichtsklassen sind von 1–7 abgestuft. Je größer die Zahl desto kleiner das Ei. Übrigens: Die Farbe der Eier hat mit der Qualität nichts zu tun.

Hähnchenkeulen in Portwein

Zutaten *(für 4 Personen):*
4 Hähnchenkeulen (600 g),
4 Eßlöffel Speiseöl (40 g),
Salz, Pfeffer,
1 Knoblauchzehe,
125 ml (⅛ l) Portwein,
1 Becher saure Sahne (150 g),
10 Oliven (mit Paprika gefüllt),
1 Eßlöffel dunkler Saucenbinder,
evtl. Petersilie zum Garnieren.

Zubereitung: Die Hähnchenkeulen unter fließendem kaltem Wasser abspülen und trockentupfen. Das Öl in einer Pfanne erhitzen und die Hähnchenkeulen darin von allen Seiten braun anbraten. Mit Salz und Pfeffer würzen.
Die Knoblauchzehe abziehen und fein hacken. Zu den Hähnchenkeulen geben und Portwein und Sahne angießen. Alles zugedeckt etwa 40 Minuten schmoren.
Die Oliven in Scheiben schneiden und zuletzt kurz in der Sauce erwärmen. Mit Saucenbinder binden. Das Gericht nach Belieben mit Petersilie garniert servieren.
Dazu gedünsteten Chicorée und Salzkartoffeln reichen.
Pro Person: ca. 340 kcal (1420 kJ). · Zubereitungszeit: ca. 45 Minuten.

Aus der Vollwertküche

Sojabratlinge

Zutaten *(für 4 Personen):*
100 g Sojagranulat (naturell),
200 ml heißes Wasser,
4 Teelöffel Gemüse-Hefebrühe (Paste),
2 Eier,
2 Eßlöffel Weizenvollkornmehl (20 g),
4 Eßlöffel Vollkornbrösel (50 g), 1 Bund Petersilie,
1 Bund Schnittlauch,
Kräutersalz.

Zum Braten:
2 Eßlöffel Speiseöl (20 g),
Außerdem:
2 Tomaten (150 g),
2 Zwiebeln (100 g),
1 Kopf Salat,
4 Scheiben Käse (à 50 g),
1 Bund Schnittlauch.

Zubereitung: Sojagranulat, heißes Wasser und Brühe verrühren und 10 Minuten quellen lassen. Eier, Weizenvollkornmehl und Vollkornbrösel verrühren. Petersilie und Schnittlauch unter fließendem kaltem Wasser abspülen und trockentupfen. Petersilienblätter von den Stielen zupfen und fein hakken. Schnittlauch in Röllchen schneiden. Mehlgemisch, Kräuter und Kräutersalz unter das Granulat kneten. Aus dem Teig 8 flache Bratlinge formen. Das Öl in einer beschichteten Pfanne erhitzen und die Bratlinge darin von jeder Seite etwa 2 Minuten braten. Die Tomaten waschen und in Scheiben schneiden. Die Zwiebeln abziehen und in feine Ringe schneiden. Die Salatblätter waschen und trockentupfen. Dann jeweils zwischen zwei Bratlinge Tomatenscheiben, Zwiebelringe, Salatblätter und Käse schichten. Den Schnittlauch abspülen, trokkentupfen und in Röllchen schneiden. Die Bratlinge mit Schnittlauchröllchen bestreuen. Dazu Kräuterremoulade und Rohkost reichen.

Pro Person: ca. 340 kcal (1420 kJ). Zubereitungszeit: ca. 30 Minuten.

Grüne Bohnensuppe

Zutaten *(für 4 Personen):*
300 g Kartoffeln,
1 Bund Suppengrün,
2 Zwiebeln (100 g),
1 Knoblauchzehe,
1 Eßlöffel Butter oder Margarine (20 g),
1 l Fleischbrühe (Instant),
2 Pakete tiefgefrorene grüne Bohnen (à 300 g),
Salz, Pfeffer,
Bohnenkraut,
4 Kochwürste (à 100 g),
1 Becher Crème fraîche (150 g),
evtl. Sellerieblätter zum Garnieren.

Zubereitung: Die Kartoffeln schälen und waschen. Das Suppengrün putzen, waschen und beide Zutaten in Stücke schneiden. Zwiebeln und Knoblauchzehe abziehen und fein hacken. Das Fett in einem Topf erhitzen und Kartoffeln, Suppengrün, Zwiebeln und Knoblauchzehe darin dünsten. Die Brühe angießen. Die Bohnen zufügen, mit Salz, Pfeffer und Bohnenkraut würzen und alles etwa 20 Minuten zugedeckt kochen lassen.
Kochwurst in Scheiben schneiden und zuletzt kurz mit erhitzen. Die Suppe mit Crème fraîche verfeinern und nach Belieben mit Sellerieblättern garniert anrichten.
Pro Person: ca. 610 kcal (2590 kJ). Zubereitungszeit: ca. 30 Minuten.

Gefüllter Dorsch

Zutaten *(für 4 Personen):*
1,5 kg Dorsch,
Saft 1 Zitrone.
Außerdem:
1 Zwiebel (50 g),
1 Bund Dill,
1 Bund Estragon,
Salz, Pfeffer,
3–4 Teelöffel Senf (40 g).
300 g durchwachsener Speck (in dünnen Scheiben),
250 ml (¼ l) Fleischbrühe (Instant),
125 ml (⅛ l) Weißwein,
1 Bund Petersilie,
3 Tomaten,
evtl. grober Pfeffer.

Zubereitung: Den Dorsch unter fließendem kaltem Wasser abspülen und trockentupfen. Mit Zitronensaft beträufeln.
Für die Füllung die Zwiebel abziehen und fein hacken. Dill und Estragon unter fließendem kaltem Wasser abspülen, trockentupfen, Blätter von den Stielen zupfen und fein hacken. Den Fisch mit Salz und Pfeffer würzen. Von innen mit Senf bestreichen. Mit Zwiebel und Kräutern füllen. Mit Speckscheiben umwickeln und in einen Bräter setzen. Brühe und Wein zum Fisch gießen und gewaschene Petersilie zufügen. Den Fisch zugedeckt im Backofen bei 200 Grad etwa 20 Minuten garen.
Inzwischen die Tomaten waschen, kreuzförmig einschneiden und nach 10 Minuten um den Fisch legen. Nach Belieben mit grobem Pfeffer bestreut servieren. Dazu Kartoffelpüree reichen.
Pro Person: ca. 700 kcal (2960 kJ). Zubereitungszeit: ca. 35 Minuten.

Reibekuchen

Zutaten *(für 4 Personen):*
2 kg Kartoffeln,
1 Zwiebel (50 g),
2 Eßlöffel saure Sahne (50 g),
Salz,
2 Eier,
2 Eßlöffel Semmelmehl (20 g).
Außerdem:
50 g Schweineschmalz,
evtl. Minzblätter zum Garnieren.

Zubereitung: Die Kartoffeln schälen und waschen. Die Zwiebel abziehen und beide Zutaten fein reiben. Saure Sahne, Salz, Eier und Semmelmehl zufügen, gut verrühren und abschmecken.
Das Schmalz in einer Pfanne erhitzen und darin nacheinander kleine Reibekuchen von beiden Seiten goldbraun braten. Nach Belieben mit Minzblättchen garniert anrichten.
Dazu Apfelkompott und Preiselbeeren reichen.
Pro Person: ca. 540 kcal (2270 kJ). Zubereitungszeit: ca. 40 Minuten.

Lammbraten mit Käsekruste

Zutaten *(für 4 Personen):*
1,2 kg Lammkeule (vom Schlachter entbeinen lassen),
2 Knoblauchzehen,
Salz, Pfeffer,
1 Eßlöffel Speiseöl (10 g),
80 g dünne Speckscheiben,
2 Zwiebeln (80 g),
200 ml Rotwein,
250 ml (¼ l) Wasser.

Für die Käsekruste:
75 g Crème fraîche,
1 Teelöffel Tomatenmark,
50 g Roquetfortkäse,
50 g Semmelmehl,
1 kleine Zwiebel (40 g),
Salz, Rosmarin.
Außerdem:
1 Eßlöffel dunkler Saucenbinder,
evtl. Estragon zum Garnieren.

Zubereitung: Lammkeule waschen und trockentupfen. Mit zerdrückter Knoblauchzehe, Salz und Pfeffer würzen. Öl erhitzen und das Fleisch darin anbraten. Danach mit Speckscheiben belegen. Zwiebeln abziehen, in Stücke schneiden und zum Fleisch geben. Zugedeckt im Backofen bei 200 Grad etwa 1 ½ Stunden braten. Zwischendurch mit Wein und Wasser begießen. Für die Käsekruste Crème fraîche, Tomatenmark, Roquetfortkäse und Semmelmehl verrühren. Die Zwiebel abziehen und fein hacken. Zwiebelwürfel unterrühren und mit Salz und Rosmarin würzen. Nun die Speckscheiben entfernen und das Fleisch mit der Käsecreme bestreichen. Weitere 30 Minuten braten. Danach warmstellen. Bratenfond durch ein Sieb gießen und mit Saucenbinder binden. Fleisch und Sauce nach Belieben mit Estragon garniert anrichten. Dazu Kartoffelplätzchen und Tomatensalat reichen.

Pro Person: ca. 1030 kcal (4310 kJ). Zubereitungszeit: ca. 2 Stunden.

Gefüllte Paprikaschoten

Zutaten *(für 4 Personen):*
4 Paprikaschoten (à 150 g).
Für die Füllung:
1 Dose Maiskörner (Abtropfgewicht 280 g),
1 Dose Thunfisch ohne Öl (Füllmenge 154 g),
150 g Tomaten,
2 Eier,
Salz, Pfeffer.
Außerdem:
150 g Edamer Käse,
125 ml (⅛ l) Fleischbrühe (Instant).

Zubereitung: Von den Paprikaschoten einen Deckel abschneiden und die Kerne und die weißen Scheidewände entfernen. Die Schoten gründlich waschen.
Für die Füllung Maiskörner und Thunfisch abtropfen lassen. Die Tomaten kurz in kochendes Wasser geben, enthäuten, die Stengelansätze herausschneiden, die Tomaten halbieren, entkernen, das Fruchtfleisch würzen. Den Thunfisch zerpflücken und Maiskörner und Tomatenwürfel untermischen. Eier, Salz und Pfeffer verquirlen, unter die Füllung mischen und abschmecken. Die Paprikaschoten damit füllen und mit Käse bedecken. Die Deckel auf die Schoten legen und auf ein Backblech setzen oder in eine Auflaufform geben. Fleischbrühe angießen und die Paprikaschoten im Backofen bei 200 Grad etwa 25 Minuten garen. Dazu Risotto reichen.
Pro Person: ca. 360 kcal (1550 kJ). Zubereitungszeit: ca. 60 Minuten.

Rotkohl-Kürbis-Gemüse

Zutaten *(für 4 Personen):*
1 Zwiebel (40 g),
50 g Butterschmalz,
1 Glas Rotkohl
(Abtropfgewicht 650 g),
Nelkenpulver,
Pfeffer, Salz,
1 Glas süß-sauer eingelegter Kürbis (Abtropfgewicht 200 g).

Zubereitung: Die Zwiebel abziehen und fein würfeln. Das Butterschmalz in einem Topf erhitzen und die Zwiebelwürfel darin andünsten. Rotkohl, Nelkenpulver, Pfeffer und Salz zufügen. Den Kürbis abtropfen lassen und den Saft zum Rotkohl gießen. Zugedeckt etwa 15 Minuten dünsten. In den letzten 5 Minuten die Kürbisstücke zufügen und kurz miterwärmen. Das Gemüse abschmecken. Dazu grobe Bratwurst (siehe Tip) und Salzkartoffeln reichen.
Pro Person: ca. 210 kcal (880 kJ). Zubereitungszeit: ca. 30 Minuten.

Bratwurst muß gebrüht werden

Frische Bratwurst mit kochendem Wasser übergießen und 5 Minuten darin ziehen lassen. Dadurch werden Bratwürste etwas fester und können beim Braten nicht mehr so leicht platzen.

Aalfilet auf Schwarzbrot

Zutaten *(für 4 Personen):*
Für den Eierstich:
4 Eier,
250 ml (¼ l) Milch,
Salz,
geriebene Muskatnuß,
1 Teelöffel Butter oder Margarine (10 g).

Außerdem:
Alufolie,
2 Aale (à 400 g),
4 Scheiben Schwarzbrot,
4 Teelöffel Butter (40 g),
1 Zitrone,
1 Kopf Bataviasalat,
1 Bund Dill.

Zubereitung: Für den Eierstich Eier und Milch verquirlen und mit Salz und Muskat abschmecken.
Eine Form mit Butter oder Margarine ausfetten und die Eiermilch hineingießen. Mit Alufolie abdecken und im Wasserbad etwa 20 Minuten stocken lassen. (Das Wasser darf nicht kochen.)
Danach den erkalteten Eierstich mit einem scharfen Messer vom Rand der Form lösen, auf eine Platte stürzen und in Würfel schneiden.
Die Aale enthäuten und das Fleisch von den Gräten lösen. Das Schwarzbrot mit Butter bestreichen. Die Zitrone gründlich waschen und in Scheiben schneiden. Den Bataviasalat waschen, zerpflükken und trockentupfen. Nun die Schwarzbrotscheiben zunächst mit Salat und dann mit Aalfilet belegen. Mit Zitronenscheiben und einem Sträußchen gewaschenem Dill garniert servieren.
Pro Person: ca. 830 kcal (3490 kJ). Zubereitungszeit: ca. 40 Minuten.

Schweinefilet mit Erdnuß-Sojasauce

Zutaten *(für 4 Personen):*
500 g Schweinefilet,
3 Eßlöffel Sojasauce,
3 Eßlöffel Sojaöl (30 g).

Für die Sauce:
125 ml (⅛ l) Fleischbrühe (Instant),
3 Teelöffel Erdnußcreme (30 g),
1 Teelöffel Zucker,
ca. 1 Teelöffel Tabasco,
2 Eßlöffel Sojasauce,
1 Eßlöffel Sherry.
Außerdem:
1–2 Eßlöffel Sojaöl (20 g),
50 g ungesalzene Erdnußkerne.

Zubereitung: Das Schweinefilet unter fließendem kaltem Wasser abspülen, trockentupfen und in dünne Scheiben schneiden. Die Sojasauce und -öl verrühren, das Fleisch damit begießen und etwa 15 Minuten marinieren.
Inzwischen die Brühe in einem Topf zum Kochen bringen. Ernußcreme, Zucker, Tabasco, Sojasauce und Sherry einrühren und die Sauce warmstellen.
Die Filetscheiben abtropfen lassen. Das Sojaöl in einer Pfanne erhitzen und die Filetscheiben von jeder Seite etwa 1–2 Minuten darin braten. Die abgetropfte Marinade in die Sauce geben. Fleisch und Sauce anrichten und mit Ernußkernen bestreuen. Dazu Broccoli-Gemüse und Reis reichen.
Pro Person: ca. 390 kcal (1640 kJ). Zubereitungszeit: ca. 40 Minuten.

Reiskroketten mit Käse

Zutaten *(für 4 Personen):*
1 Zwiebel (40 g),
80 g Butter oder Margarine,
150 g Rundkornreis,
600 ml Hühnerbrühe (Instant),
4 Eßlöffel trockener Weißwein,
1 Messerspitze Safran,
60 g frisch geriebener Parmesan Käse,
1 Ei.
Außerdem:
100 g Mozzarella Käse,
60 g Semmelmehl,
125 ml (⅛ l) Speiseöl zum Ausbacken,
evtl. Schnittlauch zum Garnieren.

Zubereitung: Die Zwiebel abziehen und hacken. Die Hälfte des Fettes in einem Topf erhitzen und die Zwiebelwürfel darin andünsten. Den Reis hineingeben und unter Rühren glasig werden lassen. Brühe, Wein und Safran zufügen und alles zugedeckt etwa 20–25 Minuten garen, bis keine Flüssigkeit mehr vorhanden ist. Nun das restliche Fett und den Parmesan unterrühren. Die Masse abkühlen lassen und das Ei unterrühren.
Mozzarella in kleine Stücke schneiden.
Aus der Reismasse kleine Bällchen formen und jeweils mit einem Stück Mozzarella füllen. Die Bällchen in Semmelmehl wenden. Das Öl in einem Topf erhitzen und die Reiskroketten darin goldbraun ausbacken. Nach Belieben mit Schnittlauchröllchen bestreuen. Dazu Bataviasalat reichen.
Pro Person: ca. 780 kcal (3280 kJ). Zubereitungszeit: ca. 80 Minuten.

Ohne Fleisch

Kalbspastete mit Avocado

Zutaten *(für 4 Personen):*
1 Zwiebel (50 g),
2 Eßlöffel Butter oder Margarine (40 g),
1 Bund Petersilie,
2 ungebrühte Kalbsbratwürste (à 150 g),
1 Ei,
1 Eigelb,
200 g Crème fraîche,
2 reife Avocados (à 200 g),
Zitronensaft,
50 g gekochter Schinken.
Außerdem:
Alufolie.

Zubereitung: Die Zwiebel abziehen und fein würfeln. Ein Eßlöffel Fett in einer kleinen Pfanne erhitzen und die Zwiebelwürfel darin glasig dünsten.
Die Petersilie unter fließendem kaltem Wasser abspülen, trockentupfen, die Blätter von den Stielen zupfen und hacken. Die Bratwurstmasse aus der Pelle drücken. Nun Bratwurstmasse, Petersilie, Ei, Eigelb und Crème fraîche verrühren.
Die Avocados schälen, längs halbieren und den Kern herausnehmen. Sofort mit Zitronensaft beträufeln. Die Hälfte der Kalbsbratmasse in eine gefettete, feuerfeste Form füllen. Den Schinken in Streifen schneiden und darauflegen. Zuletzt drei Avocadohälften daraufgeben. Die restliche Bratwurstmasse darüberstreichen und die Form mit Alufolie verschließen.
In eine mit Wasser gefüllte Fettfangschale stellen und im Backofen bei 180 Grad etwa 1 Stunde garen. Danach die Kalbspastete auf eine Platte stürzen und mit der restlichen Avocadohälfte garnieren. Dazu Sherry-Aspikwürfel und Baguette reichen.
Pro Person: ca. 770 kcal (3230 kJ). Zubereitungszeit: ca. 105 Minuten.

Putengulasch

Zutaten *(für 4 Personen):*
500 g Putenbrust,
1 Ei,
2 Eßlöffel Speiseöl (20 g),
1 Zwiebel (50 g),
300 g Äpfel,
2 Eßlöffel Currypulver,
125 ml (⅛ l) Wasser,
100 ml Schlagsahne,
Salz, Pfeffer,
1 Dose Mandarinen (Abtropfgewicht 175 g),
evtl. Minze zum Garnieren.

Zubereitung: Das Putenfleisch unter fließendem kaltem Wasser abspülen, trockentupfen und in Würfel schneiden. Das Ei trennen. Das Fleisch in Eiweiß wenden und abtropfen lassen. Das Öl in einer Pfanne erhitzen und das Fleisch portionsweise darin von allen Seiten braun anbraten.
Die Zwiebel abziehen und Äpfel schälen. Die Zwiebel fein würfeln, die Äpfel vom Kerngehäuse befreien und ebenfalls würfeln. Zwiebel- und Apfelwürfel im heißen Bratfett anschmoren. Curry zufügen und mit Wasser ablöschen. Die Sahne zugießen und mit Salz und Pfeffer würzen.
Zugedeckt etwa 5 Minuten bei geringer Hitze garen. Dann Fleisch und abgetropfte Mandarinen in die Sauce geben und etwa 5 Minuten darin erwärmen. Die Sauce mit Eigelb legieren und nochmals abschmecken. Nach Belieben mit Minze garniert servieren. Dazu Reis und Mango Chutney reichen.
Pro Person: ca. 370 kcal (1150 kJ). Zubereitungszeit: ca. 50 Minuten.

Graupensuppe

Zutaten *(für 4 Personen):*
250 g Schweinebauch,
1 Schinkenknochen (500 g, vom Schlachter zersägen lassen),
2 Zwiebeln (100 g),
Salz, Pfeffer,
1 Lorbeerblatt,
1 ½ l Wasser,
100 g Gerstengraupen,
300 g Möhren,
300 g Porree,
2 Bund Schnittlauch.

Zubereitung: Den Schweinebauch und die Schinkenknochenstücke unter fließendem kaltem Wasser abspülen. Die Zwiebeln abziehen und in Stücke schneiden. Schweinebauch, Knochen, Zwiebelstücke, Salz, Pfeffer und Lorbeerblatt in einen großen Topf geben und mit kaltem Wasser übergießen. Alles zum Kochen bringen und etwa eine Stunde kochen lassen.

Danach Fleisch und Knochen herausnehmen. Das Fleisch würfeln. Graupen in die Brühe geben und 30 Minuten kochen.

Inzwischen Möhren putzen, schrappen oder schälen, waschen und in Stücke schneiden. Vom Porree den Wurzelansatz und etwa ein Drittel Grün abschneiden. Die Stangen der Länge nach aufschlitzen und gründlich waschen. Ebenfalls in Stücke schneiden. Möhren und Porree zur Suppe geben und etwa 10 Minuten mitkochen. Die Fleischwürfel wieder zufügen und die Suppe abschmecken. Den Schnittlauch unter fließendem kaltem Wasser abspülen, trockentupfen und in Röllchen schneiden. Die Suppe mit Schnittlauchröllchen bestreut servieren.

Pro Person: ca. 440 kcal (1850 kJ). Zubereitungszeit: ca. 2 Stunden.

Für Gäste

Blätterteig-taschen

Zutaten *(für 4 Personen):*
1 Packung tiefgefrorener Blätterteig (300 g),
200 g Tiefseekrabbenfleisch,
100 g Spargel (aus der Dose),
50 g gehackte Mandeln,
150 g Kräuter-Doppelrahmfrischkäse,
1 Eßlöffel Semmelmehl,
Salz, Pfeffer,
1 Eßlöffel gehackter Dill,
1 Eßlöffel Wasser,
1 Eigelb.

Zubereitung: Den Blätterteig nach Packungsanweisung auftauen, ausrollen und in ca. 15×15 cm große Quadrate schneiden.
Krabbenfleisch, Spargel, Mandeln, Frischkäse, Semmelmehl, Salz, Pfeffer und Dill vorsichtig vermischen und abschmecken. Die Mischung auf die Blätterteigquadrate verteilen. Die Ränder mit Wasser bestreichen und die Quadrate zu Dreiecken zusammenklappen. Die Ränder gut andrücken. Die Teigtaschen auf ein mit kaltem Wasser abgespültes Backblech legen und die Taschen mit verquirltem Eigelb bestreichen. Im vorgeheizten Backofen bei 200 Grad etwa 20 Minuten backen. Dazu Feldsalat reichen.
Pro Person: ca. 400 kcal (1680 kJ). Zubereitungszeit: ca. 1 Stunde.

Käsekuchen

Zutaten *(für 4 Personen):*
Für den Teig:
225 g Weizenmehl,
½ gestrichener Teelöffel Backpulver,
Salz,
abgeriebene Schale 1 unbehandelten Zitrone,
100 g Butter oder Margarine,
1 Ei.

Für die Füllung:
2 Eigelb,
125 ml (⅛ l) Milch,
Salz,
40 g Weizenmehl,
75 g geriebener Tilsiter Käse,
150 g geriebener Emmentaler Käse,
2 Eiweiß.
Außerdem:
Evtl. Zwiebelgrün zum Garnieren.

Zubereitung: Für den Teig Mehl, Backpulver, Salz, Zitronenschale, Fett und Ei in eine Schüssel geben und alles mit den Knethaken des Handrührgerätes zu einem glatten Teig verkneten. Den Teig 30 Minuten kaltstellen.
Danach auf bemehlter Arbeitsfläche etwa 1 cm dick ausrollen und eine gefettete flache Auflaufform damit auslegen.

Für die Füllung Eigelb, Milch und Salz verquirlen und Mehl und den geriebenen Käse unterrühren. Das Eiweiß steif schlagen und unter die Käsemasse ziehen. Die Masse auf dem Teig verteilen. Im Backofen bei 225 Grad etwa 20 Minuten backen. Nach Belieben mit etwas Zwiebelgrün garnieren. Dazu grünen Salat reichen.
Pro Person: ca. 770 kcal (3230 kJ). Zubereitungszeit: ca. 90 Minuten.

Kabeljau mit Suppengemüse

Zutaten *(für 4 Personen):*
4 Scheiben Kabeljau (à 200 g),
Saft 1 Zitrone,
1 Paket tiefgefrorenes Suppengemüse (300 g),
2 Eßlöffel Butter oder Margarine (40 g),
Salz, Pfeffer,
100 ml Weißwein.
Außerdem:
Dill und Zitrone zum Garnieren.

Zubereitung: Die Kabeljauscheiben unter fließendem kaltem Wasser abspülen, trockentupfen und mit Zitronensaft beträufeln. Das Suppengemüse auftauen. Das Fett in einem Topf erhitzen und das Suppengemüse darin andünsten und mit Salz und Pfeffer würzen. Den Wein angießen und das Gemüse zugedeckt etwa 10 Minuten garen. Den Fisch salzen, zum Gemüse geben und alles nochmals etwa 8–10 Minuten garen. Nach Belieben mit Dillsträußchen und Zitronenscheiben garniert servieren. Dazu Senfbutter und Salzkartoffeln reichen.
Pro Person: ca. 270 kcal (1130 kJ). Zubereitungszeit: ca. 25 Minuten.

Aus der Vollwertküche

Sojaklöße mit Tomatensauce

Zutaten *(für 4 Personen):*
250 ml (¼ l) Fleischbrühe (Instant),
150 g Sojagranulat,
1 Knoblauchzehe,
1 Bund Petersilie,
4 Eßlöffel Vollkornsemmelmehl (50 g),
1 Ei,
2 Eßlöffel Sojamehl (20 g),
Salz, Pfeffer,
evtl. Basilikum zum Garnieren.

Zubereitung: Die Brühe erhitzen und das Sojagranulat etwa 20 Minuten darin quellen lassen.
Inzwischen die Knoblauchzehe abziehen und durch die Knoblauchpresse drücken. Die Petersilie unter fließendem kaltem Wasser abspülen, trockentupfen, die Blättchen von den Stielen zupfen und hacken.
Nun das gequollene Sojagranulat gut ausdrücken. Vollkornsemmelmehl, Ei, Sojamehl, Knoblauch und Petersilie untermischen und die Masse mit Salz und Pfeffer abschmecken. Etwa 20 Klöße daraus formen und diese in leicht gesalzenem, siedendem Wasser etwa 20 Minuten garziehen lassen. Nach Belieben mit Basilikum verziert anrichten. Dazu Tomatensauce und Naturreis reichen.
Pro Person: ca. 220 kcal (920 kJ). Zubereitungszeit: ca. 50 Minuten.

Gefüllte Rinderrouladen

Zutaten *(für 4 Personen):*
4 Rinderouladen (à 150 g),
Pfeffer, Salz,
4 gestrichene Teelöffel Senf,
4 Scheiben Bacon (ca. 100 g Frühstücksspeck),
200 g Fenchel,
150 g Möhren,
1 Zwiebel (50 g),
1 Bund glatte Petersilie.
3 Eßlöffel Öl (30 g),
250 ml (¼ l) Wasser,
250 ml (¼ l) trockener Rotwein,
2 Eßlöffel Tomatenmark,
200 g Crème fraîche,
4 Eßlöffel dunkler Saucenbinder.

Zubereitung: Das Rouladenfleisch unter fließendem kaltem Wasser abspülen und trockentupfen. Mit Pfeffer und Salz würzen, mit Senf bestreichen und jede Roulade mit Bacon belegen. Vom Fenchel den Wurzelansatz abschneiden und die Knollen waschen. Die Möhren putzen, schrappen oder schälen und waschen. Zwei Drittel des Gemüses grob raffeln und den Rest in Stücke schneiden. Die Zwiebel abziehen und hakken. Die Petersilie waschen, von den Stielen zupfen und trockentupfen. Gemüse und Petersilie mischen und auf die Rouladen verteilen. Die Rouladen aufrollen und mit einer Rouladennadel zustecken. Das Öl in einem Schmortopf erhitzen und die Rouladen darin anbraten. Mit Wasser und Rotwein ablöschen und Pfeffer, Salz und Tomatenmark zufügen. Zugedeckt etwa 1 ½ Stunden bei geringer Hitze schmoren lassen.

Danach Crème fraîche zufügen, die Sauce mit Saucenbinder binden und abschmekken. Dazu Fenchelgemüse und Salzkartoffeln reichen.

Pro Person: ca. 750 kcal (3150 kJ). Zubereitungszeit: ca. 2 Stunden.

Überbackener Porree

Zutaten *(für 4 Personen):*
1 kg Porree,
1 Eßlöffel Butter oder Margarine (20 g),
Salz, Pfeffer,
3 ungebrühte Bratwürste (à 150 g),
125 ml (⅛ l) saure Sahne,
1 Becher Magermilchjoghurt (150 g),
1 Bund Petersilie,
3 Scheiben Gouda Käse (100 g).

Zubereitung: Von den Porreestangen Wurzelansatz und etwa ein Drittel Grün abschneiden. Die Stangen der Länge nach aufschlitzen und waschen. In wenig, leicht gesalzenem Wasser bei geringer Hitze etwa 5 Minuten dünsten.

Eine feuerfeste Form ausfetten und die abgetropften Porreestangen hineingeben. Mit Salz und Pfeffer würzen.

Nun kleine Bratwurstklößchen aus der Pelle drücken und auf dem Porree verteilen. Saure Sahne und Joghurt verrühren. Die Petersilie unter fließendem kaltem Wasser abspülen, trockentupfen, die Blättchen von den Stielen zupfen und hacken.

Die gehackte Petersilie unter das Sahne-Joghurt-Gemisch rühren und die Porreestangen damit übergießen. Mit Käsescheiben bedecken und im Backofen bei 200 Grad etwa 20 Minuten überbacken. Nach Belieben mit Petersilie verziert servieren.

Pro Person: ca. 620 kcal (2600 kJ). Zubereitungszeit: ca. 40 Minuten.

Gefüllte Weinblätter

Zutaten *(für 4 Personen):*
100 g eingelegte Weinblätter (ca. 25 Stück).
Für die Füllung:
1 Zwiebel (50 g),
50 g Langkornreis,
200 g Rinderhackfleisch,
Salz, Pfeffer.
Außerdem:
125 ml (⅛ l) Weißwein,
125 ml (⅛ l) Wasser,
1 unbehandelte Zitrone,
500 g Sahnejoghurt,
Saft ½ Zitrone,
Salz, Pfeffer,
Zucker,
evtl. 1 schwarze Olive und Zitronenscheiben zum Garnieren.

Zubereitung: Die Weinblätter waschen und in kochendem Wasser etwa 15 Minuten garen. Die Zwiebel abziehen und fein hacken. Den Reis in Salzwasser 5 Minuten kochen. Danach abtropfen lassen. Nun Zwiebelwürfel, Reis, Hackfleisch, Salz und Pfeffer vermischen.
Die Weinblätter ausbreiten und jeweils einen gehäuften Teelöffel Füllung daraufgeben. Die Weinblätter fest aufrollen und in eine flache Auflaufform schichten. Wein und Wasser angießen und Zitronenscheiben darauflegen. Zugedeckt im Backofen bei 180 Grad etwa 1 ½ Stunden garen.
Inzwischen Joghurt, Zitronensaft, Salz, Pfeffer und Zukker verrühren und abschmecken. Diese Sauce zu den Weinblättern servieren und nach Belieben mit einer schwarzen Olive verzieren. Die Weinblätter eventuell auf Zitronenscheiben anrichten. Dazu Fladenbrot reichen.
Pro Person: ca. 250 kcal (1050 kJ). Zubereitungszeit: ca. 2 Stunden.

Tafelspitz mit Traubensauce

Zutaten *(für 4 Personen):*
600 g Tafelspitz (Rindfleisch),
500 ml (½ l) Wasser,
3 Zwiebeln (150 g),
1 Lorbeerblatt,
je ¼ Teelöffel Liebstöckel und Thymian,
Salz, Pfeffer,
2 Päckchen Rahmbratensauce,
gemahlener Zimt,
je 100 g blaue und grüne Weintrauben.

Zubereitung: Den Tafelspitz unter fließendem kaltem Wasser abspülen. Das Wasser zum Kochen bringen. Die Zwiebeln abziehen und zusammen mit Lorbeerblatt, Liebstöckel, Thymian, Salz und Pfeffer ins Wasser geben. Das Fleisch zufügen und ca. 2 Stunden im geschlossenen Topf kochen lassen. Dann das Fleisch herausnehmen, in Scheiben schneiden und warmstellen. Den Kochsud mit Wasser zu ½ Liter Flüssigkeit auffüllen und die Bratensauce einrühren. Die Sauce mit Pfeffer und Zimt abschmecken. Die Trauben gründlich waschen, trockentupfen und kurz in der Sauce erwärmen.
Dazu Kartoffelkroketten reichen.
Pro Person: ca. 250 kcal (1050 kJ). Zubereitungszeit: ca. 2 ½ Stunden.

Eierpfanne

Zutaten *(für 4 Personen):*
⅛ l Milch,
1 Becher Crème fraîche (150 g),
8 Eier,
Salz, Pfeffer,
geriebene Muskatnuß,
4–6 Eßlöffel geriebener Emmentaler Käse (120 g),
2 Eßlöffel Butter oder Margarine (40 g),
4 kleine Zwiebeln (120 g),
4 Scheiben Roggen-Toastbrot,
1 Bund Schnittlauch.

Zubereitung: Milch, Crème fraîche und Eier verquirlen und mit Salz, Pfeffer und Muskat abschmecken. Den Käse zufügen. Das Fett in einer Pfanne erhitzen. Die Zwiebeln abziehen und würfeln. Das Toastbrot ebenfalls würfeln. Zwiebel- und Toastbrotwürfel im heißen Fett anrösten. Aus der Pfanne nehmen und die Eiermilch hineingießen. Die Brot-Zwiebel-Mischung darüberstreuen und alles zugedeckt stocken lassen. Den Schnittlauch unter fließendem kaltem Wasser abspülen, trockentupfen und in Röllchen schneiden. Die Eierpfanne mit Schnittlauchröllchen bestreut servieren. Dazu Salat reichen.
Pro Person: ca. 630 kcal (2650 kJ). Zubereitungszeit: ca. 20 Minuten.

Fischragout mit Rotbarsch

Zutaten *(für 4 Personen):*
250 g Möhren,
1 grüne Paprikaschote (200 g),
150 g Frühlingszwiebeln,
1 Eßlöffel Margarine (20 g),
500 ml (½ l) Fleischbrühe (Instant),
2 Eßlöffel Crème fraîche (100 g),
1 Päckchen helle Sauce (Instant),
500 g Rotbarschfilet,
Saft ½ Zitrone,
Salz, Pfeffer,
1 Bund Dill.

Zubereitung: Möhren putzen, waschen und in Streifen schneiden. Die Paprikaschote halbieren, entstielen, entkernen, die weißen Scheidewände entfernen, die Schote waschen und ebenfalls in Streifen schneiden. Von den Frühlingszwiebeln Wurzelansatz und etwa ein Drittel Grün abschneiden. Gründlich waschen und in Ringe schneiden. Die Margarine in einem Topf erhitzen und das vorbereitete Gemüse darin andünsten. Die Brühe hinzugießen und zugedeckt etwa 5 Minuten kochen. Crème fraîche zufügen und nochmal aufkochen lassen. Zuletzt das Saucenpulver einrühren.
Das Fischfilet unter fließendem kaltem Wasser abspülen, trockentupfen, in grobe Würfel schneiden und mit Zitronensaft beträufeln. Mit Salz und Pfeffer würzen und zum Gemüse geben. Zugedeckt etwa 10 Minuten darin garziehen lassen.
Dill abspülen und trockentupfen. Fischragout nochmals abschmecken und mit Dill verziert anrichten. Dazu Kräuterreis reichen.
Pro Person: ca. 340 kcal (1430 kJ). Zubereitungszeit: ca. 30 Minuten.

Schnitzel mit Camembert

Zutaten *(für 4 Personen):*
4 Schweineschnitzel (à 150 g),
3 Eßlöffel Speiseöl (30 g),
2 Teelöffel Senf,
Salz, Pfeffer,
1 Knoblauchzehe,
100 g Camembert,
2 Tomaten (100 g),
evtl. Kerbel zum Garnieren.

Zubereitung: Die Schweineschnitzel unter fließendem kaltem Wasser abspülen und trockentupfen. Das Öl in einer Pfanne erhitzen und die Schnitzel darin von jeder Seite etwa 3 Minuten braten. Senf, Salz und Pfeffer verrühren. Die Knoblauchzehe abziehen und durch die Knoblauchpresse drücken. Unter den Senf mischen und die Schnitzel damit bestreichen. Den Camembert in Scheiben schneiden. Die Tomaten kurz in kochendes Wasser geben, in kaltem Wasser abschrekken, enthäuten und die Stengelansätze herausschneiden. Die Tomaten halbieren, entkernen und das Tomatenfleisch würfeln.
Die Schnitzel auf ein Backblech legen, mit Käsescheiben belegen und mit Tomatenwürfeln bestreuen. Im Backofen unter vorgeheiztem Grill etwa 2 Minuten übergrillen. Nach Belieben mit Kerbel garnieren. Dazu Herzoginkartoffeln (gratinierter Kartoffelbrei) reichen.
Pro Person: ca. 400 kcal (1680 kJ). Zubereitungszeit: ca. 25 Minuten.

Schweine-medaillons

Zutaten: *(für 4 Personen):*
8 Schweinemedaillons (400 g),
Pfeffer,
1 Eßlöffel Speiseöl (10 g),
Salz
125 ml (⅛ l) Fleischbrühe (Instant),
5 Eßlöffel saure Sahne (100 g),
1 Eßlöffel roter Pfeffer,
1 Eßlöffel heller Saucenbinder.

Zubereitung: Die Schweinemedaillons unter fließendem kaltem Wasser abspülen, trockentupfen und pfeffern. Das Öl in einer Pfanne erhitzen und die Medaillons von jeder Seite etwa 2 Minuten braten und danach salzen. Das Fleisch herausnehmen und warmstellen.
Bratensatz mit Brühe und Sahne ablöschen und roten Pfeffer zufügen. Den Fond mit Saucenbinder binden und die Sauce abschmecken.
Fleisch und Sauce auf einer Platte anrichten. Dazu Brokkoli und Kartoffelgratin reichen.
Pro Person: ca. 230 kcal (960 kJ). Zubereitungszeit: ca. 15 Minuten.

Kohlrabi-Gratin

Zutaten *(für 4 Personen):*
1 kg Kohlrabi,
Salzwasser,
1 Zwiebel (40 g),
1 Bund Petersilie,
400 g Kalbsbrät,
2–3 Eßlöffel Magerquark (60 g),
1 Ei.
Für den Guß:
200 g Frischkäse,
2 Eier,
1 Bund Petersilie,
Salz, Pfeffer,
1–2 Teelöffel Koriander.

Zubereitung: Den Kohlrabi schälen, waschen und in dünne Scheiben schneiden. In kochendem, leicht gesalzenem Wasser etwa 3 Minuten blanchieren. Die Zwiebel abziehen und in kleine Würfel schneiden. Die Petersilie unter fließendem kaltem Wasser abspülen, trockentupfen, die Blätter von den Stielen zupfen und fein hacken. Nun Kalbsbrät, Quark, Ei, Zwiebelwürfel und Petersilie verrühren. Die Masse in eine gefettete Auflaufform geben und die Kohlrabischeiben schuppenartig darauf anrichten.
Für den Guß Frischkäse und Eier verrühren. Die Petersilie unter fließendem kaltem Wasser abspülen, trockentupfen, die Blätter von den Stielen zupfen und hacken. Unter den Guß ziehen und mit Salz, Pfeffer und Koriander abschmecken. Den Guß über den Kohlrabi gießen und das Gratin im Backofen bei 200 Grad etwa 25 Minuten überbacken. Nach Belieben mit Kohlrabiblättchen garniert servieren. Dazu Meterbrot reichen.
Pro Person: ca. 730 kcal (3070 kJ). Zubereitungszeit: ca. 50 Minuten.

Frikadellen mit Lammfleisch

Zutaten *(für 4 Personen):*
Für den Fleischteig:
400 g Lammhackfleisch,
200 g Schweinemett,
2 Eier,
4 Eßlöffel Haferflocken (50 g),
abgeriebene Schale 1 unbehandelten Zitrone,
2 Teelöffel Senf,
1 Zwiebel (50 g),
1 Knoblauchzehe,
1 Bund Petersilie,
1 Bund Dill,
Salz, Pfeffer.
Außerdem:
2 Eßlöffel Öl (20 g),
1 Beet Kresse.

Zubereitung: Lammhackfleisch, Schweinemett, Eier, Haferflocken, Zitronenschale und Senf verkneten. Zwiebel und Knoblauchzehe abziehen und fein hacken. Die Petersilie und den Dill unter fließendem kaltem Wasser abspülen, trockentupfen. Blätter von den Stielen zupfen und hacken. Zwiebel, Knoblauch und Kräuter unter den Hackfleischteig mischen und mit Salz und Pfeffer abschmekken. Acht flache Frikadellen formen und auf einen mit Öl bestrichenen Rost legen. Unter vorgeheiztem Grill etwa 10 Minuten von jeder Seite grillen. Oder Öl in einer Pfanne erhitzen und die Frikadellen darin von jeder Seite etwa 7 Minuten braten.
Die Kresse abschneiden, unter fließendem kaltem Wasser abspülen und die Frikadellen mit einem Sträußchen Kresse garniert servieren. Dazu Kartoffelsalat reichen.
Pro Person: ca. 600 kcal (2520 kJ). Zubereitungszeit: ca. 40 Minuten.

Gemüsesuppe mit Nudeln

Zutaten *(für 4 Personen):*
500 g Porree,
300 g Staudensellerie,
2 Zwiebeln (100 g).
Für die Hackbällchen:
1 Brötchen,
300 g Rinderhackfleisch,
1 Ei,
Salz, Pfeffer,
geriebene Muskatnuß,
½ Bund Petersilie.
Außerdem:
1 Eßlöffel Speiseöl (10 g),
1 l Fleischbrühe (Instant),
200 g Hörnchennudeln,
1 Bund Thymian.

Zubereitung: Vom Porree Wurzelansatz und etwa ein Drittel Grün abschneiden. Die Stangen der Länge nach aufschlitzen, waschen und in Ringe schneiden. Vom Staudensellerie den Wurzelansatz und grüne Blätter abschneiden, die Stangen waschen und in Stücke schneiden. Zwiebeln abziehen und fein würfeln.
Für die Hackfleischbällchen das Brötchen einweichen. Danach gut ausdrücken. Hackfleisch, Ei und Brötchen vermischen und den Teig mit Salz, Pfeffer und Muskat abschmecken. Petersilie waschen, trockentupfen, Blätter von den Stielen zupfen, fein hacken und unter den Fleischteig mischen. Kleine Bällchen daraus formen.
Öl in einem Topf erhitzen und vorbereitetes Gemüse darin andünsten. Brühe angießen und Hackfleischbällchen zufügen. Alles etwa 10 Minuten leicht kochen lassen.
Inzwischen die Nudeln nach Packungsanweisung kochen. Danach abgießen und zur Suppe geben. Thymian waschen und die Blätter von den Stielen zupfen. Die Gemüsesuppe abschmecken und mit Thymian bestreut servieren.
Pro Person: ca. 530 kcal (2230 kJ). Zubereitungszeit: ca. 50 Minuten.

APRIL

Jetzt ist es Zeit für Gerichte mit dem ersten Spinat aus heimischer Freilandernte. Im Handel gibt es Wurzel- und Blattspinat. Wurzelspinat ist in der Regel etwas billiger, denn seine Ernte erfordert weniger Aufwand. Auch Rhabarber hat Saison.
Sie dauert nur bis Juli. Heute wird fast nur noch der rote Rhabarber angeboten. Er ist so zart, daß Sie ihn nicht mehr abziehen müssen. Sie können die fruchtigen Stangen auch für süße Hauptgerichte verwenden, z. B. für einen Auflauf.

Tofu auf Möhren und Zwiebeln

Zutaten *(für 4 Personen):*
400 g Tofu (Sojabohnenquark, gibt's im Reformhaus),
6 Eßlöffel Sojasauce,
1 Teelöffel Sambal Olek (chinesisches Gewürz),
2 Teelöffel Honig,
500 g Möhren,
300 g Gemüsezwiebeln,
2 Eßlöffel Speiseöl (20 g),
100 ml Gemüse-Hefebrühe,
100 ml Orangensaft,
Salz, Pfeffer,
Currypulver,
½ Bund glatte Petersilie.

Zubereitung: Den Tofu in Scheiben schneiden. Sojasauce, Sambal Olek und Honig verrühren und die Tofuscheiben darin etwa eine Stunde marinieren.

Inzwischen Möhren putzen, schrappen oder schälen, waschen und Zwiebeln abziehen. Möhren in Streifen und Zwiebeln in Ringe schneiden. Das Öl in einem Topf erhitzen und das vorbereitete Gemüse darin andünsten. Mit der Brühe und Orangensaft ablöschen und mit Salz, Pfeffer und Curry würzen. Die Tofuscheiben darauflegen und alles zugedeckt etwa 7 Minuten schmoren. Die Petersilie unter fließendem kalten Wasser abspülen, trockentupfen, von den Stielen zupfen und hakken. Das Gericht mit Petersilie bestreut servieren. Dazu Naturreis reichen.
Pro Person: ca. 260 kcal (1090 kJ). Zubereitungszeit: ca. 70 Minuten.

Ohne Fleisch

Schollen im Gemüsebett

Zutaten *(für 4 Personen):*
4 küchenfertige Schollen (à 300 g),
Saft 1 Zitrone,
250 g Champignons,
1 Bund Frühlingszwiebeln,
250 g Tomaten,
Salz, Pfeffer,
125 ml (⅛ l) Weißwein,
100 g Frühstücksspeck (in Scheiben).

Zubereitung: Die Schollen unter fließendem kaltem Wasser abspülen, trockentupfen und mit Zitronensaft beträufeln. Die Champignons putzen, waschen und eventuell halbieren oder vierteln. Von den Frühlingszwiebeln den Wurzelansatz und etwa ein Drittel Grün abschneiden und gründlich waschen. Die Frühlingszwiebeln in Ringe schneiden. Die Tomaten kurz in kochendes Wasser geben, in kaltem Wasser abschrekken, enthäuten, die Stengelansätze heraussschneiden und die Tomaten und das Fruchtfleisch in Stücke schneiden.

Das vorbereitete Gemüse in eine gut gefettete Auflaufform geben, mit Salz und Pfeffer würzen und den Weißwein angießen. Die Schollen salzen, darauflegen und mit Speckscheiben belegen. Im Backofen bei 200 Grad etwa 20–25 Minuten schmoren. Dazu frisches Baguette und Salat reichen.
Pro Person: ca. 520 kcal (2180 kJ). Zubereitungszeit: ca. 40 Minuten.

Mohnbuchteln

Zutaten *(für 4 Personen):*
Für den Teig:
350 g Weizenvollkornmehl,
1 Päckchen Trockenbackhefe,
2 Eßlöffel Honig,
150 ml Milch,
50 g Butter,
1 Ei,
etwas abgeriebene Zitronenschale,
1 Prise Salz.
Für die Füllung:
125 ml (⅛ l) Milch,
125 g gemahlener Mohn,
4 Eßlöffel Honig,
ausgeschabtes Mark 1 Vanilleschote,
gemahlener Zimt,
1 Ei,
50 g gehackte Mandeln,
1 Teelöffel Speisestärke (5 g).
Außerdem:
1 Eßlöffel Butter (20 g).

Zubereitung: Mehl, Trockenbackhefe, Honig, Milch, Butter, Ei, Zitronenschale und Salz in eine Schüssel geben und alles mit den Knethaken des Handrührgerätes zu einem glatten Teig verkneten. Den Teig an einem warmen Ort gehen lassen, bis er sich etwa verdoppelt hat.
Für die Füllung die Milch zum Kochen bringen und den Mohn darin bei geringer Hitze quellen lassen. Abkühlen lassen und dann Honig, Vanillemark, Zimt, Ei, Mandeln und Speisestärke unterrühren. Den Hefeteig ausrollen und 12 Quadrate ausschneiden. Die Mohnmasse darauf verteilen und die Quadrate zu Buchteln zusammendrücken. Eine Auflaufform fetten und die Buchteln hineinsetzen. Noch einmal etwa 30 Minuten gehen lassen. Dann im Backofen bei 200 Grad etwa 20 Minuten backen. Vor dem Servieren mit flüssiger Butter bepinseln. Dazu Vanille- oder Weinschaumsauce reichen.
Pro Person: ca. 840 kcal (3530 kJ). Zubereitungszeit: ca. 2 Stunden.

Aus der Vollwertküche

Rhabarber-Reis-Auflauf

Zutaten *(für 4 Personen):*
500 ml (½ l) Milch,
150 g Rundkornreis,
1 Prise Salz,
1–2 Eßlöffel Butter (30 g),
500 g Rhabarber,
4 Eier,
100 g Zucker,
abgeriebene Schale
1 unbehandelten Zitrone,
evtl. Puderzucker und
Zitronenmelisse zum
Garnieren.

Zubereitung: Die Milch in einem Topf zum Kochen bringen und den gewaschenen, gut abgetropften Reis, Salz und Butter einrühren. Alles zugedeckt bei geringer Hitze etwa 20 Minuten quellen lassen.
Inzwischen den Rhabarber waschen und die holzigen Enden der Stangen jeweils etwas abschneiden. Den Rhabarber in Stücke schneiden. Eier, Zucker und Zitronenschale schaumig schlagen und Reis und Rhabarberstücke unterheben.
Den Rhabarberreis in eine gefettete Auflaufform füllen und im vorgeheizten Backofen bei 200 Grad etwa 30 Minuten backen. Nach Belieben mit Puderzucker bestreut und mit Zitronenmelisse garniert servieren.
Pro Person: ca. 500 kcal (2100 kJ). Zubereitungszeit: ca. 1 Stunde.

Wirsing-Eintopf mit Lammfleisch

Zutaten *(für 4 Personen):*
600 g Lammfleisch (aus der Keule),
1 kg Wirsingkohl,
500 g Kartoffeln,
3 Zwiebeln (120 g),
1 Eßlöffel Butterschmalz (20 g),
2 Teelöffel Kümmel,
Salz, Pfeffer,
250 ml (¼ l) Fleischbrühe (Instant).

Zubereitung: Das Lammfleisch unter fließendem kaltem Wasser abspülen, trockentupfen und würfeln. Vom Wirsingkohl die äußeren welken Blätter entfernen und den Kohlkopf waschen und vierteln. Den harten Strunk herausschneiden und den Kohl in feine Streifen schneiden. Die Kartoffeln schälen, waschen und in Scheiben schneiden. Die Zwiebeln abziehen und würfeln.

Das Butterschmalz in einem Topf erhitzen und die Zwiebelwürfel darin andünsten. Nun Lammfleischwürfel, Wirsingkohl und Kartoffelscheiben abwechselnd auf die Zwiebeln schichten und dabei immer mit Kümmel, Salz und Pfeffer würzen. Die Brühe angießen und alles zugedeckt etwa 75 Minuten bei geringer Hitze garen. Vor dem Servieren noch einmal abschmekken.

Pro Person: ca. 580 kcal (2240 kJ). Zubereitungszeit: ca. 110 Minuten.

Putenbraten mit Backobst

Zutaten *(für 4 Personen):*
250 g Backobst,
250 ml (¼ l) Wasser,
800 g Putenbrust,
Salz, Pfeffer, Senf,
150 g Schinkenspeck,
4 Eßlöffel Speiseöl (40 g),
¼ l Fleischbrühe (Instant),
4 Eßlöffel saure Sahne (80 g),
etwas Majoran zum Garnieren.
Außerdem:
Küchengarn.

Zubereitung: Das Backobst waschen und über Nacht in dem Wasser einweichen.
Das Putenfleisch abspülen, trockentupfen und in lange Scheiben schneiden. Fleischscheiben mit Salz, Pfeffer und Senf würzen. Eine Hälfte des Schinkenspecks in dünne Scheiben schneiden und den Rest würfeln. Speckwürfel auf den Fleischscheiben verteilen. Backobst abgießen, die Einweichflüssigkeit aufbewahren. Die Hälfte des abgetropften Backobstes auf die Fleischscheiben legen und die Scheiben übereinandersetzen. Oben mit den Speckscheiben belegen. Alles mit Küchengarn zu einem Paket verschnüren.
Öl in einem großen, flachen Schmortopf erhitzen und das Fleisch darin anbraten. Brühe angießen. Backobstflüssigkeit zufügen und alles zugedeckt etwa 30 Minuten schmoren lassen. Das restliche Backobst zufügen und weitere 20 Minuten mitschmoren lassen.
Nun das Fleisch herausnehmen und warmstellen. Sahne in den Fond gießen und die Sauce abschmecken. Fleisch und Sauce anrichten. Nach Belieben mit Majoran garnieren. Dazu Salzkartoffeln reichen.
Pro Person: ca. 800 kcal (3360 kJ). Zubereitungszeit: ca. 80 Minuten.

Herzragout

Zutaten *(für 4 Personen):*
800 g Rinderherz,
200 g Perlzwiebeln,
2 Eßlöffel Butterschmalz (40 g),
2 Lorbeerblätter,
½ Teelöffel Pfeffer,
1 Teelöffel Rosmarinpulver,
abgeriebene Schale und Saft 1 unbehandelten Zitrone,
1 Teelöffel Zucker,
250 ml (¼ l) Fleischbrühe (Instant),
5 Eßlöffel Marsala-Wein (5 cl),
2 Eßlöffel dunkler Saucenbinder,
3 Eßlöffel Crème fraîche (75 g),
etwas Estragon zum Garnieren.

Zubereitung: Das Herz von Adern und Fett befreien, unter fließendem kaltem Wasser abspülen, trockentupfen und in Würfel schneiden. Die Zwiebeln abziehen.

Das Butterschmalz in einem Schnellkochtopf erhitzen und die Fleischwürfel portionsweise darin anbraten. Die Zwiebeln zufügen und mitbräunen. Die Lorbeerblätter, Pfeffer, Rosmarin, Zitronenschale und -saft und Zucker zufügen und mit der Brühe ablöschen. Den Marsala-Wein zufügen und den Schnellkochtopf nach Herstelleranweisung schließen. Alles etwa 25 Minuten schmoren lassen. (Im normalen Topf etwa 70–80 Minuten.)

Danach den Saucenbinder und Crème fraîche zufügen, alles noch einmal aufkochen lassen und das Ragout abschmecken. Nach Belieben mit Estragonblättchen garniert anrichten. Dazu Bandnudeln und Salat reichen.

Pro Person: ca. 440 kcal (1850 kJ). Zubereitungszeit: ca. 45 Minuten.

Eierfrikassee

Zutaten *(für 4 Personen):*
8 Eier,
250 g Zucchini,
2 Eßlöffel Margarine (40 g),
200 g tiefgefrorene Erbsen,
375 ml (⅜ l) Wasser,
Salz,
1 Päckchen helle Sauce (Instant),
1 Ecke Schmelzkäse (50 % Fett),
Pfeffer,
etwas Zitronensaft.

Zubereitung: Die Eier hart kochen. Von den Zucchini an den Enden jeweils ein Stückchen abschneiden. Zucchini gründlich waschen und in Scheiben schneiden. Die Margarine in einem Topf erhitzen und die Zucchinischeiben darin andünsten. Erbsen, Wasser und Salz zufügen und alles zugedeckt etwa 5 Minuten kochen lassen.
Danach helle Sauce einrühren, den Käse in Stückchen zufügen und in der Sauce schmelzen lassen. Das Gemüse mit Pfeffer und Zitronensaft abschmecken.
Nun die Eier pellen, vierteln und auf dem Gemüse anrichten.
Dazu Petersilienkartoffeln reichen.
Pro Person: ca. 430 kcal (1810 kJ). Zubereitungszeit: ca. 20 Minuten.

Fischfilet mit Paprika

Zutaten *(für 4 Personen):*
4 Fischfilets (à 150 g, z. B. Kabeljau),
Saft 1 Zitrone,
je 200 g grüne, rote und gelbe Paprikaschoten,
100 g Zwiebeln,
1 Eßlöffel Butterschmalz (20 g),
125 ml (⅛ l) Fleischbrühe (Instant),
Zitronenpfeffer,
Paprika, edelsüß,
Salz.

Zubereitung: Die Fischfilets unter fließendem kaltem Wasser abspülen, trockentupfen und mit Zitronensaft beträufeln.
Die Paprikaschoten halbieren, entstielen, entkernen, die weißen Scheidewände entfernen und die Schoten waschen. Die Paprikaschoten in Streifen schneiden. Die Zwiebeln abziehen und in Ringe schneiden. Das Butterschmalz in einem Topf erhitzen und Zwiebel und Paprika darin andünsten. Die Brühe angießen und Zitronenpfeffer und Paprika zufügen.
Die Fischfilets salzen und auf das Gemüse legen. Alles zugedeckt etwa 10 Minuten garen.
Dazu Weinsauce und Kräuterrisotto reichen.
Pro Person: ca. 210 kcal (880 kJ). Zubereitungszeit: ca. 20 Minuten.

Käsespätzle

Zutaten *(für 4 Personen):*
Für den Teig:
300 g Weizenvollkornmehl,
3 Eier,
1 Teelöffel Salz,
1 Eßlöffel Speiseöl (10 g),
150 ml Wasser,
etwas Safran.
Außerdem:
1–2 Eßlöffel Butter (30 g),
300 g Frühlingszwiebeln,
150 g geriebener Emmentaler Käse,
3 Eßlöffel Sonnenblumenkerne (30 g).

Zubereitung: Weizenvollkornmehl, Eier, Salz, Öl, Wasser und Safran in einer Schüssel verrühren. Den Teig so lange schlagen, bis er Blasen wirft. Dann auf ein mit kaltem Wasser abgespültes Brett streichen. In einem großen Topf reichlich Wasser zum Kochen bringen und leicht salzen. Nun mit einem Messer dünne Teigstreifen schneiden und sofort in das siedende Wasser gleiten lassen. Die fertigen Spätzle mit einer Schöpfkelle aus dem Wasser nehmen, wenn sie an der Oberfläche schwimmen.
Die Butter in einer Pfanne erhitzen. Von den Frühlingszwiebeln Wurzelansatz und etwa ein Drittel Grün abschneiden. Die Zwiebeln gründlich waschen und in Stücke schneiden. Die vorbereiteten Frühlingszwiebeln in der heißen Butter andünsten. Herausnehmen und warmstellen.
Nun die Spätzle in das Bratfett geben, den Käse darüberstreuen und alles unter Rühren erwärmen. Spätzle und Frühlingszwieblen anrichten und mit Sonnenblumenkernen bestreut servieren.
Pro Person: ca. 670 kcal (2810 kJ). Zubereitungszeit: ca. 40 Minuten.

Lammfilet mit Sherry-Sahne-Sauce

Zutaten *(für 4 Personen):*
500 g Lammfilet,
1 Eßlöffel Speiseöl (10 g),
1 Teelöffel gemahlener Zimt,
Salz, Pfeffer,
200 g Crème fraîche,
6 Eßlöffel Sherry (6 cl),
1 Teelöffel eingelegter grüner Pfeffer.

Zubereitung: Das Lammfilet (siehe Tip) unter fließendem kaltem Wasser abspülen, trockentupfen und in 4 cm lange Stücke schneiden. Das Öl in einer Pfanne erhitzen und die Fleischstücke darin von jeder Seite etwa 3–5 Minuten braten. Danach mit Zimt, Salz und Pfeffer würzen und auf einer Platte warmstellen.

Nun Crème fraîche, Sherry und grünen Pfeffer in das Bratfett geben. Die Sauce aufkochen lassen und abschmecken. Lammfilet und Sauce anrichten. Dazu Kartoffelplätzchen und Prinzeßbohnen mit Speck umwickelt reichen.

Pro Person: ca. 460 kcal (1930 kJ). Zubereitungszeit: ca. 20 Minuten.

So wird Lammfleisch mild im Geschmack

Der kräftige Geschmack von Lamm- oder Hammelfleisch wird milder, wenn Sie es einige Stunden oder über Nacht in eine Beize legen. Dafür eignen sich Buttermilch, Rotwein oder milder Essig mit Kräutern und Gewürzen, wie zum Beispiel frische Minze oder Wacholderbeeren.

Aus der Vollwertküche

Vollkorn-pfannkuchen

Zutaten *(für 4 Personen):*
50 g Sechskorn-Mischung (gibt's im Reformhaus oder Naturkostladen),
100 ml Wasser.
Für den Teig:
4 Eier,
100 g Weizenvollkornmehl,
1 Prise Salz,
250 ml (¼ l) Milch,
1 Eßlöffel Honig (20 g).
Außerdem:
4 rote Äpfel (ca. 400 g),
2 Eßlöffel Butterschmalz (40 g),
4 Teelöffel Preiselbeeren (ca. 50 g),
evtl. einige Blätter Minze.

Zubereitung: Die Sechskorn-Mischung über Nacht in dem Wasser einweichen. Dann abtropfen lassen und in heißem Wasser etwa 10 Minuten kochen und danach noch 20 Minuten quellen lassen.
Für den Teig Eier, Weizenvollkornmehl, Salz, Milch und Honig verrühren und 10 Minuten quellen lassen.
Inzwischen die Äpfel gründlich abreiben und waschen. Mit einem Apfelausstecher das Kerngehäuse herausstechen und die Äpfel in Scheiben schneiden.
Nun das Butterschmalz in einer Pfanne erhitzen und nacheinander darin vier Pfannkuchen von jeder Seite etwa 3 Minuten backen. Jeweils vor dem Wenden mit Apfelringen belegen. Die Pfannkuchen anrichten, die Apfelringe mit Preiselbeeren füllen und mit Körnern bestreut servieren. Nach Belieben mit Minze verzieren.
Pro Person: ca. 460 kcal (1930 kJ). Zubereitungszeit: ca. 50 Minuten (ohne Einweichzeit).

Spaghetti mit Blattspinat und Tomaten

Zutaten *(für 4 Personen):*
250 g Spaghetti,
500 g frischer Spinat,
Salzwasser,
1 Eßlöffel Butter oder Margarine (20 g),
1 Zwiebel (40 g),
1 Knoblauchzehe,
Pfeffer, Salz,
geriebene Muskatnuß,
400 g Fleischtomaten,
125 ml (⅛ l) Schlagsahne.

Zubereitung: Die Spaghetti nach Packungsanweisung kochen.
Inzwischen den Spinat verlesen und gründlich waschen. In kochendem Salzwasser 2 Minuten blanchieren. Das Fett in einem Topf erhitzen. Zwiebel und Knoblauchzehe abziehen und fein würfeln. Zwiebel- und Knoblauchwürfel in dem heißen Fett glasig dünsten. Den gut abgetropften Spinat, Pfeffer, Salz und Muskat zufügen. Tomaten kurz in kochendes Wasser geben, in kaltem Wasser abschrecken, enthäuten und die Stengelansätze herausschneiden. Die Tomaten entkernen und das Fruchtfleisch in Viertel schneiden. Tomatenviertel und Sahne zum Spinat geben und alles aufkochen lassen. Das Spinatgemüse abschmecken und zu den Spaghetti servieren.
Pro Person: ca. 390 kcal (1640 kJ). Zubereitungszeit: ca. 40 Minuten.

Hähnchenkeulen mit Kokosraspel

Zutaten *(für 4 Personen):*
100 g Rosinen,
6 Eßlöffel Kokosraspel (60 g),
250 ml (¼ l) Weißwein,
8 Hähnchenkeulen (600 g),
Salz, Pfeffer,
Paprika, edelsüß,
3 Eßlöffel Butterschmalz (60 g),
125 ml (⅛ l) Schlagsahne,
evtl. etwas frischer Salbei zum Verzieren.

Zubereitung: Die Rosinen waschen. Dann 5 Eßlöffel Kokosraspel und Rosinen im Wein etwa 10 Minuten quellen lassen.
Die Hähnchenkeulen enthäuten, unter fließendem kaltem Wasser abspülen und trockentupfen. Die Keulen mit Salz, Pfeffer und Paprika würzen. Das Butterschmalz in einer Pfanne erhitzen und die Keulen darin von allen Seiten goldbraun anbraten. Herausnehmen und auf einer Platte warmstellen.
Nun die Rosinen-Kokos-Mischung und Wein in das Bratfett geben und alles aufkochen lassen. Die Sahne zufügen und die Hähnchenkeulen in die Sauce legen. Zugedeckt etwa 30 Minuten schmoren. Das Gericht abschmecken und mit den restlichen Kokosraspel bestreuen. Nach Belieben mit Salbei garniert servieren. Dazu Naturreis reichen.
Pro Person: ca. 570 kcal (2390 kJ). Zubereitungszeit: ca. 80 Minuten.

Zucchini-Rührei mit Paprika

Zutaten *(für 4 Personen):*
4 Zucchini (à 200 g),
Salzwasser,
1 rote Paprikaschote (200 g),
1 Knoblauchzehe,
1 Eßlöffel Butter oder Margarine (20 g),
6 Eier,
Salz, Pfeffer.

Zubereitung: Die Zucchini waschen und eventuell von den Enden jeweils ein Stück abschneiden. Die Zucchini halbieren und zur Hälfte aushöhlen. Dann in leicht gesalzenem Wasser etwa 10 Minuten garen.
Inzwischen das ausgehöhlte Zucchinifleisch grob hacken. Die Paprikaschote halbieren, entstielen, entkernen, die weißen Scheidewände entfernen, die Schote waschen und in Würfel schneiden. Die Knoblauchzehe abziehen und fein würfeln.
Das Fett in einer Pfanne erhitzen und das kleingeschnittene Gemüse darin andünsten. Eier, Salz und Pfeffer verquirlen, über das Gemüse gießen und stocken lassen. Das Gemüse-Rührei in die ausgehöhlten Zucchini füllen. Dazu Fladenbrot reichen.
Pro Person: ca. 290 kcal (1220 kJ). Zubereitungszeit: ca. 40 Minuten.

Ohne Fleisch

Kalorienarm

Kohlrabi-Eintopf

Zutaten *(für 4 Personen):*
750 g Ochsenbein,
1 Eßlöffel Speiseöl (10 g),
500 ml (½ l) Fleischbrühe (Instant),
250 g kleine Kartoffeln,
800 g Kohlrabi,
250 g Möhren,
Salz, Pfeffer,
1 Bund Petersilie.

Zubereitung: Das Ochsenbein unter fließendem kaltem Wasser abspülen und trockentupfen. Das Öl in einem Topf erhitzen und das Ochsenbein darin von allen Seiten gut anbraten. Die Brühe zugießen und das Fleisch zugedeckt etwa 75 Minuten kochen.
Inzwischen die Kartoffeln schälen und waschen. In den letzten 20 Minuten zum Fleisch geben und mitkochen. Kohlrabi schälen, Möhren putzen, schrappen oder schälen, beide Zutaten waschen und in Scheiben schneiden. In den letzten 15 Minuten zum Fleisch geben und mitkochen. Nach Ende der Garzeit das Fleisch herausnehmen, von den Knochen lösen, das Fleisch in Würfel schneiden, wieder zum Eintopf geben und mit Salz und Pfeffer würzen. Die Petersilie unter fließendem kaltem Wasser abspülen, trockentupfen, die Blätter von den Stielen zupfen, trockentupfen und fein hacken. Den Eintopf abschmecken und mit Petersilie bestreut servieren.
Pro Person: ca. 500 kcal (2100 kJ). Zubereitungszeit: ca. 100 Minuten.

Gefüllter Kalbsbraten

Zutaten *(für 4 Personen):*
1 kg Kalbsbraten,
Salz, Pfeffer.
Für die Füllung:
50 g fetter Speck,
150 g Putenfleisch,
½ Teelöffel Nelkenpulver,
1 Eßlöffel Kapern,
3 Eigelb,
1 Topf Kerbel.

Außerdem:
2 Eßlöffel Öl (20 g),
250 ml (¼ l) Kalbsbrühe,
200 g Champignons,
1 Eßlöffel Himbeeressig,
1 Eßlöffel Himbeergelee,
100 g Crème double.

Zubereitung: Das Fleisch abspülen und trockentupfen. In das Fleisch eine Tasche schneiden und mit Salz und Pfeffer würzen.
Für die Füllung Speck und Putenfleisch sehr fein schneiden. Nelkenpulver, Kapern und Eigelb zufügen und alles gut vermischen. Kerbel abspülen und trockentupfen. Die Kerbelblätter (einige zum Garnieren beiseite stellen) hacken und unter die Füllung mischen. Nun die Füllung in den Kalbsbraten geben und die Tasche zunähen. Öl in einem Topf erhitzen und das Fleisch darin braun anbraten. Mit Kalbsbrühe ablöschen und zugedeckt etwa 75 Minuten schmoren lassen.
Inzwischen die Champignons putzen und waschen. In den letzten 15 Minuten zum Braten geben und mitschmoren. Danach den Braten herausnehmen und warmstellen. Himbeeressig, -gelee und Crème double zum Bratenfond geben und die Champignonsauce abschmecken. Braten und Champignonsauce anrichten und mit Kerbelblättern garnieren. Dazu Grilltomaten mit Estragon und Kartoffelgratin reichen.
Pro Person: ca. 620 kcal (2600 kJ). Zubereitungszeit: ca. 110 Minuten.

Schnell zubereitet

Porree mit Eiern und Schinken

Zutaten *(für 4 Personen):*
750 g Porree,
1–2 Eßlöffel Margarine (30 g),
250 ml (¼ l) Wasser,
Salz,
6 Eier,
250 ml (¼ l) Milch,
Pfeffer,
2 Teelöffel Currypulver,
2 Eßlöffel heller Saucenbinder,
150 g gekochter Schinken.

Zubereitung: Vom Porree den Wurzelansatz und etwa ein Drittel Grün abschneiden. Die Stangen der Länge nach halbieren und unter fließendem kaltem Wasser gründlich abspülen. Die Margarine in einer Pfanne erhitzen und die Porreestangen darin andünsten. Wasser und Salz zufügen und zugedeckt etwa 5–8 Minuten dünsten.
Inzwischen die Eier hart kochen, unter kaltem Wasser abschrecken und pellen. Danach den Porree herausnehmen und warmstellen. Die Milch in die Pfanne gießen und Pfeffer, Curry und Saucenbinder zufügen. Alles unter Rühren aufkochen lassen und abschmecken. Den Schinken in Würfel schneiden und in der Sauce erwärmen. Porreestangen, Sauce und halbierte Eier anrichten. Dazu Salzkartoffeln reichen.
Pro Person: ca. 440 kcal (1850 kJ). Zubereitungszeit: ca. 30 Minuten.

Makrelen auf Tomaten

Zutaten *(für 4 Personen):*
2 küchenfertige Makrelen (à 500 g),
Saft 1 Zitrone,
1 kg Fleischtomaten,
1 Bund glatte Petersilie,
3 Knoblauchzehen,
Salz, Pfeffer,
gerebelter Oregano,
1 Eßlöffel Speiseöl (20 g),
evtl. 1–2 Zitronen zum Garnieren.

Zubereitung: Die Makrelen unter fließendem kaltem Wasser abspülen, trockentupfen, mit Zitronensaft beträufeln. Die Tomaten kurz in kochendes Wasser geben, in kaltem Wasser abschrecken, enthäuten, die Stengelansätze herausschneiden. Tomaten in Scheiben schneiden. Die Petersilie unter fließendem kaltem Wasser abspülen, trockentupfen (etwas zum Garnieren beiseite stellen) und grob hacken. Die Knoblauchzehen abziehen und durch die Knoblauchpresse drücken. Makrelen mit Salz, Pfeffer und Oregano würzen.
Nun die Tomatenscheiben, Petersilie und Knoblauch in eine feuerfeste, gefettete Auflaufform geben.
Das Öl in einer Pfanne erhitzen, die Makrelen darin von beiden Seiten anbraten und dann auf die Tomaten legen. Im Backofen bei 200 Grad etwa 25 Minuten garen. Nach Belieben mit Zitronenscheiben und Petersilie garniert anrichten. Dazu Butterkartoffeln reichen.
Pro Person: ca. 580 kcal (2440 kJ). Zubereitungszeit: ca. 50 Minuten.

Hefeteigfladen mit Porree und Zwiebeln

Zutaten *(für 4 Personen):*
Für den Teig:
500 g Weizenmehl,
1 Päckchen Trockenbackhefe, Salz,
1–2 Eßlöffel Margarine (30 g),
250 ml (¼ l) lauwarmes Wasser.
Für den Belag:
500 g Zwiebeln,
700 g Porree,
100 g Schinkenspeck,
1 Teelöffel Margarine (10 g).
Für den Guß:
1 Becher Sahne-Dickmilch (175 g), 1 Ei,
100 g geriebener Greyerzer Käse,
Salz, Pfeffer,
geriebene Muskatnuß.

Zubereitung: Zutaten für den Teig zu einem glatten Teig verkneten. Er muß sich vom Schüsselrand lösen. An einem warmen Ort gehen lassen.
Zwiebeln abziehen und in Ringe schneiden. Vom Porree Wurzelansatz und etwa ein Drittel Grün abschneiden und die Stangen der Länge nach einritzen. Porree waschen und in Ringe schneiden. Schinkenspeck in Streifen schneiden. Margarine erhitzen und Schinkenstreifen darin glasig werden lassen. Zwiebeln und Porree zufügen und alles andünsten.
Hefeteig nochmals durchkneten und zu vier Fladen ausrollen. Dabei einen kleinen Rand formen. Fladen auf ein gefettetes Backblech legen und nochmal gehen lassen.
Sahne-Dickmilch, Ei und Käse verrühren und mit Salz, Pfeffer und Muskat abschmecken. Belag und Guß auf die Fladen verteilen. Im Backofen bei 200 Grad etwa 30 Minuten backen.
Pro Person: ca. 1050 kcal (4410 kJ). Zubereitungszeit: ca. 90 Minuten.

Hackfleischragout im Reisrand

Zutaten *(für 4 Personen):*
Für den Reisrand.
250 g Langkornreis (Rohgewicht),
500 ml (½ l) Wasser,
Salz,
50 g geriebener Emmentaler Käse.

Für das Ragout:
1 Zwiebel (50 g),
1 Knoblauchzehe,
1 Eßlöffel Speiseöl (10 g),
500 g Rinderhackfleisch,
250 g Staudensellerie,
1 Dose Tomaten (Abtropfgewicht 480 g),
Pfeffer, Salz,
gerebelter Oregano,
evtl. etwas Basilikum zum Garnieren.

Zubereitung: Den Reis waschen und gut abtropfen lassen. Wasser und Salz zum Kochen bringen. Den Reis zufügen und etwa 15 Minuten darin garen.
Inzwischen Zwiebel und Knoblauchzehe abziehen und fein hacken. Das Öl in einer Pfanne erhitzen und das Hackfleisch darin krümelig anbraten. Zwiebeln und Knoblauch zufügen. Vom Staudensellerie Wurzelansatz und Grün abschneiden, waschen und in Scheiben schneiden. Staudensellerie und Tomaten mit Flüssigkeit zum Hackfleisch in die Pfanne geben, Pfeffer, Salz und Oregano zufügen und alles zugedeckt etwa 10 Minuten schmoren lassen.
Den Reis eventuell abtropfen lassen. Dann den Käse unter den noch heißen Reis mischen und den Reis in eine gefettete Reisrandform drükken. Stürzen und das Hackfleischragout in die Mitte füllen. Nach Belieben mit Basilikum garnieren.
Pro Person: ca. 570 kcal (2390 kJ). Zubereitungszeit: ca. 1 Stunde.

Gemüseauflauf mit Schrot-Käse-Kruste

Zutaten *(für 4 Personen):*
600 g Fleischtomaten,
300 g Staudensellerie,
500 g Paprikaschoten,
150 g Frühlingszwiebeln,
5 Eßlöffel Speiseöl (50 g),
2 Knoblauchzehen,
2 Eßlöffel Honig (40 g),
Salz, Pfeffer.
Für die Käsekruste:
150 g Crème fraîche,
150 ml Schlagsahne,
50 g geriebener Edamer Käse,
200 g Roggenschrot.

Zubereitung: Zuerst für die Kruste Crème fraîche, Sahne, Käse und Roggenschrot verrühren. Die Masse etwa 30 Minuten quellen lassen.
Tomaten kurz in kochendes Wasser geben, in kaltem Wasser abschrecken, enthäuten, und das Tomatenfleisch in Stücke schneiden. Von Staudensellerie Wurzelansatz und grüne Blätter abschneiden, waschen und in Stücke schneiden. Paprikaschoten halbieren, entkernen, waschen und in Stücke schneiden. Von den Frühlingszwiebeln Wurzelansatz und etwa ein Drittel Grün abschneiden und in Ringe schneiden.
Öl erhitzen und Staudensellerie etwa 10 Minuten darin dünsten. Paprikaschoten, Frühlingszwiebeln und Tomaten zufügen. Alles zugedeckt etwa 10 Minuten weitergaren. Knoblauchzehen abziehen und durch die Knoblauchpresse drücken. Gemüse mit Knoblauch, Honig, Salz und Pfeffer abschmecken und in eine gefettete feuerfeste Form geben. Schrotmischung darüber verteilen und alles im Backofen bei 200 Grad etwa 20 Minuten überbacken. Pro Person: ca. 630 kcal (2650 kJ). Zubereitungszeit: ca. 80 Minuten.

Für Gäste

Hühnerbrustfilets mit Weinsauce

Zutaten *(für 4 Personen):*
4 Hühnerbrustfilets (à 150 g),
1 Bund Suppengrün,
1 Eßlöffel Butterschmalz (20 g),
125 ml (⅛ l) Wasser,
125 ml (⅛ l) Rotwein,
125 ml (⅛ l) Marsala-Wein,
Salz, Pfeffer,
1 Becher Crème double (150 g),
1 Eßlöffel Pinienkerne (10 g).

Zubereitung: Die Hühnerbrustfilets unter fließendem kaltem Wasser abspülen und trockentupfen. Das Suppengrün putzen, waschen und in Stücke schneiden. Das Butterschmalz in einer Pfanne erhitzen und das Suppengrün darin kräftig anbraten. Mit Wasser, Rotwein und Marsala ablöschen und mit Salz und Pfeffer würzen. Die Hühnerbrustfilets zufügen und alles zugedeckt etwa 25 Minuten schmoren.

Das Fleisch herausnehmen und warmstellen. Den Fond und das Suppengrün pürieren und Crème double zufügen. Die Sauce abschmecken und zum Fleisch servieren. Das Gericht mit gerösteten Pinienkernen bestreut servieren. Dazu Reis und Artischokken reichen.

Pro Person: ca. 380 kcal (1600 kJ). Zubereitungszeit: ca. 1 Stunde.

Für Gäste

Zunge mit Spargel

Zutaten *(für 4 Personen):*
1 Kalbszunge (500 g),
1 Bund Suppengrün,
1 ¼ l Wasser,
Salz, Pfefferkörner,
2 Lorbeerblätter,
500 g Spargel,
2–3 Eßlöffel Butter oder Margarine (50 g),
5 Eßlöffel Mehl (50 g),
750 ml (¾ l) Zungenbrühe,
125 ml (⅛ l) Weißwein,
125 ml (⅛ l) Spargelkochwasser,
3–4 Eßlöffel Zitronensaft,
2 Eigelb,
100 ml Schlagsahne,
evtl. Kerbel zum Garnieren.

Zubereitung: Die Zunge abspülen. Suppengrün putzen, waschen und in Stücke schneiden. Wasser, Zunge, Suppengrün, Salz, Pfefferkörner und Lorbeerblätter zum Kochen bringen und etwa 75 Minuten zugedeckt kochen lassen.
Den Spargel dünn von oben nach unten schälen und die eventuell holzigen Enden abschneiden. Die Spargelstangen halbieren und in wenig leicht gesalzenem Wasser etwa 10 Minuten garen.
Zunge aus dem Sud nehmen, mit kalten Wasser abschrekken, die Haut abziehen, das Fleisch in Scheiben schneiden und warmstellen.
Fett in einem Topf zerlassen, Mehl auf einmal hineinschütten und anschwitzen. Nach und nach unter ständigem Rühren mit Brühe ablöschen. Wein und Spargelwasser zufügen. Die Sauce aufkochen lassen und mit Zitronensaft abschmecken. Eigelb und Sahne verquirlen und die Sauce damit legieren. Zunge, Spargel und Sauce anrichten und nach Belieben mit Kerbel garniert servieren. Dazu Blätterteigcroutons reichen.
Pro Person: ca. 470 kcal (1970 kJ). Zubereitungszeit: ca. 2 Stunden.

Hacksteaks mit Avocado-Tomaten-Joghurt

Zutaten *(für 4 Personen):*
1 Fleischtomate (150 g),
1 Zwiebel (50 g),
1 Avocado (ca. 220 g),
Saft 1 Zitrone,
1 Becher Sahnejoghurt (150 g),
Salz, Pfeffer,
Zucker,
4 Eßlöffel Speiseöl (40 g),
2 Packungen tiefgefrorene Hacksteaks (à 300 g),
evtl. Kerbel zum Garnieren.

Zubereitung: Die Tomate kurz in kochendes Wasser geben, in kaltem Wasser abschrecken, enthäuten, den Stengelansatz herausschneiden. Das Tomatenfleisch würfeln. Die Zwiebel abziehen und fein hacken. Die Avocado schälen, halbieren und den Stein herausnehmen. Das Fruchtfleisch in Würfel schneiden und sofort mit Zitronensaft beträufeln.
Joghurt mit Salz, Pfeffer und Zucker würzen und Tomate, Zwiebel und Avocado zufügen.
Das Öl in einer Pfanne erhitzen und die Hacksteaks nach Packungsanweisung darin braten. Die Gemüse-Joghurt-Sauce nochmal abschmecken und zu den Hacksteaks servieren. Nach Belieben mit Kerbel garnieren. Dazu Baguette reichen.
Pro Person: ca. 420 kcal (1760 kJ). Zubereitungszeit: ca. 40 Minuten.

Tomatentorte

Zutaten *(für 4 Personen)*:
Für den Teig:
200 g Weizenmehl,
1 Ei,
2 Eßlöffel Wasser,
90 g Butterschmalz.
Für die Füllung:
350 g Zwiebeln,
1 Eßlöffel Butterschmalz (20 g),
Salz, Pfeffer,
600 g Tomaten.

Für den Guß:
3 Eier,
1 Becher Crème fraîche (150 g),
Salz, Pfeffer,
150 g Camembert Käse.

Zubereitung: Für den Teig Mehl, Ei, Wasser und Butterschmalz in eine Schüssel geben und mit den Knethaken des Handrührgerätes zu einem glatten Teig verkneten. Den Teig kaltstellen.
Inzwischen die Zwiebeln abziehen und in Ringe schneiden. Das Butterschmalz in einer Pfanne erhitzen, die Zwiebelringe darin andünsten und mit Salz und Pfeffer würzen. Die Tomaten kurz in kochendes Wasser geben, in kaltem Wasser abschrecken, enthäuten, die Stengelansätze herausschneiden. Die Tomaten halbieren.
Nun den Teig auf einer bemehlten Arbeitsfläche dünn ausrollen und eine gefettete Springform (26 cm ∅) damit auslegen. Dabei den Rand etwa 3 cm hochziehen. Die gedünsteten Zwiebeln auf dem Teigboden verteilen und die Tomatenhälften darauflegen.
Für den Guß Eier, Crème fraîche, Salz und Pfeffer verquirlen. Den Camembert in Würfel schneiden und unter die Eiermasse mischen. Den Guß über die Tomaten gießen. Im Backofen bei 200 Grad etwa 40 Minuten backen. Nach Belieben mit Basilikum garnieren.
Pro Person: ca. 720 kcal (3020 kJ). Zubereitungszeit: ca. 100 Minuten.

Gemüse-Eier-Pfanne

Zutaten *(für 4 Personen):*
250 g Fenchel,
175 g Möhren,
1 Eßlöffel Butter oder Margarine (20 g),
Salz, Pfeffer,
6 Eier,
2 Eßlöffel saure Sahne (ca. 50 g),
geriebene Muskatnuß,
50 g Mozzarella Käse,
2 Eßlöffel Sonnenblumenkerne (20 g).

Zubereitung: Von der Fenchelknolle den Wurzelansatz und eventuell die grünen Blätter abschneiden. Fenchel waschen und vierteln. Die Möhren putzen, schrappen oder schälen, waschen und in Streifen schneiden.
Das Fett in einer Pfanne erhitzen und Fenchel und Möhrenstreifen darin andünsten. Mit Salz und Pfeffer würzen und zugedeckt etwa 15 Minuten dünsten.
Eier und Sahne verquirlen und mit Salz, Pfeffer und Muskat würzen. Über das Gemüse gießen und bei geringer Hitze stocken lassen. Zwischendurch mit einem Bratenwender vorsichtig lockern. Zuletzt den Mozzarella würfeln, darübergeben und zerlaufen lassen. Die Gemüse-Eier-Pfanne mit gerösteten Sonnenblumenkernen bestreut und nach Belieben mit Fenchelgrün garniert servieren. Dazu Fladenbrot reichen.
Pro Person: ca. 380 kcal (1600 kJ). Zubereitungszeit: ca. 30 Minuten.

Ohne Fleisch

Für Gäste

Seezungenröllchen und Jakobsmuscheln in Safrancreme

Zutaten *(für 4 Personen):*
8 Seezungenfilets (ca. 600 g),
Saft 1 Zitrone,
1 Bund Basilikum,
Salz, Pfeffer,
1 Zwiebel (40 g),
2 Eßlöffel Butter (40 g),
100 ml trockener Weißwein,
2 Becher Crème double (à 125 g),
1 Päckchen Safranfäden,
8 Jakobsmuscheln mit Rogen (à 60 g).

Zubereitung: Die Seezungenfilets unter fließendem kaltem Wasser abspülen, trockentupfen und mit Zitronensaft beträufeln. Das Basilikum ebenfalls abspülen, trockentupfen, die Blätter von den Stengeln zupfen und hacken. Die Seezungenfilets mit Salz und Pfeffer würzen, mit gehacktem Basilikum bestreuen und aufrollen. Die Rollen mit einem Holzspießchen feststecken.
Die Zwiebel abziehen und in Würfel schneiden. Einen Eßlöffel Butter in einer Pfanne erhitzen und die Zwiebelwürfel darin andünsten. Mit Wein ablöschen und die Seezungenröllchen zufügen. Zugedeckt etwa 6–7 Minuten darin ziehen lassen. Herausnehmen und warmstellen.
Crème double und Safran in den Fond geben und den Fond etwa vier Minuten einkochen lassen.
Inzwischen die Jakobsmuscheln waschen, pfeffern und salzen und in der restlichen Butter etwa 4 Minuten rundherum goldgelb braten.
Seezungenröllchen, Muscheln und Sauce anrichten. Nach Belieben mit Estragon garnieren. Dazu Reis reichen.
Pro Person: ca. 690 kcal (2900 kJ). Zubereitungszeit: ca. 50 Minuten.

Gersten-graupentopf

Zutaten *(für 4 Personen):*
100 g Gerstengraupen,
1 ¼ l Gemüsebrühe,
2 Zwiebeln (80 g),
2 Knoblauchzehen,
6 Eßlöffel Sojaöl (60 g),
200 g Rinderhackfleisch,
Pfeffer,
Paprika, edelsüß,
400 g Tomaten,
125 ml (⅛ l) Schlagsahne,
1 Bund glatte Petersilie.

Zubereitung: Gerstengraupen und Gemüsebrühe in einem Topf zum Kochen bringen und zugedeckt 10 Minuten kochen lassen. Die Zwiebeln und Knoblauchzehen abziehen und hacken. Das Sojaöl in einer Pfanne erhitzen und gehackte Zwiebeln und Knoblauch darin andünsten. Das Rinderhackfleisch zufügen und darin krümelig braten. Mit Pfeffer und Paprika würzen. Das Hackfleisch zu den Graupen geben und alles 10 Minuten kochen lassen.
Inzwischen die Tomaten kurz in kochendes Wasser geben, in kaltem Wasser abschrekken, enthäuten, die Stengelansätze herausschneiden. Die Tomaten achteln und entkernen. 5 Minuten vor Ende der Garzeit in die Suppe geben.
Die Sahne steif schlagen. Die Petersilie unter fließendem kaltem Wasser abspülen, trockentupfen und kleinschneiden. Vor dem Servieren die geschlagene Sahne auf die Suppe setzen und mit der Petersilie bestreuen.
Pro Person: ca. 460 kcal (1930 kJ). Zubereitungszeit: ca. 40 Minuten.

Rumpsteaks mit buntem Gemüse

Zutaten *(für 4 Personen):*
4 Rumpsteaks (à 200 g),
Chilipulver,
Rosenpaprika,
2 Eßlöffel Speiseöl (20 g).

Außerdem:
600 g Tomaten,
1 Bund Frühlingszwiebeln (250 g),
600 g Zucchini,
2 Eßlöffel Speiseöl (20 g),
Salz, Pfeffer.

Zubereitung: Die Rumpsteaks unter fließendem kaltem Wasser abspülen, trokkentupfen und mit Chilipulver und Rosenpaprika würzen. Mit Öl einreiben und 30 Minuten ziehen lassen.
Inzwischen die Tomaten kurz in kochendes Wasser geben, in kaltem Wasser abschrekken, enthäuten, die Stengelansätze herausschneiden. Die Tomaten achteln. Die Frühlingszwiebeln vom Wurzelansatz und etwa ein Drittel Grün befreien, waschen und in Ringe schneiden. Die Zucchini waschen, den Blütenansatz entfernen und in Scheiben schneiden.
Nun Öl in einer Pfanne erhitzen und die Rumpsteaks darin von jeder Seite etwa 3 Minuten braten. Herausnehmen und warmstellen.
Zwiebeln und Zucchini in das Bratfett geben und zugedeckt etwa 5 Minuten dünsten. Dann die Tomatenachtel zufügen und mit erwärmen. Das Gemüse mit Salz und Pfeffer abschmecken. Gemüse und Fleisch anrichten. Dazu Pommes frites reichen.
Pro Person: ca. 440 kcal (1850 kJ). Zubereitungszeit: ca. 50 Minuten.

Sogar Fisch läßt sich glacieren

Ablöschen

Das ist das Auffüllen einer Mehlschwitze mit Wasser oder Brühe. Auch angebratenes Fleisch wird mit heißer Flüssigkeit abgelöscht.

Abschäumen

Beim Kochen von Brühe oder Fruchtsaft bildet sich ein weißer Schaum. Er muß mit einer Schaumkelle entfernt werden, damit die Flüssigkeit klar bleibt.

Abschrecken

Damit Teigwaren und Reis nach dem Garen nicht aneinanderkleben, übergießt man sie nach dem Kochen mit kaltem Wasser. Am besten geht's so: Nudeln oder Reis auf ein Sieb geben und dann kurz unter fließendem Wasser „abschrecken". Auch gekochte Eier müssen abgeschreckt werden. Sie lassen sich dann besser pellen.

Auslassen

Fettreiche Lebensmittel (z. B. Speck) werden kleingeschnitten und durch Erhitzen geschmolzen. Das ausgelassene Fett kann zum Braten verwendet werden.

Ausnehmen

Bei Fisch und Geflügel werden alle Innereien entfernt, da sie beim Garen den Geschmack des Fleisches beeinträchtigen würden.

Ausrollen

Teig mit einem Nudelholz auf einer bemehlten Arbeitsfläche mit gleichmäßigem Druck in alle Richtungen ausrollen. Zum Ausrollen von sehr weichen Teigen (z. B. Mürbeteig) eignet sich am besten Klarsichtfolie, da der Teig sonst leicht am Rollholz klebt.

Bardieren

Mageres Fleisch, Wild und Geflügel werden mit Speckscheiben belegt oder umbunden. So trocknet das Fleisch während des Bratens nicht aus.

Beizen

So heißt das Einlegen von Fleisch, Wild, Hammel oder Fisch in Flüssigkeit. Das Fleisch (bzw. der Fisch) wird dadurch mürbe, und der strenge Geschmack von Wild oder Hammel wird gemildert. Geeignet sind: Buttermilch, Essig oder Wein.

Binden

Das ist das Andicken von kochenden Flüssigkeiten mit Bindemitteln. Sie erhalten dadurch eine dickliche, sämige Konsistenz. Zum Binden eignen sich z. B. Mehl, Stärke, Sahne, Eigelb oder fertiger Soßenbinder.

Blanchieren

So heißt das Überbrühen von Nahrungsmitteln mit kochendem Wasser. Sie müssen dann kurz darin ziehen. Zum Beispiel wird das Gemüse, das eingefroren werden soll, blanchiert. Auch Mandeln und Tomaten werden überbrüht. Anschließend werden sie mit kaltem Wasser abgeschreckt. Dann kann man die Haut abziehen.

Blindbacken

Das ist das Vorbacken eines Mürbeteigbodens für Torteletts oder Gemüsetorten. Dafür wird die mit Teig ausgekleidete Form mit Backpapier ausgelegt, mit Hülsenfrüchten beschwert und dann gebacken. So bleibt der Teig schön glatt, der Rand kann nicht herunterrutschen, und der Boden weicht nicht durch.

Dressieren

Um Geflügel oder Fisch beim Braten oder Kochen in Form zu halten, wird es mit Küchengarn zusammengebunden.

Filieren

Das ist das Herauslösen der Knochen oder Gräten aus Fleisch, Wild, Fisch und Geflügel. Auch Fruchtfleisch aus geschälten Zitrusfrüchten kann spaltenweise herausgeschnitten werden.

Flambieren

Übergießen von Fleisch oder Süßspeisen mit hochprozentigem Alkohol, der angezündet wird.

Glacieren

Übersetzt bedeutet es überglänzen. Dafür wird zum Beispiel Fruchtsaft stark eingekocht, und die Früchte werden damit übergossen. Auch Gemüse (wie Kastanien, Möhren usw.) oder Fisch wird glaciert. Dafür werden dann meist Honig und Konfitüre verwendet.

Fortsetzung des Kochlexikons auf Seite 201

MAI

Es ist soweit: Spargelzeit! Verwöhnen Sie also Ihre Familie mit dem königlichen Gemüse. Spargel aus deutschen Anbaugebieten wird nur zwischen dem 18. April und dem 24. Juni gestochen. Auch Spitzkohl, der Star unter den Kohlsorten, ist auf dem Markt. Wegen seines milden Geschmacks und seiner zarten Blätter wird er sehr gern in der feinen Küche verwendet. Spitzkohl wird nur im Mai und im Juni angeboten.

Kartoffel-Käse-Salat

Zutaten *(für 4 Personen):*
1 kg kleine Kartoffeln,
500 g grüne Bohnen,
250 g Fleischwurst,
2 Bund Radieschen,
250 g Schafskäse.
Für die Marinade:
8 Eßlöffel Weinessig,
8 Eßlöffel Speiseöl (80 g),
125 ml (⅛ l) Fleischbrühe (Instant),
1 Zwiebel (40 g),
Salz, Pfeffer.

Zubereitung: Die Kartoffeln waschen. Zirka 20 Minuten kochen, abgießen und etwas abkühlen lassen. Dann pellen und gut durchgekühlt in Scheiben schneiden. Die Bohnen von Blüte und Stielansatz befreien und waschen. Die Bohnen in wenig gesalzenem Wasser etwa 15 Minuten kochen. Dann abtropfen lassen. Die Pelle der Fleischwurst abziehen und die Wurst in Streifen schneiden. Von den Radieschen Grün und Wurzelansatz abschneiden, waschen und in Scheiben schneiden. (Zwei ganze Radieschen zurücklassen.) Den Schafskäse in Würfel schneiden.
Für die Marinade Weinessig, Öl und die Brühe verrühren. Die Zwiebel abziehen und fein hacken. Die gehackte Zwiebel in die Marinade geben und mit Salz und Pfeffer abschmecken.
Nun Kartoffelscheiben, eventuell halbierte Bohnen, Fleischwurststreifen, Radieschen und Schafskäse vorsichtig unter die Marinade ziehen. Den Salat etwa 30 Minuten durchziehen lassen und nochmals abschmecken. Mit Radieschenröschen garnieren. Dafür die restlichen Radieschen rundherum so einschneiden, daß eine Rose entsteht. Den Salat nach Belieben mit Radieschenblatt garniert servieren.
Pro Person: ca. 830 kcal (3490 kJ). Zubereitungszeit: ca. 90 Minuten.

Joghurtauflauf mit Maismehl

Zutaten *(für 4 Personen):*
250 g Maismehl,
evtl. 1 Teelöffel Backpulver,
500 g Vollmilchjoghurt,
3 Eßlöffel Schlagsahne,
3 Eigelb,
2 Eßlöffel Butter (40 g),
100 g Rosinen,
3 Eßlöffel Honig (60 g),
Saft 1 Zitrone,
1 Vanilleschote,
50 g geschälte Kürbiskerne,
3 Eiweiß.

Zubereitung: Maismehl, Backpulver, Joghurt, Sahne, Eigelb und Butter in eine Schüssel geben und mit den Schneebesen des Handrührgerätes verrühren. Die Rosinen waschen, abtropfen lassen und trockentupfen. Rosinen, Honig (siehe Tip) und Zitronensaft unter den Teig mischen. Die Vanilleschote der Länge nach aufschlitzen und das Mark herauskratzen. Die Kürbiskerne grob hacken (dabei einige zum Verzieren ganz lassen). Eiweiß zu steifem Schnee schlagen.
Nun Vanillemark, Kürbiskerne und Eischnee unter den Teig heben und in eine gefettete Auflaufform füllen. Die restlichen Kürbiskerne darüberstreuen. Im vorgeheizten Backofen bei 200 Grad etwa 45 Minuten backen. Dazu Erdbeeren reichen.
Pro Person: ca. 720 kcal (3020 kJ). Zubereitungszeit: ca. 60 Minuten.

So klebt Honig beim Abmessen nicht am Löffel

Den Löffel vorher in Öl eintauchen. So kann der Honig vom Löffel gleiten, ohne daran festzukleben. Das gilt übrigens auch für Sirup.

Kräuter-Rührei mit Kaviar

Zutaten *(für 4 Personen):*
8 Scheiben Roggentoast,
3 Eßlöffel Butter oder Margarine (60 g),
8 Eier,
5 Eßlöffel Milch,
1 Bund Schnittlauch,
1 Bund Dill,
Salz, Pfeffer.
Außerdem:
100 g Forellenkaviar.

Zubereitung: Die Toastbrotscheiben rösten und mit der Hälfte des Fettes bestreichen. Eier und Milch verquirlen. Schnittlauch und Dill unter fließendem kaltem Wasser abspülen, die Blättchen von den Stielen zupfen. Schnittlauch und Dill fein hacken (etwas zum Garnieren zurücklassen) und unter die verquirlten Eier rühren. Mit Salz und Pfeffer abschmecken.
Nun das restliche Fett in einer Pfanne zerlassen, Eiermilch hineingeben und stocken lassen. Dabei das Ei mit einem Bratenwender vorsichtig vom Pfannenboden lösen. Nicht rühren! Danach das Rührei auf die Toastscheiben verteilen und Kaviar darübergeben. Nach Belieben mit Kräutern anrichten.
Pro Person: ca. 570 kcal (2390 kJ). Zubereitungszeit: ca. 30 Minuten.

Pie mit Schweinefleisch und Äpfeln

Zutaten *(für 4 Personen):*
Für den Teig:
75 g Butterschmalz,
1 Prise Salz,
3 Eßlöffel Milch,
3 Eßlöffel Wasser,
250 g Weizenmehl.
Für die Füllung:
500 g Schweinefleisch (Schnitzel),
2 Eßlöffel Speiseöl (20 g),
100 g kleine Schalotten,
2 Äpfel (à 100 g),
1 kg Kartoffeln,
Salz, Pfeffer,
1 kleines Bund Salbei,
125 ml (⅛ l) Fleischbrühe (Instant),
1 Eigelb.

Zubereitung: Für den Teig Butterschmalz, Salz, Milch und Wasser in einem Topf erhitzen. Mehl unterrühren, bis sich ein Kloß bildet. Teig 30 Minuten ruhen lassen.
Fleisch abspülen, trockentupfen und in Würfel schneiden. Öl erhitzen und Fleischwürfel darin braun anbraten. Schalotten abziehen. Äpfel schälen und vierteln. Das Kerngehäuse herausschneiden und die Viertel in Scheiben schneiden. Kartoffeln schälen, waschen und in Scheiben schneiden. Kartoffeln, Äpfel, Schalotten und Fleischwürfel in eine gefettete Auflaufform schichten und mit Salz und Pfeffer würzen. Salbei abspülen, trockentupfen und fein schneiden. Auflauf mit Salbei bestreuen und Brühe angießen.
Teig auf einer bemehlten Arbeitsfläche ausrollen und den Auflauf damit bedecken. Mit Teigresten garnieren und mit verquirltem Eigelb bestreichen und im Backofen bei 200 Grad etwa 1 Stunde backen.
Pro Person: ca. 710 kcal (2980 kJ). Zubereitungszeit: ca. 110 Minuten.

Kartoffelpüree mit Kräutern und Spiegeleiern

Zutaten *(für 4 Personen):*
750 g Kartoffeln (mehlig kochend),
Salz,
2–3 Eßlöffel Butter oder Margarine (50 g),
1 Becher Crème double (125 g),
125 ml (⅛ l) Milch,
je 1 Eßlöffel Schnittlauchröllchen, gehackte Petersilie und Thymian,
Pfeffer.
Außerdem:
1 Eßlöffel Margarine (20 g),
8 Eier,
evtl. Thymian zum Garnieren.

Zubereitung: Die Kartoffeln schälen, waschen und in gesalzenem Wasser etwa 20 Minuten kochen. Abgießen und mit einem Kartoffelstampfer zerdrücken. Fett, Crème double und Milch erwärmen und unter die Kartoffelmasse schlagen. Die Kräuter zufügen und das Kartoffelpüree mit Salz und Pfeffer abschmecken. Das Püree warmstellen.
Nun Margarine in einer beschichteten Pfanne erhitzen und die Eier darin braten. Die gebratenen Eier auf dem Kartoffelpüree anrichten. Nach Belieben mit Pfeffer bestreuen und mit Thymianblättchen garnieren.
Pro Person: ca. 600 kcal (2520 kJ). Zubereitungszeit: ca. 50 Minuten.

Spätzle mit italienischer Sauce

Zutaten *(für 4 Personen):*
250 g Spätzle.
Für die Sauce:
200 g Zwiebeln,
2 Knoblauchzehen,
1 Eßlöffel Speiseöl (10 g),
1 Packung passierte Tomaten (Füllmenge 500 g),
1 Bund Oregano,
150 g Kabanossi-Wurst,
Salz, Pfeffer,
2 Teelöffel Tomatenmark,
5 Eßlöffel Schlagsahne,
150 g tiefgefrorene Erbsen.

Zubereitung: Die Spätzle nach Packungsanweisung kochen. Zwiebeln und Knoblauchzehen abziehen. Zwiebeln in Würfel schneiden und die Knoblauchzehen durch die Knoblauchpresse drükken.
Das Öl in einem Topf erhitzen und Zwiebelwürfel und Knoblauch darin glasig dünsten. Die passierten Tomaten zufügen. Den Oregano unter fließendem kaltem Wasser abspülen, trockentupfen, die Blättchen von den Stengeln zupfen und fein schneiden. Die Kabanossi in Scheiben schneiden.
Nun Oregano, Salz, Pfeffer, Wurstscheiben, Tomatenmark, Sahne und Erbsen in die Tomatensauce geben und alles 3 Minuten zugedeckt kochen lassen.
Die Spätzle abgießen und auf einem Sieb abtropfen lassen. Spätzle und Sauce anrichten und nach Belieben mit Oreganoblättchen garnieren.
Pro Person: ca. 530 kcal (2230 kJ). Zubereitungszeit: ca. 40 Minuten.

Aus dem Schnellkochtopf

Rindfleisch mit grüner Sauce

Zutaten *(für 4 Personen):*
800 g Rinderkeule (ohne Knochen),
1 Bund Suppengrün,
1 Zwiebel (50 g),
1 l Wasser,
Salz.
Für die Sauce:
2 Becher Vollmilchjoghurt (à 150 g),
125 ml (⅛ l) saure Sahne,
4 Eßlöffel gehackte Kräuter (z. B. Petersilie, Dill und Schnittlauch),
Salz, Pfeffer,
2 hartgekochte Eier,
1 Bund Schnittlauch.

Zubereitung: Das Rindfleisch unter fließendem kaltem Wasser abspülen. Das Suppengrün putzen, waschen und in Stücke schneiden. Die Zwiebel abziehen und würfeln. Wasser, Salz, Fleisch, Suppengrün und Zwiebel im Schnellkochtopf zum Kochen bringen. Den Topf nach Herstelleranweisung verschließen und das Fleisch etwa 30 Minuten garen. (Im normalen Topf etwa 90 Minuten garen.) Inzwischen für die Sauce Joghurt, saure Sahne und Kräuter verrühren und die Sauce mit Salz und Pfeffer abschmecken.
Das Fleisch in Scheiben schneiden und anrichten. Die Sauce darübergießen. Eier pellen und hacken. Den Schnittlauch unter fließendem kaltem Wasser abspülen, trockentupfen und in Röllchen schneiden. Rindfleisch und Sauce mit gehackten Eiern und Schnittlauchröllchen bestreut servieren. Dazu Bratkartoffeln reichen.
Pro Person: ca. 470 kcal (1970 kJ). Zubereitungszeit: ca. 50 Minuten.

Hefe-Pfannkuchen

Zutaten *(für 4 Personen):*
Für den Teig:
200 g Weizenvollkornmehl,
375 ml (⅜ l) lauwarme Milch,
2 Eigelb,
1 Eßlöffel Butter oder
Margarine (20 g),
Salz,
1 Prise Zucker,
½ Päckchen
Trockenbackhefe,
1 Eiweiß.
Außerdem:
2 Eßlöffel Butterschmalz
(40 g),
1 Beet Kresse.

Zubereitung: Weizenvollkornmehl, lauwarme Milch, Eigelb, Fett, Salz, Zucker und Trockenbackhefe in einer Schüssel gut verrühren und etwa 30 Minuten stehen lassen. Das Eiweiß steif schlagen und unter den Teig ziehen.
Das Butterschmalz (siehe Tip) in einer Pfanne erhitzen und aus dem Teig kleine Pfannkuchen backen. Die Kresse abschneiden, waschen und trockentupfen. Die Pfannkuchen mit einem Sträußchen Kresse garniert anrichten. Dazu Frühlingszwiebel-Möhren-Gemüse reichen.
Pro Person: ca. 430 kcal (1810 kJ). Zubereitungszeit: ca. 1 Stunde.

Butterschmalz – besonders ergiebig

Es lohnt sich, öfter mal Butterschmalz zu verwenden. Da das Wasser bei der Herstellung entzogen wird, besteht Butterschmalz aus ca. 99,8 Prozent reiner Butter. Es ist dadurch sehr ergiebig! Butterschmalz eignet sich zum Dünsten, Kochen, Backen, Braten und zum Fritieren.

Kalbsmedaillons mit Orangensauce und Selleriepüree

Zutaten *(für 4 Personen):*
4 Kalbsmedaillons (à 100 g),
1 Würfel Plattenfett (25 g),
Salz, Pfeffer.
Für die Sauce:
1 Eßlöffel Butter (20 g),
1 Teelöffel Zucker,
1 Teelöffel löslicher Kaffee,
125 ml (⅛ l) Fleischbrühe (Instant),
Saft 1 Orange,
1 Eßlöffel Crème fraîche.
Für das Selleriepüree:
500 g Sellerie,
1 Teelöffel Margarine (10 g),
100 ml Fleischbrühe (Instant),
Zitronensaft,
2 Eßlöffel Crème fraîche.

Zubereitung: Zuerst für die Sauce Butter in einer Pfanne zerlassen. Zucker zufügen und leicht bräunen. Kaffee zufügen und mit Brühe ablöschen. Orangensaft, Salz und Crème fraîche zufügen, alles aufkochen lassen und die Sauce abschmecken.
Für das Selleriepüree die Sellerieknolle schälen, waschen und in Würfel schneiden. Margarine in einem Topf erhitzen und die Selleriewürfel darin andünsten. Mit Brühe ablöschen und etwa 10 Minuten zugedeckt garen. Danach das Selleriegemüse pürieren und mit Salz, Pfeffer, Zitronensaft und Crème fraîche abschmecken.
Kalbsmedaillons waschen und trockentupfen. Plattenfett erhitzen und Kalbsmedaillons darin von jeder Seite etwa 2 Minuten braten. Mit Salz und Pfeffer würzen. Medaillons, Sauce und Püree anrichten. Dazu Möhrengemüse reichen.
Pro Person: ca. 260 kcal (1090 kJ). Zubereitungszeit: ca. 1 Stunde.

Hausmannskost

Spitzkohl-Hackfleisch-Topf

Zutaten *(für 4 Personen):*
1 Spitzkohl (ca. 1 kg),
500 g Kartoffeln,
1 Gemüsezwiebel (250 g),
400 g Rinderhackfleisch,
1 Ei,
Salz, Pfeffer,
Currypulver,
Paprika, edelsüß,
2–3 Eßlöffel Margarine (50 g),
½ Teelöffel Kümmel,
750 ml (¾ l) Fleischbrühe (Instant).

Zubereitung: Vom Spitzkohl die äußeren welken Blätter entfernen. Den Kohlkopf vierteln und den harten Strunk herausschneiden. Den Kohl waschen und in Stücke schneiden. Kartoffeln schälen und waschen. Die Zwiebel abziehen. Beide Zutaten in Scheiben schneiden. Hackfleisch und Ei vermischen. Mit Salz, Pfeffer, Curry und Paprika abschmecken. Die Margarine in einem großen Topf zerlassen. Nun abwechselnd Kohl, Hackfleisch, Kartoffeln und Zwiebeln einschichten und die einzelnen Lagen mit Kümmel, Salz und Pfeffer würzen. Die Brühe angießen und alles zugedeckt bei geringer Hitze etwa 30 Minuten garen. Danach den Spitzkohl-Hackfleisch-Topf nochmals abschmecken.
Pro Person: ca. 670 kcal (2810 kJ). Zubereitungszeit: ca. 60 Minuten.

Spaghetti mit Muschelsauce

Zutaten *(für 4 Personen):*
400 g Spaghetti,
2 Knoblauchzehen,
1 Eßlöffel Speiseöl (10 g),
1 Packung gewürztes Tomatenpüree (Füllmenge 500 g),
1 Dose Muscheln im eigenen Saft (Abtropfgewicht 85 g),
1 Topf Basilikum,
80 g geriebener Parmesankäse.

Zubereitung: Die Spaghetti nach Packungsanweisung kochen (siehe Tip). Die Knoblauchzehen abziehen und fein hacken. Das Öl in einem Topf erhitzen und die gehackten Knoblauchzehen darin andünsten. Tomatenpüree und abgetropfte Muscheln zufügen. Alles kurz erhitzen. Die Basilikumblätter unter fließendem kaltem Wasser abspülen, trockentupfen und grob hacken. Unter die Sauce rühren.

Die Spaghetti abgießen, gut abtropfen lassen und in eine Schüssel geben. Mit Muschelsauce und geriebenem Parmesan bestreut servieren. Nach Belieben mit Basilikum garnieren. Dazu Eisbergsalat reichen.

Pro Person: ca. 600 kcal (2520 kJ). Zubereitungszeit: ca. 30 Minuten.

Wichtig für die Zubereitung von Nudeln

Nudeln sollten Sie immer frisch gekocht servieren. In Italien heißt es: Der „Sugo" (die Sauce) kann auf die „Pasta" (Nudeln) warten – und nicht umgekehrt.

Kartoffel-Omelett

Zutaten *(für 4 Personen):*
500 g Kartoffeln,
150 g Möhren,
150 g Zwiebeln,
4 Eßlöffel Speiseöl (40 g),
150 g tiefgefrorene Erbsen,
Salz, Pfeffer,
4 Eier.

Zubereitung: Kartoffeln schälen und waschen. Möhren putzen, schrappen oder schälen und waschen. Die Zwiebeln abziehen. Die Zutaten in Scheiben schneiden. Das Öl in einer Pfanne erhitzen (siehe Tip) und Kartoffel-, Zwiebel- und Möhrenscheiben darin leicht anbräunen und 10 Minuten braten. Die Erbsen zufügen und das Gemüse mit Pfeffer und Salz würzen.
Die Eier verquirlen, über das Gemüse gießen und bei geringer Hitze stocken lassen. Dabei die Pfanne ab und zu hin und her rütteln. Mit Hilfe eines Deckels die Tortilla wenden und goldgelb backen.
Pro Person: ca. 380 kcal (1600 kJ). Zubereitungszeit: ca. 50 Minuten.

Wann Öl richtig heiß ist

Das Öl hat die richtige Temperatur, wenn es beim Schräghalten der Pfanne oder des Topfes schmale „Straßen" zieht.

Blumenkohl mit Bündner Fleisch

Zutaten *(für 4 Personen):*
1 Blumenkohl (500 g),
Salz,
1 Bund Petersilie,
2 Eßlöffel Butter (40 g),
4 Eßlöffel Semmelmehl (40 g),
2 hartgekochte Eier,
150 g Bündner Fleisch oder magerer roher Schinken (in Scheiben).

Zubereitung: Den Blumenkohl in Röschen teilen und die Strünke abschneiden. Die Blumenkohlröschen waschen und in leicht gesalzenem Wasser etwa 12 Minuten kochen.

Inzwischen die Petersilie unter fließendem kaltem Wasser abspülen, trockentupfen und hacken. Die Butter in einer Pfanne erhitzen und das Semmelmehl darin bräunen. Die Eier pellen und in Würfel schneiden. Eier und Petersilie zu dem Semmelmehl geben. Den Blumenkohl gut abtropfen lassen und die Eiersauce darübergeben. Mit Bündner Fleisch garniert servieren. Dazu Pellkartoffeln reichen.
Pro Person: ca. 310 kcal (1300 kJ). Zubereitungszeit: ca. 45 Minuten.

Für Gäste

Spargeltoast mit Lachs

Zutaten *(für 4 Personen):*
750 g Spargel,
Salz,
2 Eier,
4 Scheiben Toastbrot,
1 Eßlöffel Butter (20 g),
125 g Butterkäse (in Scheiben),
4 Scheiben Räucherlachs (200 g),
1 Glas deutscher Kaviar (50 g),
evtl. Dill zum Garnieren.

Zubereitung: Den Spargel schälen (siehe Tip), waschen und in leicht gesalzenem Wasser etwa 15 Minuten garen.
Inzwischen die Eier hartkochen. Die Eier abschrecken, pellen und grob hacken. Den Spargel gut abtropfen lassen. Das Toastbrot rösten und mit Butter bestreichen. Die Spargelstangen auf das Toastbrot legen und den Käse darauflegen. Im Backofen bei 220 Grad etwa 10 Minuten überbacken.
Danach Lachsscheiben, Kaviar und gehacktes Ei darauf anrichten. Nach Belieben mit Dill verziert servieren. Dazu Salat reichen.
Pro Person: ca. 400 kcal (1680 kJ). Zubereitungszeit: ca. 50 Minuten.

So wird Spargel geschält:
Setzen Sie den Spargelschäler 1–2 Zentimeter unter dem Kopf an, und schälen Sie von oben nach unten, dabei zum Ende hin etwas dicker. Anschließend das holzige Ende mit einem scharfen Messer abschneiden.

Gemüsesuppe mit Lammfleisch

Zutaten *(für 4 Personen):*
500 g tiefgefrorene Lammschulter,
1 ½ l Fleischbrühe (Instant),
1 Lorbeerblatt,
Pfeffer,
500 g Kartoffeln,
500 g Zucchini,
125 g Tomaten,
250 ml (¼ l) Apfelsaft,
Salz,
1 Bund Petersilie.

Zubereitung: Das Lammfleisch auftauen lassen und unter fließendem kaltem Wasser abspülen. Die Brühe zum Kochen bringen. Fleisch, Lorbeerblatt und Pfeffer zufügen und alles etwa 90 Minuten zugedeckt kochen lassen. Inzwischen die Kartoffeln schälen, waschen und in Scheiben schneiden. Die Zucchini waschen, den Blütenansatz entfernen und ebenfalls in Scheiben schneiden. Die Tomaten kurz in kochendes Wasser geben, in kaltem Wasser abschrecken, häuten, die Stengelansätze herausschneiden. Die Tomaten vierteln und entkernen.
Nun das Fleisch aus der Brühe nehmen und Kartoffeln und Zucchini hineingeben. Zugedeckt etwa 10 Minuten kochen lassen. Das Fleisch in Würfel schneiden. Dann Fleischwürfel, Tomatenviertel und Apfelsaft in die Brühe geben. Alles aufkochen lassen und mit Salz und Pfeffer abschmecken. Die Petersilie unter fließendem kaltem Wasser abspülen, trockentupfen, die Blättchen von den Stengeln zupfen und hacken. Die Suppe mit gehackter Petersilie bestreut servieren.
Pro Person: ca. 340 kcal (1430 kJ). Zubereitungszeit: ca. 2 Stunden.

Rotbarsch-Auflauf

Zutaten *(für 4 Personen):*
700 g Rotbarschfilet,
Zitronensaft,
1 Zwiebel (50 g),
600 g Spinat,
1 Eßlöffel Butter (20 g),
Salz, geriebene Muskatnuß,
100 g durchwachsener Speck,
4 Zwiebeln (200 g),
1 Knoblauchzehe,
1 Teelöffel Speisestärke,
1 Dose Tomatenmark (Füllgewicht 150 g),
1 Becher saure Sahne (200 g),
100 g Edamer Käse,
1 Eßlöffel Butter (20 g).

Zubereitung: Das Rotbarschfilet unter fließendem kaltem Wasser abspülen, trockentupfen und mit Zitronensaft säuern. Die Zwiebel abziehen und in Würfel schneiden. Den Spinat verlesen und gründlich waschen. Butter in einem Topf erhitzen und Zwiebelwürfel darin andünsten. Spinat zufügen, mit Salz und Muskat würzen. Zugedeckt 5 Minuten dünsten.
Den Speck in Würfel schneiden. Die Zwiebeln abziehen und in Ringe schneiden. Die Knoblauchzehe abziehen und durch die Knoblauchpresse drücken. Speckwürfel in einer Pfanne auslassen und Zwiebelringe und Knoblauch darin anbraten.
Den gedünsteten Spinat in eine gefettete, feuerfeste Form geben. Das Fischfilet darauflegen und salzen. Speisestärke, Tomatenmark und Sahne verrühren und über den Spinat gießen. Das Speck-Zwiebel-Gemisch darüber verteilen. Den Käse reiben und darüberstreuen. Zuletzt Butterflöckchen daraufsetzen. Im Backofen bei 200 Grad etwa 45 Minuten backen. Dazu Salzkartoffeln reichen.
Pro Person: ca. 620 kcal (2600 kJ). Zubereitungszeit: ca. 75 Minuten.

Zum Grillen

Marinierte Schweinerippchen

Zutaten *(für 4 Personen):*
1 Zitrone,
1 Knoblauchzehe,
2 Eßlöffel Senf,
Salz,
1–2 Teelöffel Chilipulver,
8 Scheiben dicke Schweinerippe (ca. 1 kg),
3 Eßlöffel Speiseöl (30 g),
1 Zweig Rosmarin.

Zubereitung: Die Zitrone auspressen. Die Knoblauchzehe abziehen und durch die Knoblauchpresse drücken. Zitronensaft, Senf, zerdrückte Knoblauchzehe, Salz und Chilipulver verrühren.
Das Fleisch unter fließendem kaltem Wasser abspülen und trockentupfen. Mit der Marinade bestreichen und etwa 30 Minuten ziehen lassen.
Danach abtropfen lassen, das Fleisch mit Öl bestreichen und mit Rosmarinnadeln belegen. Unter vorgeheiztem Grill etwa 20 Minuten grillen.
Dazu Kartoffelsalat und eingelegte Chilischoten reichen.
Pro Person: ca. 960 kcal (4070 kJ). Zubereitungszeit: ca. 50 Minuten.

Pikante Kartoffel-Grieß-Plätzchen

Zutaten *(für 4 Personen):*
500 g Kartoffeln,
1 Bund Thymian,
3 Eßlöffel geriebener Gouda Käse (ca. 60 g),
Salz, Pfeffer,
200 g Vollkorngrieß,
125 ml (⅛ l) Milch.
Zum Braten:
4 Eßlöffel Butter oder Margarine (80 g).

Zubereitung: Die Kartoffeln waschen und mit Schale in Salzwasser kochen. Danach abgießen, etwas abkühlen lassen und pellen. Die Kartoffeln mit einem Kartoffelstampfer zerdrücken. Thymianblätter von den Stielen zupfen, waschen und trockentupfen. Einige zum Garnieren beiseite stellen. Geriebenen Käse, Salz, Pfeffer, Thymian, Grieß und Milch unter die Kartoffelmasse rühren und die Masse pikant abschmecken. Von der Masse eine Rolle formen und diese in ca. 1 cm dicke Scheiben schneiden.
Das Fett in einer Pfanne erhitzen und die Kartoffel-Grieß-Plätzchen darin von jeder Seite etwa 5 Minuten goldbraun braten. Mit Thymianblättchen garniert servieren. Dazu Pilzragout und Salat reichen.
Pro Person: ca. 430 kcal (1810 kJ). Zubereitungszeit: ca. 50 Minuten.

Spinat-Kuchen

Zutaten *(für 4 Personen):*
1 Paket tiefgefrorener Blätterteig (300 g),
1 kg Spinat,
Salz,
2 Eßlöffel Butter oder Margarine (40 g),
2 Eßlöffel Weizenmehl (20 g),
250 ml (¼ l) Schlagsahne,
4 Eier,
Salz, Pfeffer,
geriebene Muskatnuß.

Zubereitung: Die Blätterteigplatten antauen lassen. Den Spinat verlesen und gründlich waschen. Danach in kochendem Salzwasser etwa 2 Minuten blanchieren. Gut abtropfen lassen.
Nun die Blätterteigplatten wieder aufeinanderlegen und den Teig auf einer bemehlten Arbeitsfläche ausrollen. Eine gefettete Springform (26 cm ∅) mit dem Teig auslegen und dabei den Rand hochziehen.
Das Fett in einem Topf zerlassen und das Mehl darin anschwitzen. Mit der Sahne ablöschen und unter Rühren zum Kochen bringen. Die Eier verquirlen und unter die Mehl-Sahne rühren. Mit Salz, Pfeffer und Muskat abschmecken.
Nun den gut abgetropften und etwas ausgedrückten Spinat in die Springform auf den Teig füllen und die Eiersahne darübergießen. Im vorgeheizten Backofen bei 180 Grad etwa 45 Minuten backen.
Pro Person: ca. 670 kcal (2810 kJ). Zubereitungszeit: ca. 80 Minuten.

Ohne Fleisch

Zanderfilet mit Vinaigrette

Zutaten *(für 4 Personen):*
4 Zanderfilets (à 140 g),
Saft 1 Zitrone,
400 g kleine Frühlingszwiebeln,
2–3 Eßlöffel Butterschmalz (30 g),
Salz,
250 ml (¼ l) Weißwein.

Für die Vinaigrette:
8 kleine Tomaten (250 g),
2 Zitronen,
6 Eßlöffel Olivenöl,
Salz, Pfeffer,
1 Bund Basilikum.

Zubereitung: Die Zanderfilets unter fließendem kaltem Wasser abspülen, trockentupfen und mit Zitronensaft beträufeln. Von den Frühlingszwiebeln den Wurzelansatz und etwa ein Drittel Grün abschneiden. Die Zwiebeln waschen und in Stücke schneiden. Das Butterschmalz in einer Pfanne erhitzen und Zwiebeln darin andünsten. Die Zanderfilets zufügen, salzen und mit Weißwein ablöschen. Alles zugedeckt etwa 7 Minuten garziehen lassen.
Inzwischen für die Vinaigrette die Tomaten kurz in kochendes Wasser geben, in kaltem Wasser abschrecken, häuten und die Stengelansätze herausschneiden. Die Zitronen auspressen. Die Tomaten würfeln. Tomaten, Zitronensaft und Öl verrühren und mit Salz und Pfeffer abschmecken. Das Basilikum unter fließendem kaltem Wasser abspülen, trockentupfen, die Blättchen von den Stengeln zupfen und eventuell fein schneiden. Die Fischfilets auf den Frühlingszwiebeln anrichten, mit Basilikum bestreuen und dazu die Vinaigrette servieren. Dazu Baguette reichen.
Pro Person: ca. 430 kcal (1810 kJ). Zubereitungszeit: ca. 40 Minuten.

Gefüllte Kohlrabi

Zutaten *(für 4 Personen):*
4 Kohlrabi (à 250 g),
375 ml (3/8 l) Fleischbrühe (Instant),
250 g ungebrühte Bratwurst,
1 Eiweiß,
100 ml Schlagsahne,
1 Bund Petersilie,
50 g tiefgefrorene Erbsen,
Salz, Pfeffer,
gerebelter Majoran.

Zubereitung: Die Kohlrabi schälen. Blattansatz stehen lassen. Die Kohlrabi waschen. Die Brühe zum Kochen bringen und die Kohlrabi darin zugedeckt etwa 15 Minuten garen. Danach einen Deckel abschneiden und die Knollen aushöhlen. Das Innere der Kohlrabi in feine Würfel schneiden.
Bratwurstbrät aus der Pelle drücken, mit Eiweiß verrühren, kaltstellen. Nach und nach die kalte Sahne unter die gut gekühlte Bratwurstmasse schlagen.
Die Petersilie unter fließendem kaltem Wasser abspülen, trockentupfen, die Blättchen von den Stengeln zupfen und fein hacken. Die gehackte Petersilie und die Erbsen unter die Bratwurstmasse mischen und mit Salz, Pfeffer und Majoran abschmecken. Die Kohlrabi damit füllen. Die Deckel darauflegen und die gefüllten Kohlrabi in der Brühe nochmals etwa 20 Minuten garen. Die Kohlrabiwürfel in den letzten 10 Minuten zufügen und mitgaren. Dazu Petersilienkartoffeln reichen.
Pro Person: ca. 490 kcal (2060 kJ). Zubereitungszeit: ca. 1 Stunde.

Kokos-Reis-Pudding

Zutaten *(für 4 Personen):*
750 ml (¾ l) Milch,
1 Prise Salz,
180 g Milchreis,
75 g Butter oder Margarine,
150 g Zucker,
3 Eigelb,
abgeriebene Schale 1 unbehandelten Zitrone,
3 Eßlöffel Rum (3 cl),
100 g Kokosraspel,
3 Eiweiß.
Außerdem:
etwas Margarine,
1 Eßlöffel Kokosraspel (10 g),
evtl. Minze zum Garnieren.

Zubereitung: Milch und Salz in einem Topf zum Kochen bringen. Den Reis waschen, in die heiße Milch geben und etwa 30 Minuten bei geringer Hitze darin quellen lassen.
Inzwischen Fett, Zucker, Eigelb, Zitronenschale und Rum schaumig schlagen und die Kokosraspel unterheben. Den abgekühlten Milchreis zufügen. Das Eiweiß steif schlagen und unterheben. Die Masse in eine gefettete, mit Kokosraspel ausgestreute Puddingform füllen, verschließen und den Pudding im Wasserbad etwa 1 Stunde garen. Nach Belieben mit Minze und gerösteten Kokosraspel garniert servieren. Dazu frische Erdbeeren reichen. Pro Person: ca. 840 kcal (3530 kJ). Zubereitungszeit: ca. 2 Stunden.

Hähnchensuppe mit Sojasauce und Krabben

Zutaten *(für 4 Personen):*
500 g Hähnchenbrustfilet,
1 Eßlöffel Butterschmalz (20 g),
2 l Hühnerbrühe (Instant),
150 g Möhren,
300 g Kartoffeln,
150 g Porree,
200 g weißer Rettich,
10 Eßlöffel Sojasauce (100 ml),
Salz, Pfeffer,
Zucker,
150 g Tiefseekrabbenfleisch,
1 Teelöffel grüner Pfeffer.

Zubereitung: Das Hähnchenfleisch unter fließendem kaltem Wasser abspülen, trockentupfen und in Würfel schneiden. Das Butterschmalz in einem Topf erhitzen und die Fleischwürfel darin von allen Seiten goldbraun anbraten. Die Hühnerbrühe angießen und das Fleisch zugedeckt etwa 15 Minuten darin garen.
Inzwischen Möhren putzen, schrappen oder schälen, Kartoffeln schälen und beide Zutaten waschen und in feine Streifen schneiden. Vom Porree den Wurzelansatz und etwa ein Drittel Grün abschneiden. Die Stangen der Länge nach einritzen und unter fließendem Wasser gründlich waschen. Die Porreestangen in Ringe schneiden. Den Rettich schälen, waschen und in Scheiben schneiden. Das vorbereitete Gemüse in den letzten 5–7 Minuten zum Fleisch in den Topf geben und mitgaren. Die Suppe mit Sojasauce, Salz, Pfeffer und Zucker abschmecken. Zuletzt Krabbenfleisch und grünen Pfeffer zufügen und kurz miterhitzen.
Pro Person: ca. 340 kcal (1430 kJ). Zubereitungszeit: ca. 30 Minuten.

Kalbsbrust

Zutaten *(für 4 Personen):*
1 kg magere Kalbsbrust (ohne Knochen),
2 Eßlöffel Speiseöl (20 g),
Salz, Pfeffer,
750 ml (¾ l) Wasser,
125 ml (⅛ l) Weißwein,
100 g Zwiebeln,
2 Gewürznelken,
1 Lorbeerblatt,
250 g Möhren,
175 g kleine Champignons,
1 Bund Frühlingszwiebeln,
3 Eßlöffel Weizenmehl (30 g),
1–2 Eßlöffel Butter (30 g),
3 Eigelb,
100 ml Schlagsahne.

Zubereitung: Die Kalbsbrust abspülen, trockentupfen und in ca. 2 cm dicke Scheiben schneiden. Öl in einem Topf erhitzen und die Fleischscheiben darin von beiden Seiten goldbraun anbraten. Mit Salz und Pfeffer würzen und Wasser und Wein angießen. Die Zwiebeln abziehen und in Würfel schneiden. Zwiebelwürfel, Gewürznelken und Lorbeerblatt zum Fleisch geben und alles etwa 90 Minuten kochen lassen.
Möhren putzen, schrappen und dabei etwas Grün stehen lassen, waschen. Champignons putzen und waschen. Von den Frühlingszwiebeln den Wurzelansatz und etwa ein Drittel Grün abschneiden und die Zwiebeln waschen. Vorbereitete Gemüse etwa 10 Minuten vor Ende der Garzeit zum Fleisch geben.
Danach die Brühe durch ein Sieb abgießen und zum Kochen bringen. Mehl und Butter verkneten und flöckchenweise unter Rühren in die kochende Brühe geben. 3 Minuten kochen lassen. Eigelb und Sahne verquirlen und die Sauce damit legieren. Fleisch, Gemüse und Sauce anrichten und nach Belieben mit Kerbel garnieren.
Pro Person: ca. 600 kcal (2520 kJ). Zubereitungszeit: ca. 110 Minuten.

Hühnersuppe mit Grießklößchen

Zutaten *(für 4 Personen):*
150 g Hähnchenbrustfilet,
1 Eßlöffel Margarine (20 g),
1 Staudensellerie (250 g),
1 grüne Paprikaschote (150 g),
750 ml (¾ l) Hühnerbrühe (Instant),
300 g tiefgefrorene Erbsen,
Salz, Pfeffer.

Für die Klößchen:
125 ml (⅛ l) Wasser,
1 Eßlöffel Butter (20 g),
Salz, geriebene Muskatnuß,
65 g Grieß, 1 Ei.

Zubereitung: Das Fleisch unter fließendem kaltem Wasser abspülen, trockentupfen und in Streifen schneiden. Margarine in einem Topf erhitzen und die Fleischstreifen darin von allen Seiten goldbraun anbraten. Vom Staudensellerie den Wurzelansatz und die grünen Blätter abschneiden. Die Paprikaschote halbieren, entstielen, entkernen, die weißen Scheidewände entfernen. Staudensellerie und Paprikaschote waschen und beides in Stücke schneiden. Zum Fleisch geben und mit der Hühnerbrühe ablöschen. Alles zugedeckt etwa 15 Minuten dünsten.
Inzwischen für die Klößchen Wasser, Butter, Salz und Muskat in einen Topf geben und zum Kochen bringen. Den Grieß unter Rühren einstreuen. Die Masse etwas abkühlen lassen und das Ei unterrühren. Nun mit zwei Eßlöffeln Klößchen abstechen und diese in siedendem leicht gesalzenem Wasser etwa 10 Minuten ziehen lassen. Die Erbsen in den letzten 5 Minuten der Garzeit in die Suppe geben, und die Suppe mit Salz und Pfeffer abschmecken. Die Klößchen abtropfen, in die Suppe geben. Dazu Roggenbrötchen reichen.
Pro Person: ca. 250 kcal (1050 kJ). Zubereitungszeit: ca. 1 Stunde.

Geschmorte Rindersteaks

Zutaten *(für 4 Personen):*
4 Rindersteaks (à 150 g, aus der Hüfte),
300 g Zwiebeln,
200 g Auberginen,
Saft 1 Zitrone,
250 g Tomaten,
4 Eßlöffel Speiseöl (40 g),
3 Eßlöffel eingelegter grüner Pfeffer,
1 Lorbeerblatt,
Piment, Pfeffer,
1 Knoblauchzehe,
125 ml (⅛ l) Hühnerbrühe (Instant).

Zubereitung: Die Steaks unter fließendem kaltem Wasser abspülen und trockentupfen. Die Zwiebeln abziehen und in Würfel schneiden. Die Auberginen waschen, den Blütenansatz abschneiden und die Auberginen in Scheiben schneiden. Die Auberginenscheiben sofort mit Zitronensaft beträufeln. Die Tomaten kurz in kochendes Wasser geben, im kaltem Wasser abschrecken, enthäuten, die Stengelansätze herausschneiden und die Tomaten vierteln.
Nun Öl in einer großen Pfanne erhitzen und die Steaks darin von beiden Seiten anbraten. Grünen Pfeffer, Lorbeerblatt, Piment und Pfeffer zufügen. Die Knoblauchzehe abziehen, durch die Knoblauchpresse drücken und ebenfalls zu den Steaks geben. Die Hühnerbrühe angießen und alles zugedeckt etwa 1 Stunde schmoren lassen. Das vorbereitete Gemüse in den letzten 10 Minuten der Garzeit zufügen und mitschmoren. Dazu Reis reichen.
Pro Person: ca. 370 kcal (1550 kJ). Zubereitungszeit: ca. 80 Minuten.

Fischragout mit Seelachs

Zutaten *(für 4 Personen):*
300 g Seelachsfilet,
Zitronensaft,
200 g Mohren,
1 Bund Frühlingszwiebeln (150 g),
je 1 rote und 1 gelbe Paprikaschote (300 g),
1 Eßlöffel Butter (20 g),
250 ml (¼ l) Fleischbrühe (Instant),
250 ml (¼ l) Weißwein,
125 ml (⅛ l) Schlagsahne,
Salz, Pfeffer,
4 Eßlöffel heller Saucenbinder,
1 Bund Dill.

Zubereitung: Das Fischfilet abspülen, trockentupfen und mit Zitronensaft beträufeln. Möhren putzen, waschen und in Würfel schneiden. Von den Frühlingszwiebeln den Wurzelansatz und etwa ein Drittel Grün abschneiden. Frühlingszwiebeln waschen und in Stücke schneiden. Paprikaschote halbieren, entstielen, entkernen und die Paprikaschote waschen. Ebenfalls in Stücke schneiden.
Nun das Fett in einem Topf erhitzen und das vorbereitete Gemüse darin andünsten. Fleischbrühe, Weißwein und Sahne zum Gemüse gießen und alles zugedeckt etwa 5 Minuten dünsten. Nun das Fischfilet in Würfel schneiden und auf das Gemüse geben. Mit Salz und Pfeffer würzen und alles nochmals zugedeckt etwa 10 Minuten ziehen lassen.
Danach den Saucenbinder einstreuen und das Ragout damit binden. Den Dill unter fließendem kaltem Wasser abspülen, trockentupfen, von den Stengeln zupfen und das Ragout mit Dill garniert anrichten. Dazu Reis reichen.
Pro Person: ca. 320 kcal (1340 kJ). Zubereitungszeit: ca. 40 Minuten.

Gemüsegratin

Zutaten *(für 4 Personen):*
150 g Naturreis (Rohgewicht),
250 g Kohlrabi,
250 g Möhren,
250 g Champignons,
1 Eßlöffel Butter oder Margarine (20 g),
1 Bund glatte Petersilie.
Für den Guß:
250 ml (¼ l) Milch,
4 Eier,
200 g geriebener Gouda Käse,
Salz, Pfeffer,
geriebene Muskatnuß.

Zubereitung: Den Reis waschen und nach Packungsanweisung kochen.
Den Kohlrabi schälen und die Möhren putzen und schrappen oder schälen. Beide Zutaten waschen. Den Kohlrabi in Scheiben und die Möhren in breite Stifte schneiden. Die Champignons putzen, waschen und halbieren.
Möhren und Kohlrabi in leicht gesalzenem Wasser etwa 5–10 Minuten blanchieren. Dann gut abtropfen lassen. Das Fett in einer Pfanne erhitzen und die Champignons darin andünsten. Dann Kohlrabischeiben, Möhrenstifte, Champignons und Reis mischen und in eine gefettete Auflaufform füllen.
Die Petersilie unter fließendem kaltem Wasser abspülen, trockentupfen, die Blättchen von den Stengeln zupfen und das Gemüse damit bestreuen.
Für den Guß Milch, Eier und Käse verquirlen und mit Salz, Pfeffer und Muskat abschmecken. Den Guß über das Gemüse gießen und im Backofen bei 220 Grad etwa 40 Minuten backen.
Pro Person: ca. 580 kcal (2440 kJ). Zubereitungszeit: ca. 70 Minuten.

Sojabratlinge mit Käse

Zutaten *(für 4 Personen):*
150 g Sojagranulat,
500 ml (½ l) Gemüse-Hefebrühe,
1 Zwiebel (40 g),
1 Knoblauchzehe,
5 Eßlöffel Vollkornsemmelmehl (50 g),
3 Eßlöffel Sojamehl (30 g),
3 Eier,
1 Bund Petersilie,
Salz, Pfeffer,
100 g Cheddar Käse,
4 Eßlöffel Sojaöl (40 g).

Zubereitung: Sojagranulat in die Hefebrühe einrühren und etwa 20 Minuten quellen lassen. Inzwischen Zwiebel und Knoblauchzehe abziehen und in Würfel schneiden.

Sojagranulat ausdrücken. Zwiebel- und Knoblauchwürfel, Semmelmehl, Sojamehl und Eier unterrühren. Die Petersilie unter fließendem kaltem Wasser abspülen, trockentupfen, die Blättchen von den Stengeln zupfen und hakken. (Einige Blätter zum Garnieron beiseite stellen.) Die gehackte Petersilie unter die Sojamasse kneten und diese mit Salz und Pfeffer abschmecken. Den Käse in Würfel schneiden. Aus der Masse 12 Bratlinge formen und diese mit Käsewürfeln füllen. Das Sojaöl in einer Pfanne erhitzen und die Bratlinge darin von jeder Seite etwa 5 Minuten braten. Mit Petersilienblättern garniert anrichten. Dazu gemischten Salat reichen.

Pro Person: ca. 520 kcal (2180 kJ). Zubereitungszeit: ca. 40 Minuten.

Gemüsesalat mit Reis

Zutaten *(für 4 Personen):*
50 g Langkornreis (Rohgewicht),
1 Salatgurke (250 g),
1 rote Paprikaschote (150 g),
2 Tomaten (200 g),
100 g Schafskäse,
1 Zwiebel (40 g),
50 g schwarze Oliven ohne Stein.
Für die Marinade:
4 Eßlöffel Olivenöl (40 g),
2 Eßlöffel Zitronensaft,
Salz, Pfeffer,
evtl. groben Pfeffer zum Bestreuen und Salatblätter zum Anrichten.

Zubereitung: Den Reis waschen und nach Packungsanweisung garen. Danach abkühlen lassen.
Inzwischen die Salatgurke schälen und in Scheiben schneiden. Die Paprikaschote halbieren, entstielen, entkernen, die weißen Scheidewände entfernen und die Schote waschen. Dann in Streifen schneiden. Die Tomaten nach Belieben abziehen und vierteln. Den Schafskäse würfeln. Die Zwiebel abziehen und fein würfeln. Die Oliven abtropfen lassen.
Für die Marinade Olivenöl und Zitronensaft verrühren und mit Salz und Pfeffer abschmecken. Die Marinade über die vermischten Salatzutaten gießen und den Salat gut durchziehen lassen. Nach Belieben mit grobem Pfeffer bestreut mit Salatblättern anrichten. Dazu Bauernbrot reichen.
Pro Person: ca. 310 kcal (1300 kJ). Zubereitungszeit: ca. 40 Minuten.

Putenschnitzel mit Salbei und Schinken

Zutaten *(für 4 Personen):*
8 Scheiben Putenbrustfilet (à ca. 60 g),
Pfeffer,
8 Salbeiblätter,
8 Scheiben roher Schinken (à 10 g),
3 Eßlöffel Speiseöl (30 g),
Salz,
300 ml Schlagsahne,
4 Eßlöffel Marsala-Wein (4 cl).
Außerdem:
Holzspießchen.

Zubereitung: Das Putenbrustfilet unter fließendem kaltem Wasser abspülen und trockentupfen. Das Fleisch pfeffern und jeweils mit einem gewaschenen und trokkengetupften Salbeiblättchen und einer Scheibe Schinken belegen. Salbei und Schinken mit einem Holzspießchen feststecken.
Das Öl in einer Pfanne erhitzen und die Filets darin von jeder Seite etwa 2 Minuten braten. Salzen. Das Fleisch herausnehmen und warmstellen. Die Holzspießchen entfernen. Den Bratensatz mit Sahne und Marsala ablöschen und kurz einkochen lassen. Die Sauce abschmekken und zu den Putenschnitzeln servieren. Dazu Blattspinat und Baguette reichen.
Pro Person: ca. 530 kcal (2230 kJ). Zubereitungszeit: ca. 20 Minuten.

JUNI

In diesen Wochen empfehlen wir Ihnen eine besondere Delikatesse: die feinen, kleinen Zuckererbsen. Sie werden nicht ausgepalt, sondern mit den Schoten zubereitet und gegessen. Denn sie sind sehr zart und saftig. Köstlich schmecken die Schoten, wenn sie in Butter gedünstet und als Gemüsebeilage serviert werden. Auch Kohlrabi, neue Kartoffeln und frischer Matjes sorgen im Juni für eine abwechslungsreiche Küche.

Gefüllte Maultaschen

Zutaten *(für 4 Personen):*
200 g Weizenmehl,
2 Eier,
1 Prise Salz,
2 Eßlöffel Wasser,
1 Dose Aprikosen (Abtropfgewicht 500 g),
2 Eßlöffel Aprikosenmarmelade (ca. 40 g).
Außerdem:
2 Eiweiß,
Salzwasser,
2–3 Eßlöffel Butter (50 g),
100 g Haselnußblättchen,
Puderzucker.

Zubereitung: Mehl, Eier, Salz und Wasser in eine Schüssel geben und mit den Knethaken des Handrührgerätes zu einem glatten Nudelteig verkneten. Den Teig etwa 30 Minuten ruhen lassen.
Die Aprikosen abtropfen lassen, grob hacken (einige zum Garnieren ganz zurücklassen). Aprikosen und Aprikosenmarmelade vermischen. Den Nudelteig auf einer bemehlten Arbeitsfläche messerrückendick ausrollen. Daraus Quadrate von 10×10 cm Größe ausschneiden. Auf jedes Quadrat etwas Aprikosenfüllung geben und die Teigränder mit Eiweiß bestreichen. Den Teig dann übereck zusammenschlagen und die Ränder gut festdrükken. Die Maultaschen in siedendem, leicht gesalzenem Wasser ziehen lassen, bis sie an der Oberfläche schwimmen.
Die Butter erhitzen und die Haselnußblättchen darin anrösten. Die Maultaschen abtropfen lassen, mit Haselnußbutter anrichten und mit Puderzucker bestäubt servieren. Mit den restlichen Aprikosenhälften garnieren.
Pro Person: ca. 730 kcal (3070 kJ). Zubereitungszeit: ca. 40 Minuten.

Roulade mit Kirschwasser

Zutaten *(für 4 Personen):*
4 Rinderrouladen (à 130 g),
Pfeffer,
4 Scheiben roher Schinken (à 40 g),
2 Zwiebeln (100 g),
150 g Champignons,
100 g Langkornreis (Rohgewicht),
5 Eßlöffel Kirschwasser (5 cl),
30 g Plattenfett,
500 ml (½ l) Fleischbrühe (Instant),
3 Eßlöffel dunkler Saucenbinder,
125 ml (⅛ l) Schlagsahne,
2 Eßlöffel Kirschlikör (2 cl).
Außerdem:
Holzspießchen.

Zubereitung: Das Rouladenfleisch unter fließendem kaltem Wasser abspülen, trockentupfen und pfeffern. Jede Roulade mit einer Scheibe Schinken belegen. Die Zwiebeln abziehen, in Würfel schneiden und die Zwiebelwürfel auf die Rouladen verteilen. Die Champignons waschen, putzen, und grob hakken. Die Champignons und den rohen Reis ebenfalls auf die Rouladen verteilen. Mit dem Kirschwasser beträufeln, die Rouladen fest aufrollen und mit einem Holzspießchen feststecken.
Das Fett in einer Pfanne erhitzen und die Rouladen von allen Seiten darin braun anbraten. Brühe angießen. Die Rouladen zugedeckt etwa 1 Stunde schmoren lassen. Danach herausnehmen und warmstellen. Den Bratenfond mit Saucenbinder binden, mit Sahne verfeinern und mit Likör abschmecken. Sauce und Rouladen anrichten. Dazu Salzkartoffeln und gemischten Salat reichen.
Pro Person: ca. 680 kcal (2860 kJ). Zubereitungszeit: ca. 1 ½ Stunden.

Pochierte Eier mit Kräutervinaigrette und Zunge

Zutaten *(für 4 Personen):*
1 l Wasser,
1 Eßlöffel Essig,
8 Eier,
200 g geräucherte Rinderzunge (Aufschnitt).
Für die Sauce:
2 Zwiebeln (100 g),
1 Bund Petersilie,
1 Bund Kerbel,
1 Bund Dill,
3 kleine Pfeffergurken,
1 hartgekochtes Ei,
125 ml (⅛ l) Speiseöl,
⅛ l Essig, Salz, Pfeffer.

Zubereitung: Zuerst für die Sauce die Zwiebeln abziehen und sehr fein würfeln. Petersilie, Kerbel und Dill unter fließendem kaltem Wasser abspülen, trockentupfen, die Blättchen von den Stielen zupfen und hacken. Die Pfeffergurken ebenfalls hacken. Das Ei pellen und fein würfeln. Alle Zutaten mischen. Essig und Öl zufügen und die Sauce mit Salz und Pfeffer abschmecken.
Nun Wasser und Essig zum Kochen bringen. Die Eier einzeln in einer Tasse aufschlagen und in das siedende Essigwasser gleiten lassen. Mit einem Löffel das Eiweiß über das Eigelb ziehen. Nach ca. 4 Minuten die Eier mit einer Schaumkelle herausnehmen (das Dotter soll weich bleiben) und kurz in kaltes Wasser tauchen. Eier jeweils auf einer Scheibe Zunge in der Sauce anrichten. Die restliche Zunge in Streifen schneiden und die Eier damit garnieren. Dazu gebackene Kartoffeln reichen.
Pro Person: ca. 630 kcal (2650 kJ). Zubereitungszeit: ca. 40 Minuten.

Warmer Hefekuchen mit Rhabarber

Zutaten *(für 4 Personen):*
Für den Teig:
400 g Weizenmehl,
1 Päckchen Trockenbackhefe,
3 Eßlöffel Zucker (30 g),
1 Prise Salz,
1 Ei,
375 ml (3/8 l) lauwarme Milch,
4 Eßlöffel Butter oder Margarine (80 g).
Außerdem:
500 g Rhabarber,
80 g Zucker,
1 Eßlöffel Butter (20 g).

Zubereitung: Für den Teig Mehl, Trockenbackhefe, Zukker, Salz, Ei, lauwarme Milch und das Fett in eine Schüssel geben und alles mit den Knethaken des Handrührgerätes zu einem glatten Teig verkneten, bis er sich vom Schüsselrand löst. Den Teig an einem warmen Ort gehen lassen, bis er sich etwa verdoppelt hat.

Inzwischen den Rhabarber waschen und die Enden der Stangen abschneiden. Nun den Teig auf einer bemehlten Arbeitsfläche zu einem Quadrat von 30×30 cm Größe ausrollen. Eine Rhabarberstange an den Rand legen, mit einem Eßlöffel Zucker bestreuen und etwas Teig darüberrollen. Die nächste Rhabarberstange darauflegen, mit Zucker bestreuen und wieder den Teig etwas aufrollen. So fortfahren, bis der Rhabarber verbraucht ist. Die Rolle in eine gefettete Kastenform (30 cm lang) legen und mit flüssiger Butter bestreichen. Den Hefekuchen nochmals gehen lassen und dann im vorgeheizten Backofen bei 200 Grad etwa 20 Minuten backen. Nach Belieben mit Puderzucker bestäuben. Dazu Vanillesauce reichen.

Pro Person: ca. 790 kcal (3320 kJ). Zubereitungszeit: ca. 90 Minuten.

Fruchtige Gemüsesuppe

Zutaten *(für 4 Personen):*
1 kg Kalbsknochen (vom Schlachter zersägen lassen),
1 Bund Suppengrün,
1 ¼ l Wasser,
Salz, Pfeffer,
750 g Porree,
250 g Möhren,
1 Mangofrucht (ca. 300 g),
250 ml (¼ l) Weißwein,
1 Becher Crème double (125 g),
1 Päckchen Safranfäden,
Currypulver,
200 g Krabbenfleisch,
1 Bund Kerbel.

Zubereitung: Kalbsknochen waschen. Suppengrün putzen, waschen und in Stücke schneiden. Wasser, Salz, Pfeffer, Kalbsknochen und Suppengrün zum Kochen bringen und etwa eine Stunde im offenen Topf köcheln lassen, zwischendurch abschäumen.
Vom Porree den Wurzelansatz und etwa ein Drittel Grün abschneiden, die Stangen der Länge nach einritzen und waschen. Die Möhren putzen, schrappen oder schälen und waschen. Porree und Möhren in Stücke schneiden.
Fleischbrühe durchsieben, Gemüse darin etwa 10 Minuten garen. Mangofrucht schälen, vom Stein lösen und das Fruchtfleisch in Spalten schneiden.
Mango, Weißwein, Crème double, Safran und Curry in die Suppe geben. Die Suppe heiß werden lassen und abschmecken. Zuletzt das Krabbenfleisch zufügen und in der Suppe erwärmen. Den Kerbel unter fließendem kaltem Wasser abspülen, die Blättchen von den Stielen zupfen und trockentupfen. Suppe abschmecken und mit Kerbel bestreut anrichten. Dazu Baguette reichen.
Pro Person: ca. 310 kcal (1300 kJ). Zubereitungszeit: ca. 80 Minuten.

Koteletts mit Meerrettich-sauce

Zutaten *(für 4 Personen):*
4 Schweinekoteletts (à 200 g),
Salz, Pfeffer,
1 Würfel Plattenfett (25 g).

Für die Meerrettichsauce:
1 Becher Crème double (125 g),
1 Becher Magermilchjoghurt (150 g),
3 Teelöffel geriebener Meerrettich (aus dem Glas),
Zitronensaft,
Salz.
Außerdem:
150 g Preiselbeerenkompott.

Zubereitung: Zuerst für die Sauce Crème double, Joghurt und Meerrettich verrühren und die Sauce mit Zitronensaft und Salz abschmecken.
Die Schweinekoteletts unter fließendem kaltem Wasser abspülen, trockentupfen und mit Salz und Pfeffer würzen.
Das Plattenfett in einer Pfanne erhitzen und die Koteletts darin von jeder Seite etwa 5 Minuten goldbraun braten.
Koteletts, Meerrettichsauce und Preiselbeerenkompott anrichten. Dazu Friséesalat und Salzkartoffeln reichen.
Pro Person: ca. 820 kcal (3440 kJ). Zubereitungszeit: ca. 20 Minuten.

Gefüllte Tomaten

Ohne Fleisch

Zutaten *(für 4 Personen):*
100 g Weizenkörner,
200 ml Gemüsebrühe,
4 Fleischtomaten (600 g),
2 Zwiebeln (100 g),
2 Knoblauchzehen,
1–2 Eßlöffel Butter oder Margarine (30 g),
1 Bund Petersilie,
100 g geriebener Emmentaler Käse,
Salz, Pfeffer.

Zubereitung: Die Weizenkörner waschen und über Nacht in der Brühe einweichen. Dann eine Stunde bei geringer Hitze garen.
Die Tomaten waschen und einen Deckel abschneiden. Die Tomaten aushöhlen. Zwiebeln und Knoblauchzehen abziehen und fein hacken. Das Fett in einer Pfanne erhitzen und gehackte Zwiebeln und Knoblauchzehen darin anbraten. Die Petersilie unter fließendem kaltem Wasser abspülen, die Blättchen von den Stielen zupfen und hakken.
Nun die gut abgetropften Körner, Petersilie und Käse zu den Zwiebeln geben und alles vermischen. Mit Salz und Pfeffer abschmecken und die Tomaten damit füllen. Die Deckel auf die Tomaten legen. Das Tomatenfruchtfleisch würfeln, würzen und in eine gefettete, feuerfeste Form geben. Die Tomaten daraufsetzen und im Backofen bei 200 Grad etwa 20 Minuten garen. Dazu Bauernbrot reichen.
Pro Person: ca. 320 kcal (1340 kJ). Zubereitungszeit: ca. 80 Minuten (ohne Einweichzeit).

Würziger Kalbfleischtopf

Zutaten *(für 4 Personen):*
600 g Kalbfleisch aus der Keule (ohne Knochen),
4 Eßlöffel Speiseöl (40 g),
5–6 Schalotten (80 g),
3 Eßlöffel Weizenmehl (30 g),
500 ml (½ l) Fleischbrühe (Instant),
1 Eßlöffel Tomatenmark,
Salz, Pfeffer,
geriebene Muskatnuß,
2 Lorbeerblätter,
150 g Porree,
250 g Möhren,
1 Becher Crème fraîche (150 g).

Zubereitung: Das Kalbfleisch unter fließendem kaltem Wasser abspülen, trockentupfen und in Würfel schneiden. Das Öl in einem Topf erhitzen und die Fleischwürfel darin von allen Seiten goldbraun anbraten. Die Schalotten abziehen und zufügen. Das Mehl darüberstäuben und leicht bräunen.
Mit Brühe ablöschen. Tomatenmark, Salz, Pfeffer, Muskat und Lorbeerblätter zufügen und alles zugedeckt etwa 50 Minuten schmoren.
Inzwischen vom Porree den Wurzelansatz und etwa ein Drittel Grün abschneiden. Die Stangen der Länge nach einritzen und unter fließendem Wasser gründlich waschen. Die Möhren putzen, schrappen oder schälen und waschen. Porree und Möhren in Stücke schneiden. Das Gemüse in den letzten 10 Minuten zum Fleisch geben und mitgaren. Den Kalbfleischtopf abschmecken und mit Crème fraîche verfeinert servieren.
Pro Person: ca. 540 kcal (2270 kJ). Zubereitungszeit: ca. 75 Minuten.

Salat mit Ei und Schinken

Zutaten *(für 4 Personen):*
1 Kopf Friséesalat,
500 g Tomaten,
200 g Sojakeime,
125 g Lachsschinken (in Scheiben geschnitten),
6 Eier.

Für die Marinade:
2 Eßlöffel Sonnenblumenöl (20 g),
Salz, Pfeffer,
1 Teelöffel Senf,
4 Eßlöffel Weinessig.

Zubereitung: Den Friséesalat putzen, gründlich waschen und in mundgerechte Stücke zupfen. Tomaten und Sojakeime waschen. Die Tomaten in Scheiben schneiden und die Sojakeime gut abtropfen lassen.
Die Schinkenscheiben aufrollen und mit vorbereitetem Salat anrichten. Die Eier hart kochen, abschrecken, pellen und halbieren. Auf dem Salat anrichten.
Für die Marinade Sonnenblumenöl, Salz, Pfeffer, Senf und Weinessig verrühren. Die Marinade abschmecken und über den Salat träufeln. Dazu Roggenbrot reichen.
Pro Person: ca. 290 kcal (1220 kJ). Zubereitungszeit: ca. 30 Minuten.

Blattsalat richtig aufbewahrt

Am besten sollten Sie Salat gleich am Einkaufstag verwenden. Wenn das aber mal nicht möglich ist, dann schlagen Sie ihn in ein feuchtes Geschirrtuch und legen ihn in das Gemüsefach des Kühlschrankes.

Schnell zubereitet

Pellkartoffeln mit Krabben und Avocadodip

Zutaten *(für 4 Personen):*
1 kg Kartoffeln.
Für den Dip:
1 reife Avocado (150 g),
2 Teelöffel Zitronensaft,
150 ml Schlagsahne,
1 Beet Kresse,
Salz, Pfeffer.

Außerdem:
150 g Tiefseekrabbenfleisch,
Zitronensaft,
Pfeffer.

Zubereitung: Die Kartoffeln waschen und in leicht gesalzenem Wasser ca. 25 Minuten kochen. Inzwischen für den Dip die Avocado schälen, den Stein entfernen und das Fruchtfleisch pürieren. Mit Zitronensaft beträufeln. Sahne und ½ Beet gewaschene und gehackte Kresse verrühren. Den Dip mit Salz und Pfeffer abschmecken.
Das Krabbenfleisch mit Zitronensaft und Pfeffer marinieren.
Die Kartoffeln abgießen und als Pellkartoffeln zum Avocadodip und Krabbenfleisch reichen. Mit Kresse garniert anrichten.
Pro Person: ca. 400 kcal (1680 kJ). Zubereitungszeit: ca. 40 Minuten.

So bewahren Sie Avocados richtig auf

Reife Früchte im Gemüsefach des Kühlschranks aufbewahren. Harte Avocados reifen bei Zimmertemperatur in einer Papiertüte oder in Zeitungspapier verpackt innerhalb von 1–3 Tagen nach. Die Schale muß auf Druck nachgeben.

Kohlrabi-Eintopf mit Kasseler

Zutaten *(für 4 Personen):*
500 g Kasseler (ohne Knochen),
500 ml (½ l) Wasser,
750 g Kohlrabi,
250 g Möhren,
250 g Kartoffeln,
1 Apfel (200 g),
Saft und abgeriebene Schale ½ unbehandelten Zitrone,
½ Bund Zitronenmelisse.

Zubereitung: Das Fleisch unter fließendem kaltem Wasser abspülen. Das Wasser zum Kochen bringen. Das Fleisch hineingeben und etwa 20 Minuten darin kochen.
Inzwischen Kohlrabi, Möhren und Kartoffeln schälen, waschen und in Stücke schneiden. Den Apfel schälen, vierteln, das Kerngehäuse entfernen und Apfelviertel ebenfalls in Stücke schneiden. Das vorbereitete Gemüse und den Apfel in den letzten 10 Minuten der Garzeit zum Fleisch geben und mitgaren. Den Eintopf mit Zitronenschale und Saft abschmecken.
Die Zitronenmelisse unter fließendem kaltem Wasser abspülen, trockentupfen, die Blättchen von den Stielen zupfen und fein schneiden. Das Fleisch aus dem Topf nehmen und in Scheiben schneiden. Dann die Fleischscheiben auf dem Eintopf anrichten und mit Zitronenmelisse bestreut servieren.
Pro Person: ca. 530 kcal (2230 kJ). Zubereitungszeit: ca. 40 Minuten.

Matjes in Sahnesauce

Zutaten *(für 4 Personen):*
4 Matjesfilets (à 250 g).
Für die Sauce:
1 Becher Schlagsahne (250 g),
2 Becher Magermilchjoghurt (à 150 g),
4 Eßlöffel Gurkenwasser,
1 Eßlöffel Zitronensaft,
100 g rote Zwiebeln,
100 g Gewürzgurken,
2 säuerliche Äpfel (ca. 250 g),
1 Eßlöffel Kapern,
Salz, Pfeffer,
1 Prise Zucker,
evtl. Petersilie zum Garnieren.

Zubereitung: Zuerst für die Sauce Schlagsahne, Joghurt, Gurkenwasser und Zitronensaft verrühren. Die Zwiebeln abziehen und in Ringe schneiden. Die Gurken in Scheiben schneiden. Die Äpfel gründlich abreiben, waschen und vierteln. Das Kerngehäuse herausschneiden und die Viertel in dünne Spalten schneiden. Zwiebelringe, Gurkenscheiben, Apfelspalten und Kapern unter die Sauce heben und mit Salz, Pfeffer und Zucker abschmecken. Matjes waschen und eventuell wässern. Dann Matjes und Sahnesauce anrichten und nach Belieben mit Petersilie garnieren. Dazu Pellkartoffeln reichen.
Pro Person: ca. 630 kcal (2650 kJ). Zubereitungszeit: ca. 30 Minuten.

Überbackene Zucchini

Zutaten *(für 4 Personen):*
4 Zucchini (à 200 g),
125 g Tofu
(Sojabohnenquark),
100 g Cheddar Käse,
2 Möhren (100 g),
50 g tiefgefrorene Erbsen,
1 Bund Petersilie,
1 Becher Crème fraîche
(150 g),
1 Eigelb,
Salz, Pfeffer.

Zubereitung: Die Zucchini waschen und den Blütenansatz abschneiden. Die Zucchini in 5 cm dicke Scheiben schneiden und in leicht gesalzenem Wasser etwa 5 Minuten kochen.
Eine feuerfeste Form fetten und die Zucchinischeiben hineingeben. Tofu und Käse würfeln. Die Möhren putzen, schrappen oder schälen, waschen und in Stifte schneiden. Erbsen und Möhren in kochendem, leicht gesalzenem Wasser etwa 2 Minuten blanchieren. Die Petersilie unter fließendem kaltem Wasser abspülen, trockentupfen und die Blättchen von den Stielen zupfen. Die Petersilie hacken und Crème fraîche und Eigelb unterrühren. Mit Salz und Pfeffer abschmecken.
Nun Tofu- und Käsewürfel, Möhren und Erbsen über die Zucchini geben und das Crème fraîche-Gemisch darübergießen. Im Backofen bei 200 Grad etwa 20 Minuten überbacken.
Pro Person: ca. 400 kcal (1680 kJ). Zubereitungszeit: ca. 50 Minuten.

Aus der Vollwertküche

Marinierter Schweinebraten mit Austernpilzen und Kartoffeln

Zutaten *(für 4 Personen):*
1 kg Schweinenacken.
Für die Marinade:
4 Knoblauchzehen,
½ Bund Salbei, Pfeffer,
100 ml Ananassaft,
125 ml (⅛ l) Weißwein.
Außerdem:
250 g Kartoffeln,
250 g Austernpilze,
½ Bund Salbei,
1 Becher Crème double (150 g), Salz, Pfeffer.

Zubereitung: Schweinenakken abspülen und trockentupfen. Die Knoblauchzehen abziehen und in Scheiben schneiden. Salbei abspülen, trockentupfen und in dünne Streifen schneiden. Knoblauch, Salbei, Pfeffer, Ananassaft und Wein verrühren und abschmecken. Die Marinade über das Fleisch gießen und über Nacht zugedeckt im Kühlschrank stehen lassen.
Danach den Braten salzen, in eine Fettfangschale geben und ein Drittel der Marinade angießen. Im Backofen bei 180 Grad etwa 60 Minuten braten. Nach und nach die restliche Marinade angießen. Kartoffeln schälen, waschen und in Stücke schneiden. Pilze putzen, waschen und ebenfalls in Stücke schneiden. Zum Fleisch geben und alles nochmal 30 Minuten weiterschmoren.
Das Fleisch herausnehmen und warmstellen. Salbei abspülen, trockentupfen und fein schneiden. Crème double zu dem Gemüse geben und mit Salbei, Salz und Pfeffer abschmecken. Fleisch und Gemüse anrichten.
Pro Person: ca. 1030 kcal (4330 kJ). Zubereitungszeit: ca. 100 Minuten (ohne Marinierzeit).

Kartoffel-Gemüse-Pfanne

Zutaten *(für 4 Personen):*
600 g kleine Kartoffeln,
300 g Möhren,
Salz,
300 g kleine Zwiebeln,
2–3 Eßlöffel Butter oder Margarine (50 g),
2 Eßlöffel Honig (40 g).

Zubereitung: Kartoffeln und Möhren schälen, waschen und in Stifte schneiden. In wenig, leicht gesalzenem Wasser etwa 10 Minuten vorkochen.
Die Zwiebeln abziehen. Das Fett in einer Pfanne erhitzen und die Zwiebeln darin 10 Minuten anbraten. Den Honig (siehe Tip) und das gut abgetropfte Gemüse dazugeben und mitbräunen. Dazu Kräuterquark reichen.
Pro Person: ca. 290 kcal (1220 kJ). Zubereitungszeit: ca. 30 Minuten.

Glänzend durch Honig

Durch die Hitze in der Pfanne karamelisiert der Honig. Dadurch bekommt das Gemüse einen schönen Glanz. Außerdem wird der Geschmack verbessert.

Ohne Fleisch

Spaghetti mit Basilikumsauce

Zutaten *(für 4 Personen):*
250 g Vollkornspaghetti.
Für das Pesto (Sauce):
2 Bund Basilikum,
1 Bund Petersilie,
2 Knoblauchzehen,
3–4 Eßlöffel geriebener Parmesan Käse (40 g),
4 Eßlöffel Pinienkerne (40 g),
5 Eßlöffel Olivenöl (50 g),
Pfeffer, Salz.
Für das Gemüse:
200 g Champignons,
1 Bund Frühlingszwiebeln,
150 g Tomaten,
1 Eßlöffel Margarine (20 g).

Zubereitung: Die Vollkornspaghetti nach Anweisung auf der Packung in Salzwasser kochen.
Für das Pesto Basilikum und Petersilie unter fließendem kaltem Wasser abspülen, trockentupfen und die Blättchen von den Stielen zupfen. Die abgezogenen Knoblauchzehen, den Parmesan Käse und die Pinienkerne, Öl und vorbereitete Kräuter in einen Mixer geben und pürieren. Das Pesto mit Pfeffer und Salz abschmecken.
Die Champignons putzen und waschen. Von den Frühlingszwiebeln den Wurzelansatz und etwa ein Drittel Grün abschneiden und die Zwiebeln gründlich waschen. Champignons und Zwiebeln in Stücke schneiden. Die Tomaten kurz in kochendes Wasser geben, in kaltem Wasser abschrekken und die Stengelansätze herausschneiden. Die Tomaten entkernen und in Stücke schneiden. Die Margarine in einer Pfanne erhitzen und das vorbereitete Gemüse darin etwa 3 Minuten dünsten.
Abgetropfte Spaghetti, Pesto und Gemüse auf einem Teller anrichten.
Pro Person: ca. 520 kcal (2180 kJ). Zubereitungszeit: ca. 40 Minuten.

Pikante Heferolle

Zutaten *(für 4 Personen):*
Für den Teig:
250 g Weizenmehl,
½ Päckchen Trockenbackhefe,
150–175 ml lauwarmes Wasser,
2 Eßlöffel Butter (40 g),
¼ Teelöffel Salz.
Für die Füllung:
750 g frischer Spinat,
1 Knoblauchzehe,
1 Zwiebel (40 g),
300 g Rinderhackfleisch,
1 kleines Ei,
Salz, Pfeffer,
1 Teelöffel Senf,
1 Teelöffel Tomatenketchup,
200 g Schafskäse.
Außerdem:
2 Eßlöffel helle Kürbiskerne.

Zubereitung: Mehl und Hefe mischen. Wasser, Butter und Salz zufügen und alles zu einem glatten Teig verkneten. Den Teig an einem warmen Ort gehen lassen, bis er sich etwa verdoppelt hat.
Für die Füllung Spinat verlesen, waschen und etwa 3 Minuten blanchieren. Spinat abtropfen lassen und gut ausdrücken. Knoblauchzehe und Zwiebel abziehen. Knoblauchzehe durch die Knoblauchpresse drücken und Zwiebel fein würfeln. Hackfleisch, Knoblauch, Zwiebelwürfel, Ei, Salz, Pfeffer, Senf und Ketchup verkneten.
Hefeteig auf einer bemehlten Arbeitsfläche zu einem Rechteck (30×40 cm) ausrollen. Fleischteig, Spinat und zerbröckelten Schafskäse daraufgeben und den Teig aufrollen. Die Oberfläche mit Wasser bestreichen und mit Kürbiskernen bestreuen. Die Hefeteigrolle nochmals etwa 30 Minuten gehen lassen. Im Backofen bei 200 Grad etwa 40 Minuten backen.
Pro Person: ca. 810 kcal (3400 kJ). Zubereitungszeit: ca. 80 Minuten.

Reisklößchen mit Himbeermark

Zutaten *(für 4 Personen):*
Für die Klöße:
200 g Rundkornreis,
2 Eßlöffel Butter oder Margarine (40 g),
1 l Buttermilch,
100 g Rosinen,
abgeriebene Schale 1 unbehandelten Zitrone,
40 g gehackte Walnüsse.
Für das Fruchtmark:
150 g Himbeeren,
1 Eßlöffel Honig.
Außerdem:
2 Kiwis (à 100 g),
evtl. etwas Zitronenschale und Minze zum Garnieren.

Zubereitung: Den Reis waschen und gut abtropfen lassen. Das Fett in einem Topf erhitzen und den Reis darin andünsten. Buttermilch, gewaschene Rosinen und Zitronenschale zufügen und alles zugedeckt bei geringer Hitze etwa 40 Minuten ausquellen lassen. Danach die Walnußkerne zufügen.
Für das Fruchtmark die Himbeeren waschen, verlesen und pürieren. Das Himbeermark mit Honig abschmekken.
Die Kiwis schälen und in Scheiben schneiden.
Aus dem abgekühlten Reis Klößchen formen und auf einen Teller geben. Mit Fruchtmark und Kiwischeiben garniert servieren. Nach Belieben mit Zitronenschale und Minze verzieren.
Pro Person: ca. 600 kcal (2520 kJ). Zubereitungszeit: ca. 1 Stunde.

Gemüse mit Walnußcreme

Zutaten *(für 4 Personen):*
1 Spitzkohl (500 g),
500 g Zuckerschoten,
250 g Champignons,
1 Eßlöffel Butter (20 g).

Für die Walnußcreme:
100 g Gouda Käse,
1 Becher Schlagsahne (250 g),
2 Eier,
50 g Walnußkerne,
2 Eßlöffel Vollkornsemmelmehl,
Salz, Pfeffer,
1 Knoblauchzehe.
Außerdem:
evtl. glatte Petersilie zum Garnieren.

Zubereitung: Den Spitzkohl vierteln, waschen und den Strunk herausschneiden. Den Kohl in mundgerechte Stücke schneiden. Die Zuckerschoten waschen und putzen. Kohl und Zuckerschoten in wenig, leicht gesalzenem Wasser etwa 5 Minuten dünsten. Inzwischen die Champignons waschen und putzen. Butter in einer Pfanne erhitzen und die Pilze darin etwa 5 Minuten dünsten.
Für die Sauce den Käse grob reiben. Dann Käse, Sahne, Eier, Walnußkerne, Semmelmehl, Salz, Pfeffer und abgezogene Knoblauchzehe in einen Mixer geben und pürieren. Zwei Tassen Gemüsewasser (etwa ¼ Liter) in einen Topf geben und das Püree unterrühren. Alles einmal aufkochen lassen. Sauce und Gemüse anrichten. Nach Belieben mit glatter Petersilie garnieren. Dazu Vollkornnudeln reichen.
Pro Person: ca. 600 kcal (2520 kJ). Zubereitungszeit: ca. 25 Minuten.

Lammtopf mit Auberginen

Zutaten *(für 4 Personen):*
500 g Lammfleisch ohne Knochen,
2 Eßlöffel Speiseöl (20 g),
150 g Zwiebeln,
1 Knoblauchzehe,
250 ml (¼ l) Rotwein,
300 g Staudensellerie,
500 g Auberginen,
300 g Fleischtomaten,
75 g getrocknete Aprikosen,
Salz, Pfeffer, Zucker,
20 g Cashewkerne.

Zubereitung: Lammfleisch abspülen, trockentupfen und in Würfel schneiden. Öl in einem Topf erhitzen und die Fleischwürfel darin von allen Seiten braun anbraten. Zwiebeln und Knoblauchzehe abziehen und würfeln. Zwiebel- und Knoblauchwürfel kurz mitdünsten und dann mit dem Rotwein ablöschen. Das Fleisch etwa 40 Minuten schmoren.
Inzwischen vom Staudensellerie Wurzelansatz und die grünen Blätter abschneiden, waschen und in Stücke schneiden. Von den Auberginen den Blütenansatz abschneiden, die Auberginen waschen und ebenfalls in Stücke schneiden. Die Tomaten kurz in kochendes Wasser geben, in kaltem Wasser abschrecken, enthäuten und die Stengelansätze herausschneiden. Die Tomaten vierteln, entkernen und in Stücke schneiden. Nun das vorbereitete Gemüse und die gewaschenen Aprikosen zum Fleisch geben und mit Salz, Pfeffer und Zucker würzen. Alles weitere 20 Minuten zugedeckt schmoren. Den Lammfleischtopf abschmekken und mit gerösteten Cashewkernen bestreut anrichten. Nach Belieben mit Sellerieblättern garnieren.
Pro Person: ca. 520 kcal (2180 kJ). Zubereitungszeit: ca. 75 Minuten.

Mariniertes Fischfilet

Zutaten *(für 4 Personen):*
800 g Seelachsfilet,
Zitronensaft,
8 Eßlöffel Sojasauce,
Pfeffer,
4 Eier,
Salz,
8 Eßlöffel Weizenmehl (80 g),
8 Eßlöffel Speiseöl (80 g).
Außerdem:
500 g Möhren,
500 g Brechbohnen.

Zubereitung: Das Seelachsfilet unter fließendem kaltem Wasser abspülen, trockentupfen und mit Zitronensaft beträufeln. Etwas durchziehen lassen und dann mit Sojasauce und Pfeffer würzen. Die Eier verquirlen und mit Salz abschmecken.
Zwischendurch Möhren putzen, schrappen oder schälen, waschen und in Stifte schneiden. Die Bohnen waschen und putzen. Möhren und Bohnen in siedendem, leicht gesalzenem Wasser etwa 3 Minuten blanchieren.
Nun das Fischfilet in Würfel schneiden und die Würfel zuerst in Ei und dann in Mehl wenden. Das Öl in einer Pfanne erhitzen und die Fischwürfel darin rundherum goldbraun braten. Danach warmstellen. Das gut abgetropfte Gemüse im Bratfett etwa 2 Minuten dünsten. Gemüse und Fischwürfel anrichten. Dazu Reis reichen.
Pro Person: ca. 730 kcal (3070 kJ). Zubereitungszeit: ca. 30 Minuten.

Gemüse mit Putenbrustaufschnitt

Zutaten *(für 4 Personen):*
500 g Spargel,
250 g Möhren,
Salz,
125 ml (⅛ l) Wasser,
250 g Zuckerschoten,
1 Becher Crème fraîche (150 g),
1 Bund Kerbel,
Pfeffer,
250 g Putenbrustaufschnitt.

Zubereitung: Spargel schälen, Möhren putzen, schrappen oder schälen und beide Zutaten waschen. Vom Spargel die unteren holzigen Enden abschneiden. Den Spargel halbieren und die Möhren in breite Streifen schneiden. Spargel und Möhren in leicht gesalzenem Wasser etwa 15 Minuten kochen. Von den Zuckerschoten die Enden abschneiden. Die Zuckerschoten waschen und etwa 5 Minuten mitkochen.
Danach das Gemüse gut abtropfen lassen. Gemüse und Crème fraîche in einen Topf geben und zusammen erwärmen. Den Kerbel unter fließendem kaltem Wasser abspülen, trockentupfen, die Blättchen von den Stielen zupfen und hacken. Den gehackten Kerbel zum Gemüse geben und mit Salz und Pfeffer abschmecken.
Das Gemüse auf dem Putenbrustaufschnitt anrichten. Nach Belieben mit Kerbelblättchen garnieren. Dazu Salzkartoffeln reichen.
Pro Person: ca. 300 kcal (1260 kJ). Zubereitungszeit: ca. 30 Minuten.

Gefüllte Pfannkuchen mit Gemüse

Zutaten *(für 4 Personen):*
3 Eier,
½ Teelöffel Salz,
150 g Weizenmehl,
125 ml (⅛ l) Milch,
250 g Möhren,
1 Paket tiefgefrorene Erbsen (300 g),
1 Paket tiefgefrorene Fleischklößchen (300 g),
4 Eßlöffel Speiseöl (40 g).

Zubereitung: Eier, Salz, Mehl und Milch in einer Schüssel gut verrühren. Den Pfannkuchenteig etwa 30 Minuten quellen lassen.
Inzwischen die Möhren putzen, schrappen oder schälen, waschen und in Scheiben schneiden. Die Möhrenscheiben in leicht gesalzenem Wasser etwa 5 Minuten kochen. Nach 2 Minuten die Erbsen zufügen und mitkochen. Die Fleischklößchen nach Packungsanweisung zubereiten.
Nun nach und nach Öl in einer Pfanne heiß werden lassen und aus dem Pfannkuchenteig nacheinander vier Pfannkuchen backen. Die Pfannkuchen zu Tüten zusammenlegen und mit Gemüse und Fleischklößchen füllen.
Pro Person: ca. 600 kcal (2520 kJ). Zubereitungszeit: ca. 50 Minuten.

Hackfleischtorte

Zutaten *(für 4 Personen):*
375 ml (⅜ l) Fleischbrühe (Instant),
100 g Maisgrieß (Polenta),
300 g Rinderhackfleisch,
1 Brötchen,
1 Ei,
1 Zwiebel (40 g),
1 Knoblauchzehe,
Salz, Pfeffer,
Paprika, edelsüß,
2 Teelöffel Senf,
200 g tiefgefrorene Erbsen,
100 g geriebener, mittelalter Gouda Käse,
1 Bund Petersilie,
1 Beet Kresse.

Zubereitung: Die Brühe zum Kochen bringen. Den Maisgrieß einstreuen und etwa 15 Minuten darin quellen lassen. Das Hackfleisch in eine Schüssel geben. Das eingeweichte, gut ausgedrückte Brötchen und das Ei zufügen. Zwiebel und Knoblauchzehe abziehen und in feine Würfel schneiden. Unter den Hackfleischteig mischen und den Teig mit Salz, Pfeffer, Paprika und Senf pikant abschmekken.
Nun den Maisbrei in eine gefettete Springform (24 cm ∅) drücken und den Fleischteig daraufgeben. Im Backofen bei 200 Grad etwa 30 Minuten backen. Erbsen und Käse darüberstreuen und die Hackfleischtorte weitere 10 Minuten backen.
Inzwischen die Petersilie unter fließendem kaltem Wasser abspülen, trockentupfen, die Blättchen von den Stielen zupfen und hacken. Die Kresse abschneiden und waschen. Die Hackfleischtorte mit Petersilie und Kresse bestreut servieren.
Pro Person: ca. 490 kcal (2060 kJ). Zubereitungszeit: ca. 1 Stunde.

Nudeln mit Gemüse in Sahnesauce

Zutaten *(für 4 Personen):*
125 g Bandnudeln,
300 g Zucchini,
300 g Möhren,
200 g gekochter Schinken (in Scheiben).

Für die Sauce:
1 Becher Schlagsahne (250 g),
2 Ecken Schmelzkäse (à 31 g),
Salz, Pfeffer.
Außerdem:
evtl. glatte Petersilie zum Verzieren.

Zubereitung: Die Bandnudeln nach Packungsanweisung kochen.
Von den Zucchini den Blütenansatz abschneiden und waschen. Die Möhren putzen, schrappen oder schälen und waschen. Zucchini und Möhren mit einem Sparschäler der Länge nach in Streifen schneiden. Das Gemüse getrennt in leicht gesalzenem Wasser etwa 5 Minuten kochen. Den Schinken in Streifen schneiden.
Für die Sauce Sahne in einem Topf erhitzen und den Käse darin schmelzen. Die Sauce mit Salz und Pfeffer abschmecken. Abgetropfte Nudeln mit den Schinkenstreifen mischen. Nudeln und Gemüse getrennt auf der Sauce anrichten. Nach Belieben mit glatter Petersilie garniert servieren.
Pro Person: ca. 540 kcal (2240 kJ). Zubereitungszeit: ca. 40 Minuten.

Für Gäste

Mariniertes Rindfleisch

Zutaten *(für 4 Personen):*
200 g Rinderfilet,
Salz, Pfeffer,
2 Teelöffel Zitronensaft,
2 Eßlöffel Olivenöl (20 g),
1 Bund Frühlingszwiebeln (150 g),
1 Bund Schnittlauch,
1 Eßlöffel Haselnußblättchen.

Zubereitung: Das Rinderfilet unter fließendem kaltem Wasser abspülen, trockentupfen und etwa 3 Stunden einfrieren. Danach mit der Aufschnittmaschine in hauchdünne Scheiben schneiden. Das Fleisch auf einer Platte anrichten, mit Salz und Pfeffer würzen und mit Zitronensaft und Öl beträufeln.

Von den Frühlingszwiebeln den Wurzelansatz und etwa ein Drittel Grün abschneiden. Die Zwiebeln gründlich waschen und in dünne Scheiben schneiden. Den Schnittlauch unter fließendem kaltem Wasser abspülen, trockentupfen und etwas kleinschneiden. Die Frühlingszwiebeln, Schnittlauchstreifen und Haselnußblättchen auf dem Fleisch verteilen. Dazu Feldsalat und Petersilienkartoffeln reichen.

Pro Person: ca. 140 kcal (590 kJ). Zubereitungszeit: ca. 20 Minuten (ohne Gefrierzeit).

Brokkolisuppe

Zutaten *(für 4 Personen):*
2 Zwiebeln (80 g),
1–2 Eßlöffel Butterschmalz (30 g),
2 Pakete tiefgefrorener Brokkoli (à 300 g),
750 ml (¾ l) Fleischbrühe (Instant),
1 Becher Crème fraîche (200 g),
150 g Kasseleraufschnitt,
Salz, Pfeffer,
geriebene Muskatnuß.

Zubereitung: Die Zwiebeln abziehen und in Würfel schneiden. Das Butterschmalz in einem Topf erhitzen und die Zwiebelwürfel darin glasig dünsten. Den Brokkoli zufügen und mit der Brühe begießen. Das Gemüse zugedeckt etwa 15 Minuten kochen lassen. Danach einige Röschen zum Garnieren beiseite stellen und den Rest in der Brühe pürieren. Die Crème fraîche zufügen.

Den Kasseleraufschnitt in feine Streifen schneiden und in der Suppe erwärmen. Die Suppe mit Salz, Pfeffer und Muskat abschmecken. Mit Brokkoliröschen garniert servieren. Dazu Bauernbrot reichen.

Pro Person: ca. 400 kcal (1680 kJ). Zubereitungszeit: ca. 30 Minuten.

Riesengarnelen

Zutaten *(für 4 Personen):*
800 g ungekochte tiefgefrorene Riesengarnelen,
375 ml (3/8 l) Brühe (Instant),
250 ml (1/4 l) Weißwein,
Salz,
150 g Schalotten,
2 Knoblauchzehen,
2–3 Eßlöffel Butterschmalz (50 g),
500 g Fleischtomaten,
Pfeffer,
1 Bund Basilikum.

Zubereitung: Die Riesengarnelen auftauen lassen. Brühe, Wein und Salz in einem Topf zum Kochen bringen. Die Garnelen zufügen und zugedeckt etwa 5 Minuten darin bei geringer Hitze ziehen lassen. Die Garnelen abgießen und dabei den Sud auffangen. Die Garnelen aus dem Panzer herauslösen. Mit einem scharfen Küchenmesser den Garnelenrücken leicht einschneiden und den Darm sorgfältig entfernen.
Schalotten und Knoblauchzehen abziehen und in feine Würfel schneiden. Das Butterschmalz in einem Topf erhitzen und Zwiebel- und Knoblauchwürfel darin andünsten.
Die Tomaten kurz in kochendes Wasser geben, in kaltem Wasser abschrecken, enthäuten, die Stengelansätze herausschneiden, die Tomaten vierteln, entkernen und das Fruchtfleisch kleinschneiden. Die Tomatenwürfel zu den Zwiebeln geben und mit 200 ml Kochsud der Garnelen ablöschen. Mit Salz und Pfeffer würzen.
Das Basilikum unter fließendem kaltem Wasser abspülen, trockentupfen, die Blättchen von den Stielen zupfen und zu dem Gemüse geben. Die Garnelen zufügen und alles nochmals kurz erwärmen. Dazu Baguette reichen.
Pro Person: ca. 300 kcal (1260 kJ). Zubereitungszeit: ca. 40 Minuten.

Cannelloni

Zutaten *(für 4 Personen):*
2 Zwiebeln (100 g),
2 Eßlöffel Speiseöl (20 g),
500 g Rinderhackfleisch,
1 Paket tiefgefrorener Spinat (Füllmenge 300 g),
2 Eier,
Salz, Pfeffer,
1 Packung Cannelloni („ohne Vorkochen", 250 g).

Für die Sauce:
2 Eßlöffel Margarine (40 g),
4 Eßlöffel Weizenmehl (40 g),
250 ml (¼ l) Milch,
125 ml (⅛ l) Schlagsahne,
Salz, Pfeffer,
geriebene Muskatnuß.
Außerdem:
evtl. Paniermehl,
Butterflöckchen.

Zubereitung: Zwiebeln abziehen und in feine Würfel schneiden. Das Öl in einem Topf erhitzen und die Zwiebelwürfel darin glasig dünsten. Das Rinderhack zufügen und alles etwa 10 Minuten braten.
Inzwischen den Spinat auftauen und gut abtropfen lassen. Zum Hackfleisch geben, Eier zufügen und mit Salz und Pfeffer abschmecken.
Die Masse erkalten lassen und mit einem Teelöffel vorsichtig in die Cannelloni füllen. Die gefüllten Cannelloni in eine gefettete, feuerfeste Form geben.
Für die Sauce Margarine in einem Topf zerlassen, das Mehl zufügen und anschwitzen lassen. Nach und nach Milch und Sahne unter Rühren angießen und die Sauce mit Salz, Pfeffer und Muskat abschmecken.
Die Sauce über die Cannelloni gießen. Nach Belieben mit Semmelmehl bestreuen und mit Butterflöckchen belegen.
Die Cannelloni im Backofen bei 200 Grad etwa 30 Minuten backen.
Pro Person: ca. 1000 kcal (4200 kJ). Zubereitungszeit: ca. 75 Minuten.

Gemüsetopf mit Kalbfleisch

Zutaten *(für 4 Personen):*
500 g Kalbfleisch aus der Keule (ohne Knochen),
4 Eßlöffel Speiseöl (40 g),
200 g Zwiebeln,
2 Knoblauchzehen,
500 ml (½ l) Gemüse-Hefebrühe,
250 g Okraschoten,
200 g Möhren,
200 g Fleischtomaten,
Salz, Pfeffer.

Zubereitung: Das Kalbfleisch unter fließendem kaltem Wasser abspülen, trokkentupfen und in Würfel schneiden. Das Öl in einem Topf erhitzen und die Fleischwürfel darin von allen Seiten braun anbraten. Zwiebeln und Knoblauchzehen abziehen und in Würfel schneiden. Zum Fleisch geben und mitbräunen. Die Gemüse-Hefebrühe angießen und alles zugedeckt etwa 1 Stunde garen. Inzwischen die Stengelansätze der Okraschoten abschneiden. Die Möhren putzen und schrappen oder schälen. Okraschoten und Möhren waschen. Die Möhren in Scheiben schneiden. Die Tomaten kurz in kochendes Wasser geben, in kaltem Wasser abschrecken, enthäuten und die Stengelansätze herausschneiden. Tomaten entkernen und in Würfel schneiden. Das vorbereitete Gemüse 10 Minuten vor Ende der Garzeit zum Fleisch geben. Den Gemüsetopf mit Salz und Pfeffer abschmecken und anrichten. Dazu Naturreis reichen.
Pro Person: ca. 290 kcal (1220 kJ). Zubereitungszeit: ca. 75 Minuten.

Auch Süßspeisen kann man gratinieren

Gratinieren

So heißt das Überbacken von Gerichten, die dadurch eine goldgelbe Kruste erhalten. Toasts werden gratiniert, aber auch Aufläufe und Suppen. Man verwendet zum Überbacken Käse, Soße oder Sahne. Über Süßspeisen gibt man eine Zuckerschicht.

Karamelisieren

In einer Pfanne wird Zucker so lange geschmolzen, bis er braun (karamelisiert) ist. Man verwendet ihn dann für Süßspeisen (z. B. Karamelpudding oder -creme), zum Färben von Soßen oder zum Verfeinern von Gemüse (bei Zwiebeln, Möhren und Frühlingszwiebeln).

Klären

Wird bei Fleischbrühe angewendet, vor allem, wenn man sie zu Sülze verarbeitet. Ein halbsteif geschlagenes Eiweiß wird unter Rühren mit dem Schneebesen in die heiße Flüssigkeit gegeben und unter weiterem Rühren zum Kochen gebracht. Dann wird der Topf von der Kochstelle genommen und zugedeckt kurze Zeit stehengelassen. Das Eiweiß nimmt alle Unreinheiten auf, die Brühe braucht nur noch durchgesiebt oder durch ein Tuch gegossen zu werden.

Legieren

Eine helle Suppe oder Soße wird zur Abrundung mit Eigelb gebunden, das heißt „legiert". Dafür wird das Eigelb zuerst mit etwas Flüssigkeit verrührt, dann unter ständigem Rühren in die Suppe oder Soße gegeben. Die Flüssigkeit darf nicht mehr kochen, sonst gerinnt das Eigelb. Während des Einrührens den Topf von der Herdplatte nehmen.

Mehlieren

Lebensmittel, die, wie Leber und Fisch, eine feuchte Oberfläche haben, werden vor dem Braten in Mehl gewendet.

Parieren

Überflüssige Haut oder Sehnen bei Fleisch, Wild oder Geflügel wird vor der Zubereitung abgeschnitten.

Passieren

Obst und Gemüse werden durch ein Sieb oder Tuch gestrichen, zum Beispiel für Gemüsecremesuppen.

Pürieren

Das ist das Zerstampfen bzw. Zerdrükken von rohen oder gegarten Lebensmitteln zu einer feinen Masse.

Putzen

Entfernen von ungenießbaren und welken Bestandteilen bei Obst und Gemüse.

Raspeln

Zerkleinern von Lebensmitteln auf einer Reibe mit feinen oder groben Löchern.

Reduzieren

Flüssigkeiten, wie Soße, Wein oder Sahne, läßt man durch starkes Erhitzen so lange einkochen, bis nur noch ein geringer Teil der ursprünglichen Menge übrig ist. Dadurch wird der Geschmack intensiver. Wichtig: erst zum Schluß salzen und würzen.

Rühren

Verschiedene Lebensmittel werden zu einer glatten Masse verrührt und dann weiterverarbeitet.

Schlagen

Darunter versteht man das Einarbeiten von Luft in Lebensmittel, zum Beispiel bei Eiweiß und Schlagsahne. Damit vergrößert sich das Volumen.

Schmelzen

Damit wird das langsame Verflüssigen von festen Lebensmitteln, wie Schokolade, Kuvertüre oder Fett, bezeichnet. Das Schmelzen erfolgt bei niedrigen Temperaturen direkt auf dem Herd oder im Wasserbad.

Stocken

Festwerden von einer flüssigen Masse im Wasserbad, Backofen oder in der Pfanne (zum Beispiel: Eierstich, Rührei).

Tranchieren

Das ist das Zerlegen von rohem oder gegartem Geflügel oder Fleisch in Teile und Scheiben.

Unterheben

Empfindliche Lebensmittel, wie Eischnee, werden ohne Rühren vorsichtig unter eine Masse gehoben.

JULI

Leicht, bekömmlich und sehr erfrischend – so sind die Gerichte, die wir Ihnen für den Monat Juli vorschlagen. Also genau richtig für heiße Tage. Wir haben viel Gemüse und Obst für die Zubereitung verwendet. Das Besondere: Es sind auch kalte Mahlzeiten dabei. Denn darauf hat man im Sommer immer Appetit. Es gibt zum Beispiel Salat, Sülze und fruchtige Kaltschalen.

Fischsülze

Zutaten *(für 4 Personen):*
500 g Kabeljaufilet,
Essig,
Salz,
200 g Möhren,
500 ml (½ l) Brühe (Instant),
500 ml (½ l) Roséwein,
2 Eßlöffel Sojasauce,
Pfeffer,
100 g tiefgefrorene Erbsen,
16 Blatt weiße Gelatine,
1 hartgekochtes Ei.
Außerdem:
evtl. Dill und Lachskaviar zum Garnieren.

Zubereitung: Das Kabeljaufilet unter fließendem kaltem Wasser abspülen, trockentupfen, mit Essig beträufeln und salzen. Das Fischfilet in wenig siedendem Salz-Essig-Wasser etwa 10 Minuten garziehen lassen. Danach das Fischfilet herausnehmen und in Würfel schneiden.
Die Möhren putzen, schrappen oder schälen, waschen und in dünne Scheiben schneiden. Brühe, Roséwein, Sojasauce und Pfeffer zum Kochen bringen und die Möhrenscheiben darin etwa 7 Minuten kochen lassen. In den letzten 3 Minuten die Erbsen zufügen. Alles durch ein Sieb gießen und den Sud auffangen. Die Gelatine in kaltem Wasser einweichen, gut ausdrücken und in dem warmen Sud auflösen. Den Sud mit Salz und Pfeffer pikant abschmecken.
Nun das hartgekochte Ei pellen und mit einem Eischneider in Scheiben schneiden. Eischeiben, Fischwürfel, Möhrenscheiben und Erbsen in einer Form (1,5 Liter Inhalt) dekorativ einschichten und den Sud langsam darübergießen.
Die Sülze mindestens 2 Stunden im Kühlschrank stehen lassen. Danach kurz in heißes Wasser tauchen und stürzen. Nach Belieben mit Dill und Lachskaviar anrichten. Dazu Bratkartoffeln reichen.
Pro Person: ca. 290 kcal (1220 kJ). Zubereitungszeit: ca. 3 Stunden.

Rührei mit Kalbsnieren

Zutaten *(für 4 Personen):*
400 g Kalbsnieren,
3 Eßlöffel Speiseöl (30 g),
300 g Tomaten,
Salz, Pfeffer,
8 Eier,
1 Eßlöffel Butter oder Margarine (20 g),
1 Bund Petersilie.

Zubereitung: Die Nieren gründlich waschen, trockentupfen und das Fett abschneiden. Das Öl in einer Pfanne erhitzen und die Nieren darin von allen Seiten etwa 10 Minuten bei geringer Hitze braten.
Die Tomaten kurz in kochendes Wasser geben, in kaltem Wasser abschrecken und enthäuten. Tomaten entkernen und das Fruchtfleisch in Streifen schneiden. Zu den Nieren in die Pfanne geben und mit Salz und Pfeffer würzen.
Die Eier verquirlen. Das Fett in einer zweiten Pfanne erhitzen und die verquirlten Eier hineingießen. Unter Rühren stocken lassen. Die Petersilie unter fließendem kaltem Wasser abspülen, trockentupfen, die Blättchen von den Stielen zupfen und hacken.
Rührei, Nieren und Tomaten anrichten und mit Petersilie bestreut servieren. Dazu Kartoffelpüree reichen.
Pro Person: ca. 550 kcal (2310 kJ). Zubereitungszeit: ca. 40 Minuten.

Kirschsuppe

Zutaten *(für 4 Personen):*
1 kg Kirschen,
1 Flasche Kirschsaft (0,7 l),
300 ml Wasser,
abgeriebene Schale und Saft
1 unbehandelten Zitrone,
1 Zimtstange,
75 g Zucker,
35 g Speisestärke.
Für die Grießrosetten:
375 ml (3/8 l) Milch,
1–2 Eßlöffel Butter oder
Margarine (30 g),
1 Prise Salz,
3 Eßlöffel Zucker (30 g),
125 g Hartweizengrieß,
1 Eigelb.
Außerdem:
evtl. Zitrone, etwas
Zitronenmelisse.

Zubereitung: Die Kirschen waschen und entsteinen. Kirschsaft und Wasser zum Kochen bringen. Kirschen, Zitronenschale, -saft, Zimtstange und Zucker zufügen und alles etwa 5 Minuten kochen lassen. Die Suppe mit in wenig kaltem Wasser angerührter Stärke binden und abschmecken.
Für die Grießrosetten Milch, Fett, Salz und Zucker in einem Topf zum Kochen bringen und den Grieß unter Rühren einstreuen. Unter Rühren aufkochen lassen und mit Eigelb legieren. Danach den Grießpudding in einen Spritzbeutel mit Sternentülle füllen und Rosetten auf ein feuchtes Brett spritzen. Die Rosetten etwas antrocknen lassen und dann in leicht gesalzenem, siedendem Wasser etwa 10 Minuten garziehen lassen. Die Grießrosetten in der Suppe anrichten. Nach Belieben mit Zitronenscheiben und Zitronenmelisse garniert servieren.
Pro Person: ca. 680 kcal (2680 kJ). Zubereitungszeit: ca. 50 Minuten.

Ohne Fleisch

Gefüllte Kartoffelklöße

Zutaten *(für 4 Personen):*
1 Packung Kartoffelklöße halb und halb,
150 g Staudensellerie,
150 g Möhren,
1 Eßlöffel Butter oder Margarine (20 g),
Salz, Pfeffer.

Außerdem:
1–2 Eßlöffel Butter oder Margarine (30 g),
2 Eßlöffel Sesam.

Zubereitung: Den Kartoffelteig für die Klöße nach Packungsanweisung zubereiten. Vom Staudensellerie Wurzelansatz und grüne Blätter abschneiden. Die Möhren putzen, schrappen oder schälen. Das Gemüse waschen und in Streifen schneiden. Das Fett in einem Topf erhitzen und Möhren- und Selleriestreifen darin etwa 10 Minuten dünsten. Das Gemüse mit Salz und Pfeffer würzen.
Den Kartoffelteig in 12 Teile teilen. Auf jedes Teil in die Mitte einen Eßlöffel Gemüse geben, den Teig darüber zusammenziehen und Klöße formen. Die gefüllten Kartoffelklöße in siedendem, leicht gesalzenem Wasser etwa 20 Minuten garziehen lassen. Das Fett in einer Pfanne erhitzen und Sesam darin anrösten. Die gut abgetropften Kartoffelklöße mit Sesam bestreut anrichten.
Dazu grünen Salat mit Joghurt-Sauce reichen.
Pro Person: ca. 890 kcal (3740 kJ). Zubereitungszeit: ca. 60 Minuten.

Geschmorte Kaninchenkeulen

Zutaten *(für 4 Personen):*
4 Kaninchenkeulen (à 250 g),
1 Eßlöffel Butterschmalz (20 g),
1 Bund Suppengrün,
1 Bund Estragon,
500 ml (½ l) Brühe (Instant),
125 ml (⅛ l) Schlagsahne,
125 ml (⅛ l) Weißwein,
Salz, Pfeffer.

Zubereitung: Die Kaninchenkeulen unter fließendem kaltem Wasser abspülen und trockentupfen. Das Butterschmalz in einem Schnellkochtopf erhitzen und die Keulen darin von allen Seiten braun anbraten.

Das Suppengrün putzen, waschen und kleinschneiden. Den Estragon unter fließendem kaltem Wasser abspülen, trockentupfen, die Blättchen von den Stielen zupfen.

Die Kaninchenkeulen mit der Brühe ablöschen und Suppengrün und Estragon zufügen. Den Schnellkochtopf nach Herstelleranweisung verschließen und die Keulen etwa 15 Minuten schmoren lassen.

Danach die Kaninchenkeulen herausnehmen und warmstellen. Den Fond etwa auf die Hälfte einkochen lassen. Sahne und Wein zugießen und die Sauce mit Salz und Pfeffer abschmecken. Die Kaninchenkeulen und die Sauce anrichten. Nach Belieben mit Estragon garnieren. Dazu Erbsen und Salzkartoffeln reichen.

Pro Person: ca. 430 kcal (1810 kJ). Zubereitungszeit: ca. 30 Minuten.

Quarkstrudel

Zutaten *(für 4 Personen):*
Für den Teig:
250 g Weizenmehl,
2 Eßlöffel Speiseöl (20 g),
1 Eigelb,
1 Prise Salz,
knapp 125 ml (⅛ l)
lauwarmes Wasser.
Für die Füllung:
75 g Butter oder Margarine,
100 g Zucker,
2 Eier,
1 Beutel Citro-back,
375 g Magerquark,
1 Teelöffel Speisestärke,
75 g Rosinen.
Zum Bestreichen:
70 g flüssige Butter.
Außerdem:
evtl. Puderzucker,
Zitronenmelisse.

Zubereitung: Für den Teig Mehl, Öl, Eigelb, Salz und Wasser zu einem glatten Teig verkneten. Den Teig etwa 30 Minuten ruhen lassen.
Für die Füllung das Fett schaumig rühren. Zucker, Eigelb und Citro-back zufügen und alles gut verrühren. Magerquark und Speisestärke kurz unterrühren. Das Eiweiß steif schlagen. Rosinen waschen und trockentupfen. Rosinen und steifgeschlagenes Eiweiß zuletzt unter die Quarkmasse ziehen.
Nun den Strudelteig zuerst auf einem bemehlten Geschirrtuch zu einem Rechteck ausrollen. Dann den Teig vorsichtig über beide Handrücken ziehen, bis das Muster des Geschirrtuches sichtbar wird. Die Quarkmasse auf dem ausgezogenen Teig verteilen und den Teig aufrollen. Auf ein gefettetes Backblech legen und mit flüssiger Butter bestreichen. Im vorgeheizten Backofen bei 200 Grad etwa 50 Minuten backen. Nach Belieben mit Puderzucker bestäuben und mit Zitronenmelisse garniert servieren. Dazu frische Brombeeren reichen.
Pro Person: ca. 870 kcal (3640 kJ). Zubereitungszeit: ca. 90 Minuten.

Kartoffel-Zucchini-Pfanne

Zutaten *(für 4 Personen):*
750 g Kartoffeln,
750 g Zucchini,
100 g Zwiebeln,
2 Eßlöffel Butter oder Margarine (40 g),
1 Bund Majoran,
Salz, Pfeffer,
150 ml saure Sahne,
1 Becher Crème fraîche (150 g),
5 Eßlöffel Leinsamen (50 g),
150 g geriebener Gouda Käse.

Zubereitung: Die Kartoffeln schälen, waschen und in Stücke schneiden. Die Zucchini waschen, den Blütenansatz abschneiden und die Zucchini der Länge nach mit einem Sparschäler in Streifen schneiden. Die Zwiebeln abziehen und in Ringe schneiden.
Das Fett in einem Topf erhitzen, Zwiebeln und Kartoffeln darin andünsten und etwa 10 Minuten zugedeckt weiterdünsten. Den Majoran unter fließendem kaltem Wasser abspülen, trockentupfen, die Blättchen von den Stielen zupfen und fein hacken. Zucchini und Majoran zu den Kartoffeln geben und mit Salz und Pfeffer würzen. Sahne, Crème fraîche und Leinsamen verrühren, über das Gemüse geben und mit geriebenem Käse bestreuen. Alles zugedeckt nochmals etwa 15 Minuten garen. Nach Belieben mit Leinsamen bestreut servieren.
Pro Person: ca. 600 kcal (2510 kJ). Zubereitungszeit: ca. 1 Stunde.

Fischragout mit Kräutern

Zutaten *(für 4 Personen):*
1 kg Lengfischfilet,
Saft 1 Zitrone,
1 Bund Schnittlauch,
1 Bund Basilikum,
½ Bund Salbei,
1 Zwiebel (40 g),
2 Knoblauchzehen,
125 ml (⅛ l) Weißwein,
125 ml (⅛ l) Fleischbrühe (Instant),
1 Becher Crème double (150 g),
Salz, Pfeffer,
2–3 Eßlöffel heller Saucenbinder.

Zubereitung: Den Fisch unter fließendem kaltem Wasser abspülen, trockentupfen und mit Zitronensaft beträufeln. Den Schnittlauch waschen und in feine Röllchen schneiden. Basilikum und Salbei unter fließendem kaltem Wasser abspülen, trockentupfen, von den Stielen zupfen und fein hacken. Zwiebel und Knoblauchzehen abziehen und fein hacken.
Nun Weißwein, Brühe, Crème double, Salz, Pfeffer, Zwiebel und Knoblauch in einem Topf zum Kochen bringen. Das Fischfilet salzen, in Würfel schneiden und etwa 8–10 Minuten in dem Sud zugedeckt ziehen lassen. Den Sud mit Saucenbinder binden, gehackte Kräuter zufügen und die Sauce abschmecken. Nach Belieben mit Basilikum garniert anrichten. Dazu Reis reichen.
Pro Person: ca. 420 kcal (1770 kJ). Zubereitungszeit: ca. 30 Minuten.

Gebratenes Mozzarellabrot

Zutaten *(für 4 Personen):*
6 Eier,
Salz,
geriebene Muskatnuß,
8 Scheiben Weißbrot (à 20 g),
125 ml (⅛ l) Speiseöl,
1 Bund Petersilie,
1 Bund Basilikum,
300 g Mozzarella Käse,
250 g Tomaten,
evtl. glatte Petersilie zum Garnieren.

Zubereitung: Eier, Salz und geriebene Muskatnuß in einer flachen Schüssel verquirlen. Die Weißbrotscheiben hineinlegen und vollsaugen lassen.
Das Öl in einer Pfanne erhitzen und die Brotscheiben darin von beiden Seiten goldbraun braten. Petersilie und Basilikum unter fließendem kaltem Wasser abspülen, trockentupfen, die Blättchen von den Stielen zupfen und fein hacken. Den Mozzarella in Scheiben schneiden. Die Tomaten waschen und ebenfalls in Scheiben schneiden. Nun gehackte Kräuter, Käse- und Tomatenscheiben auf dem Brot verteilen und alles zugedeckt nochmals 2 Minuten weiterbraten. Nach Belieben mit glatter Petersilie garniert servieren. Dazu Friséesalat reichen.
Pro Person: ca. 735 kcal (3080 kJ). Zubereitungszeit: ca. 45 Minuten.

Für Singles

Spaghetti mit Tintenfisch

Zutaten *(für 4 Personen):*
800 g küchenfertiger Tintenfisch,
Zitronensaft,
150 g Zwiebeln,
300 g Spaghetti,
4 Eßlöffel Butter oder Margarine (80 g),
Salz, Pfeffer,
Zucker,
8–10 Eßlöffel Zitronensaft,
500 ml (½ l) Weißwein,
80 g Pinienkerne,
120 g Rosinen,
1 Bund Petersilie,
evtl. 1 Zitrone zum Garnieren.

Zubereitung: Den Tintenfisch unter fließendem kaltem Wasser abspülen, trockentupfen, in Ringe schneiden und mit Zitronensaft beträufeln. Die Zwiebeln abziehen und in Würfel schneiden.

Die Spaghetti nach Packungsanweisung kochen. Das Fett in einem Topf erhitzen und Fisch und Zwiebelwürfel portionsweise darin anbraten. Mit Salz, Pfeffer und Zucker würzen. Zitronensaft, Weißwein, Pinienkerne und die gewaschenen Rosinen zufügen. Alles etwa 5 Minuten zugedeckt schmoren lassen.

Die Petersilie unter fließendem kaltem Wasser abspülen, trockentupfen, die Blättchen von den Stielen zupfen und hacken. Tintenfischragout und Petersilie unter die abgetropften Spaghetti mischen. Nach Belieben mit halbierten Zitronenscheiben garniert servieren.

Pro Person: ca. 965 kcal (4050 kJ). Zubereitungszeit: ca. 20 Minuten.

Hühnertopf mit Gemüse

Zutaten *(für 4 Personen):*
1 Suppenhuhn (1,5 kg),
1 ½ l Salzwasser,
1 Bund Suppengrün,
300 g Zucchini,
1 Salatgurke (300 g),
1 rote Paprikaschote (200 g),
100 g Nudeln, z. B. Spiralen,
1 Bund Petersilie,
Salz, Pfeffer.

Zubereitung: Das Huhn unter fließendem kaltem Wasser abspülen und im leicht gesalzenen Wasser etwa 1 ½ Stunden kochen lassen.
Inzwischen das Suppengrün putzen, waschen und in Stükke schneiden. Von den Zucchini den Blütenansatz abschneiden, die Zucchini waschen und in Scheiben schneiden. Die Gurken schälen und in Scheiben schneiden. Die Paprikaschote halbieren, entstielen, entkernen, die weißen Scheidewände entfernen, die Schote waschen und in Stücke schneiden. Nudeln nach Packungsanweisung kochen.
Das Suppenhuhn aus der Brühe nehmen und die Brühe durch ein Sieb gießen.
Danach vorbereitetes Gemüse und die abgetropften Nudeln in die heiße Brühe geben. Zugedeckt alles etwa 10 Minuten kochen lassen.
Inzwischen das Huhn enthäuten und entbeinen. Die Petersilie unter fließendem kaltem Wasser abspülen, trockentupfen, die Blättchen von den Stielen zupfen und hacken. Das kleingeschnittene Geflügelfleisch und die Petersilie wieder zum Gemüse in den Topf geben, nochmals kurz erwärmen und den Eintopf mit Salz und Pfeffer abschmecken.
Pro Person: ca. 545 kcal (2290 kJ). Zubereitungszeit: ca. 120 Minuten.

Tafelspitz mit Apfel-Meerrettich

Zutaten *(für 4 Personen):*
1 Bund Suppengrün,
850 g Tafelspitz (Rindfleisch aus der Hüfte),
1 ½ l Wasser,
1 Teelöffel Salz.

Für den Apfel-Meerrettich:
3 Äpfel (500 g),
3 Eßlöffel Zucker (30 g),
2 Eßlöffel geriebener Meerrettich (aus dem Glas),
1 Eßlöffel Essig oder Zitronensaft,
Salz, Pfeffer.

Zubereitung: Das Suppengrün putzen, waschen und in Stücke schneiden. Das Fleisch unter fließendem kaltem Wasser abspülen. Wasser und Salz zum Kochen bringen, Suppengrün und Fleisch zufügen und alles im geschlossenen Topf etwa 2 Stunden bei geringer Hitze garziehen lassen.
Inzwischen die Äpfel schälen, vom Kerngehäuse befreien und fein reiben. Zucker, Meerrettich und Essig oder Zitronensaft unterrühren und den Apfel-Meerrettich mit Salz und Pfeffer abschmecken.
Nun das Fleisch in Scheiben schneiden (Brühe für eine Suppe verwenden) und mit Apfel-Meerrettich anrichten. Dazu Schnittlauchkartoffeln reichen.
Pro Person: ca. 490 kcal (2060 kJ). Zubereitungszeit: ca. 145 Minuten.

Käsekartoffeln mit Matjes

Zutaten *(für 4 Personen):*
1,5 kg neue Kartoffeln,
2 Eßlöffel Speiseöl (20 g),
200 g Doppelrahmfrischkäse,
2 Teelöffel Paprika, edelsüß,
2 Zwiebeln (100 g),
Salz, Pfeffer,
1 Prise Zucker,
8 Matjesfilets (à ca. 80 g).
Außerdem:
evtl. glatte Petersilie und Zitronenscheiben zum Garnieren.

Zubereitung: Die Kartoffeln gründlich waschen, evtl. dabei mit einer harten Bürste abbürsten. Die Kartoffeln halbieren und die Schnittflächen mit Öl bestreichen. Mit der Schnittfläche nach unten auf ein Backblech legen und im Backofen bei 220 Grad etwa 45 Minuten backen. Inzwischen den Frischkäse glattrühren und Paprika zufügen. Die Zwiebeln abziehen und fein hacken. Unter den Käse rühren und mit Salz, Pfeffer und Zucker abschmecken. Die Schnittflächen der Kartoffeln mit Käsecreme bestreichen und zu den Matjes servieren. Nach Belieben mit glatter Petersilie und Zitronenscheiben garnieren. Pro Person: ca. 1010 kcal (4280 kJ). Zubereitungszeit: ca. 50 Minuten.

Gemüsesalat

Zutaten *(für 4 Personen):*
1 Fenchelknolle (200 g),
350 g kleine Tomaten,
½ Bund Frühlingszwiebeln,
100 g schwarze Oliven,
2 Dosen Artischockenherzen (Abtropfgewicht 240 g).

Für die Marinade:
125 ml (⅛ l) Weißwein,
Saft 1 Zitrone,
1 Eßlöffel Olivenöl,
Salz, Pfeffer,
1 Knoblauchzehe,
1 Bund Petersilie.

Zubereitung: Von der Fenchelknolle Wurzelansatz und eventuell das Grün entfernen. Die Knolle waschen und in Achtel schneiden. Die Tomaten waschen, halbieren und dabei den Stielansatz herausschneiden. Die Zwiebeln putzen, waschen und in Stücke schneiden. Fenchel, Tomaten, Zwiebeln, Oliven und die gut abgetropften Artischokkenherzen in eine Schüssel geben und vermischen.
Für die Marinade Weißwein, Zitronensaft, Olivenöl, Salz und Pfeffer verrühren. Die Knoblauchzehe abziehen und durch die Knoblauchpresse drücken. Die Petersilie unter fließendem kaltem Wasser abspülen, trockentupfen, die Blättchen von den Stielen zupfen und fein hacken. Knoblauch und gehackte Petersilie in die Marinade rühren und abschmecken. Die Marinade über die Salatzutaten gießen und den Salat gut durchziehen lassen. Nach Belieben mit Fenchelgrün verziert servieren. Dazu Bauernbrot und Schafskäse reichen. Pro Person: ca. 350 kcal (1470 kJ). Zubereitungszeit: ca. 20 Minuten.

Béchamelkartoffeln mit Eiern

Zutaten *(für 4 Personen):*
750 g Kartoffeln,
2 Eßlöffel Margarine,
1 Zwiebel (50 g),
50 g Schinkenwürfel,
4 Eßlöffel Weizenmehl (40 g),
250 ml (¼ l) Milch,
125 ml (⅛ l) Fleischbrühe (Instant),
1 Becher Crème fraîche (150 g),
Pfeffer, Salz,
evtl. Estragon zum Verzieren.
Für die Eier:
2 Eßlöffel Margarine (40 g),
8 Eier.

Zubereitung: Die Kartoffeln gründlich waschen und in der Schale kochen. Abgießen, kurz abkühlen lassen und pellen. Dann in Scheiben schneiden.

Die Margarine in einem Topf erhitzen. Die Zwiebel abziehen und hacken. Zwiebel- und Schinkenwürfel im heißen Fett andünsten. Das Mehl auf einmal zufügen und kurz anschwitzen lassen. Nach und nach Milch und die Brühe unter Rühren zugießen. Die Crème fraîche zufügen und die Sauce etwa 5 Minuten gut durchkochen lassen. Die Sauce mit Pfeffer und Salz abschmecken. Die Kartoffelscheiben in die Sauce geben und darin erwärmen. Nach Belieben mit Estragon garnieren. Für die Spiegeleier die Margarine in einer Pfanne erhitzen und die Eier darin braten. Mit Pfeffer und Salz würzen und zu den Béchamelkartoffeln servieren.

Pro Person: ca. 800 kcal (3350 kJ). Zubereitungszeit: ca. 30 Minuten.

Mit der Mikrowelle

Schweine-geschnetzeltes

Zutaten *(für 4 Personen):*
500 g Schweinefilet,
1 gelbe Paprikaschote (200 g),
75 g Perlzwiebeln,
500 g Erbsenschoten,
1 Bund Estragon,
1 Päckchen Safran,
Salz, Pfeffer,
125 ml (⅛ l) trockener Weißwein,
1 Becher Crème fraîche (150 g),
2 Eßlöffel heller Saucenbinder.

Zubereitung: Das Fleisch unter fließendem kaltem Wasser abspülen, trockentupfen und in sehr feine Scheiben schneiden. (Dafür eventuell kurz anfrieren.) Die Paprikaschote halbieren, entstielen, entkernen, die weißen Scheidewände entfernen, die Paprikaschote waschen und in Stücke schneiden. Die Zwiebeln abziehen und halbieren. Die Erbsen auslösen. Den Estragon unter fließendem kaltem Wasser abspülen, trockentupfen, die Blättchen von den Stielen zupfen und fein schneiden.
Nun Fleisch, Paprika, Zwiebeln, Erbsen, Estragon und Safran in ein mikrowellengeeignetes Gefäß geben. Mit Salz und Pfeffer würzen und mit Wein begießen. Zugedeckt in der Mikrowelle bei 600 Watt etwa 10 Minuten garen.
Danach Crème fraîche und Saucenbinder zufügen und noch weitere 2 Minuten bei 600 Watt garen. Nach Belieben mit Estragon verziert servieren. Dazu Salzkartoffeln reichen.
Pro Person: ca. 440 kcal (1850 kJ). Zubereitungszeit: ca. 30 Minuten.

Joghurt-kaltschale

Zutaten *(für 4 Personen):*
500 g Dickmilch,
300 g Sahnejoghurt,
Saft von 2 Zitronen,
250 ml (¼ l) Apfelsaft,
125 g Zucker,
1 Päckchen Vanillinzucker,
200 g Schlagsahne,
750 g Erdbeeren,
2 Kiwi.

Zubereitung: Dickmilch, Joghurt, Zitronensaft und Apfelsaft verrühren und mit Zukker und Vanillinzucker abschmecken. Die Sahne steif schlagen und unterziehen. Die Erdbeeren waschen, putzen und halbieren. Kiwi schälen und in Stücke schneiden. Die Früchte unter die Kaltschale rühren und gut gekühlt servieren. Dazu Cornflakes reichen.
Pro Person: ca. 630 kcal (2650 kJ). Zubereitungszeit: ca. 25 Minuten.

Wirsingkohl mit Weizenkörnern und Currysahne

Zutaten *(für 4 Personen):*
200 g Weizenkörner,
850 ml Wasser,
etwas Salz,
1 kleiner Wirsingkohl (500 g),
2 gelbe Paprikaschoten (400 g),
2 Zwiebeln (100 g),
5 Eßlöffel Speiseöl (50 g),
375 ml (3/8 l) Schlagsahne,
5 Teelöffel Currypulver,
Thymian,
Zitronensaft.

Zubereitung: Die Körner waschen und mit dem Wasser bedecken. Zugedeckt über Nacht im Kühlschrank quellen lassen. Am nächsten Tag Salz zufügen und alles zum Kochen bringen. Etwa 20 Minuten bei geringer Hitze kochen lassen. Restliche Flüssigkeit abgießen.

Vom Wirsingkohl die äußeren welken Blätter lösen. Den Kohl waschen, viertel, den Strunk herausschneiden und den Kohl in Streifen schneiden. Die Paprikaschoten halbieren, entstielen, entkernen, die weißen Scheidewände entfernen, Schoten waschen und ebenfalls in Streifen schneiden. Die Zwiebeln abziehen und in Würfel schneiden.

Nun das Öl in einem Topf erhitzen und Zwiebeln und Paprika darin andünsten. Wirsingkohl und Weizenkörner zufügen und alles zugedeckt etwa 10 Minuten garen.

Inzwischen Sahne und Curry in einem zweiten Topf etwa 10 Minuten bei geöffnetem Topf einkochen lassen. Die Currysahne mit Thymian, Zitronensaft und Salz abschmecken und zu dem Gemüse servieren.

Pro Person: ca. 670 kcal (2810 kJ). Zubereitungszeit: ca. 60 Minuten (ohne Einweichzeit).

Hähnchenbrust-filet mit Nußsauce

Zutaten *(für 4 Personen):*
4 Hähnchenbrustfilets (à 150 g),
Salz, Pfeffer,
3 Eßlöffel Speiseöl (30 g),
2 Zwiebeln (80 g),
250 ml (¼ l) Rotwein,
125 ml (⅛ l) Fleischbrühe (Instant),
40 g gehackte Walnußkerne,
Salz, Pfeffer,
Zucker,
2 Eßlöffel dunkler Saucenbinder.

Zubereitung: Die Hähnchenbrustfilets unter fließendem kaltem Wasser abspülen, trockentupfen und mit Salz und Pfeffer würzen. Das Öl in einer Pfanne erhitzen und die Filets von jeder Seite etwa 4 Minuten goldbraun braten. Herausnehmen und warmstellen.
Die Zwiebeln abziehen und in feine Würfel schneiden. Die Zwiebelwürfel in das Bratfett geben und anbraten. Den Rotwein und die Brühe angießen. Zum Kochen bringen, die Walnußkerne zufügen und mit Salz, Pfeffer und Zucker abschmecken. Die Sauce mit Saucenbinder binden und zu den Hähnchenbrustfilets servieren. Dazu in Butter geschwenkte Möhren mit Kerbel und Spätzle reichen.
Pro Person: ca. 375 kcal (1580 kJ). Zubereitungszeit: ca. 20 Minuten.

Hackfleischpudding

Zutaten *(für 4 Personen):*
500 g Rinderhackfleisch,
2 Eier,
2 Zwiebeln (100 g),
1 Knoblauchzehe,
Salz, Pfeffer,
Paprika, edelsüß,
1 Brötchen,
100 g Möhren,
100 g Champignons,
100 g Zucchini,
Semmelmehl,
1 Beet Kresse.

Zubereitung: Hackfleisch und Eier vermischen. Zwiebeln und Knoblauchzehe abziehen und fein würfeln. Zu der Hackfleischmasse geben und mit Salz, Pfeffer und Paprika pikant abschmecken. Das Brötchen einweichen, gut ausdrücken und unter den Hackfleischteig kneten.
Möhren schrappen oder schälen, waschen und in Stücke schneiden. Champignons putzen, waschen und eventuell halbieren. Zucchini putzen, waschen und in Stükke schneiden. Das vorbereitete Gemüse unter den Fleischteig mischen.
Eine Puddingform fetten und mit Semmelmehl ausstreuen. Den Fleischteig hineinfüllen und die Form mit Deckel oder Alufolie gut verschließen. Den Pudding etwa 60 Minuten im Wasserbad garen.
Inzwischen die Kresse abschneiden und vorsichtig waschen. Den Pudding aus der Form stürzen und mit Kresse garniert servieren. Dazu Reis und Tomatensauce reichen.
Pro Person: ca. 510 kcal (2140 kJ). Zubereitungszeit: ca. 90 Minuten.

Kabeljau-Ragout

Zutaten *(für 4 Personen):*
750 g Kabeljaufilet,
Zitronensaft,
200 g Kokosraspel,
500 ml (½ l) Wasser,
1–2 Eßlöffel Butter oder Margarine (30 g),
3 Eßlöffel Weizenmehl (30 g),
250 ml (¼ l) Schlagsahne,
Salz, Pfeffer,
3 Teelöffel Currypulver,
2 Teelöffel frisch geriebener Ingwer,
300 g Äpfel.

Zubereitung: Das Fischfilet unter fließendem kaltem Wasser abspülen, trockentupfen und mit Zitronensaft beträufeln. Die Kokosraspel in dem Wasser etwa 10 Minuten kochen, abgießen und die Flüssigkeit auffangen.

Fett in einem Topf zerlassen, das Mehl auf einmal hineingeben und kurz anschwitzen lassen. Nach und nach Kokoswasser und Sahne unter Rühren angießen und die Sauce mit Salz, Pfeffer, Curry und Ingwer scharf abschmecken.

Die Äpfel gut abreiben und waschen oder schälen. In Viertel schneiden und das Kerngehäuse entfernen. Die Apfelviertel in feine Spalten schneiden. Das Fischfilet in Stücke schneiden. Nun Apfelspalten und Fischwürfel in die Sauce geben und etwa 10 Minuten darin ziehen lassen. Dazu Reis reichen.

Pro Person: ca. 600 kcal (2520 kJ). Zubereitungszeit: ca. 40 Minuten.

Aus der Vollwertküche

Kirsch-Aprikosen-Pie

Zutaten *(für 4 Personen):*
Für den Teig:
200 g Weizenvollkornmehl,
125 g Butter oder Margarine,
100 g Honig,
abgeriebene Schale 1 unbehandelten Zitrone,
1 Prise Salz,
¼ Teelöffel gemahlener Zimt.
Außerdem:
250 g Aprikosen,
500 g Sauerkirschen,
2 Eßlöffel Honig,
1 Eigelb,
30 g Haselnußkerne,
1 unbehandelte Zitrone.

Zubereitung: Weizenvollkornmehl, Fett, Honig, Zitronenschale, Salz und Zimt in eine Schüssel geben und mit den Knethaken des Handrührgerätes zu einem glatten Mürbeteig verkneten. Den Teig etwa 30 Minuten kaltstellen.
Inzwischen die Aprikosen kurz in kochendes Wasser geben und dann die Haut abziehen. Die Aprikosen entkernen und vierteln. Die Sauerkirschen waschen, entsteinen und mit Honig beträufeln. Aprikosen und Kirschen in eine Pie- oder Auflaufform geben.
Nun den Mürbeteig auf einer bemehlten Arbeitsfläche ausrollen und die Pieform damit bedecken. Mit den Teigresten die Decke verzieren. Die Oberfläche mit verquirltem Eigelb bestreichen und mit grob gehackten Haselnüssen und abgeriebener Zitronenschale bestreuen. Den Pie im Backofen bei 200 Grad etwa 40 Minuten backen. Dazu Vanillesauce reichen.
Pro Person: ca. 700 kcal (2940 kJ). Zubereitungszeit: ca. 90 Minuten.

Geschmorte Hähnchenkeulen

Zutaten *(für 4 Personen):*
4 Hähnchenkeulen (à 150 g),
Salz, Pfeffer,
Currypulver,
100 g durchwachsener Speck,
1 Eßlöffel Öl (10 g),
125 ml (⅛ l) Weißwein,
500 g Porree,
250 g Möhren,
100 ml Schlagsahne,
evtl. Kerbel zum Verzieren.

Zubereitung: Die Hähnchenkeulen unter fließendem kaltem Wasser abspülen, trokkentupfen und mit Salz, Pfeffer und Curry würzen. Den Speck in breite Streifen schneiden. Das Öl in einer Pfanne erhitzen und Speckstreifen und Hähnchenkeulen darin von allen Seiten braun anbraten.
Dann den Wein angießen und die Hähnchenkeulen zugedeckt etwa 20 Minuten schmoren lassen.
Inzwischen von den Porreestangen den Wurzelansatz und etwa ein Drittel Grün abschneiden. Die Stangen der Länge nach einritzen und gründlich waschen. Den Porree in Ringe schneiden. Die Möhren schrappen oder schälen, waschen und in Streifen schneiden. Das vorbereitete Gemüse und Sahne zu den Hähnchenkeulen geben und alles nochmals etwa 10 Minuten garen lassen. Nach Belieben mit Kerbel verziert anrichten. Dazu Nudeln reichen.
Pro Person: ca. 440 kcal (1850 kJ). Zubereitungszeit: ca. 50 Minuten.

Tomaten-Kaltschale

Zutaten *(für 4 Personen):*
750 g Fleischtomaten,
250 g Staudensellerie,
250 g Zucchini,
1 Apfel (150 g),
1 Packung Tomatenpüree (500 g),
1 Becher Vollmilchjoghurt (150 g),
⅛ l Schlagsahne,
4 Eßlöffel Tomatenmark,
Salz, Pfeffer,
Tabasco,
1 Beet Kresse.

Zubereitung: Die Tomaten kurz in kochendes Wasser geben, in kaltem Wasser abschrecken, enthäuten und die Stengelansätze herausschneiden. Das Fruchtfleisch entkernen und würfeln. Vom Staudensellerie den Wurzelansatz und grüne Blätter abschneiden, waschen und in Stücke schneiden. Von den Zucchini den Blütenansatz abschneiden. Die Zucchini waschen und in Stücke schneiden. Den Apfel schälen, entkernen und kleinschneiden. Die Hälfte des vorbereiteten Gemüses beiseite stellen. Das restliche Gemüse und Apfel pürieren. Dabei Tomatenpüree, Joghurt, Sahne und Tomatenmark zufügen. Die Kaltschale mit Salz, Pfeffer und Tabasco abschmekken.
Die Kresse abschneiden und vorsichtig waschen. Die Tomaten-Kaltschale mit dem restlichen Gemüse anrichten und mit Kresse garnieren.
Pro Person: ca. 270 kcal (1130 kJ). Zubereitungszeit: ca. 40 Minuten.

Eier auf Kräuter-Quark-Remoulade

Zutaten *(für 4 Personen):*
8 Eier.
Für die Remoulade:
1 Ei,
½ Teelöffel Senf,
Salz,
Zucker,
125 ml (⅛ l) Speiseöl,
125 g Magerquark,
2 Gewürzgurken (100 g),
1 Zwiebel (30 g),
1 Bund Schnittlauch,
1 Bund Petersilie,
½ Bund Dill,
Pfeffer,
1–2 Teelöffel Zitronensaft.
Außerdem:
1 Glas Lachskaviar (50 g).

Zubereitung: Die Eier hartkochen, abschrecken und pellen.
Für die Remoulade Ei, Senf, Salz und Zucker verrühren und das Öl unter Rühren tropfenweise zufügen. (Wichtig: Alle Zutaten müssen Zimmertemperatur haben.) Den Magerquark unterrühren. Gewürzgurken in feine Würfel schneiden. Die Zwiebel abziehen und ebenfalls fein würfeln. Die Kräuter unter fließendem kaltem Wasser abspülen, trockentupfen und den Schnittlauch in feine Röllchen schneiden.
Die übrigen Kräuter von den Stielen zupfen und fein hakken. Gurken- und Zwiebelwürfel, sowie die gehackten Kräuter unter die Quarkmayonnaise mischen und die Remoulade mit Salz, Pfeffer, Zucker und Zitronensaft pikant abschmecken.
Nun die Eier halbieren und den Lachskaviar darauf verteilen. Die Remoulade dazu servieren. Nach Belieben mit Schnittlauch garnieren. Dazu Pellkartoffeln reichen.
Pro Person: ca. 560 kcal (2350 kJ). Zubereitungszeit: ca. 30 Minuten.

Ohne Fleisch

Überbackener Blattspinat mit Pilzen

Zutaten *(für 4 Personen):*
1 kg frischer Spinat,
2 Eßlöffel Butter oder Margarine (40 g),
1 Zwiebel (40 g),
1 Knoblauchzehe,
500 g Champignons,
Salz, Pfeffer.
Für den Guß:
125 ml (⅛ l) Schlagsahne,
1 Ei,
1 Eigelb,
Salz, Pfeffer,
geriebene Muskatnuß.

Zubereitung: Den Spinat verlesen und gründlich waschen. Dann tropfnaß in einen Topf geben und einmal aufkochen lassen. Danach auf einem Sieb abtropfen lassen. Das Fett in einem Topf erhitzen. Zwiebel und Knoblauchzehe abziehen und fein würfeln. Zwiebel- und Knoblauchwürfel in heißem Fett glasig dünsten. Die Champignons putzen, waschen und blättrig schneiden. Zu den Zwiebeln geben und etwa 2 Minuten mitdünsten. Mit Salz und Pfeffer würzen.
Nun den Spinat und das Zwiebel-Pilzgemisch in eine gefettete Auflaufform geben. Für den Guß Sahne, Ei, Eigelb, Salz, Pfeffer und geriebene Muskatnuß verrühren und das Gemüse damit begießen. Im Backofen bei 225 Grad etwa 20 Minuten überbacken. Dazu Baguette reichen.
Pro Person: ca. 330 kcal (1390 kJ). Zubereitungszeit: ca. 50 Minuten.

Für Gäste

Kalbfleisch mit Thunfischsauce

Zutaten *(für 4 Personen):*
1 kg Kalbsbraten (aus der Keule),
1 Bund Suppengrün,
2 Knoblauchzehen,
750 ml (¾ l) Fleischbrühe (Instant),
2 Lorbeerblätter,
Pfeffer,
125 ml (¼ l) Weißwein,
2 Bund Petersilie.
Für die Sauce:
1 Dose Thunfisch in Öl (180 g),
125 ml (⅛ l) Schlagsahne,
10 Eßlöffel Olivenöl (100 ml),
1 Eßlöffel Kapern,
Saft 1 Zitrone,
10 Eßlöffel Kalbsbrühe (100 ml),
Salz, Pfeffer.

Zubereitung: Das Fleisch unter fließendem kaltem Wasser abspülen. Das Suppengrün putzen, waschen und in Stükke schneiden. Die Knoblauchzehen abziehen. Brühe zum Kochen bringen. Fleisch, Suppengrün, Knoblauchzehen, Lorbeerblätter und Pfeffer zufügen und alles im geschlossenen Topf bei geringer Hitze etwa 70 Minuten garziehen lassen. Wein und gewaschene Petersilie zufugen. Das Fleisch in der Brühe auskühlen lassen.
Für die Sauce den Thunfisch abtropfen lassen. Danach pürieren und Sahne, Öl, Kapern, Zitronensaft und Kalbsbrühe unterrühren. Die Sauce mit Salz und Pfeffer abschmecken. Das Fleisch aufschneiden und mit der Sauce anrichten. Nach Belieben mit Lorbeerblättern und Kapern garniert servieren. Dazu Baguette reichen.
Pro Person: ca. 790 kcal (3320 kJ). Zubereitungszeit: ca. 90 Minuten.

Rote Grütze

Zutaten *(für 4 Personen):*
500 g rote Johannisbeeren,
500 g Brombeeren,
250 g Erdbeeren,
250 g Himbeeren,
500 ml (½ l)
Johannisbeersaft,
150–200 g Zucker,
70 g Speisestärke.

Zubereitung: Die Johannisbeeren waschen und mit einer Gabel von den Stielen streifen. Die Brombeeren und Erdbeeren waschen und den Blütenansatz entfernen. Die Himbeeren waschen und verlesen. Johannisbeersaft und Zucker in einem Topf zum Kochen bringen. Die Früchte zufügen und etwa 2 Minuten kochen lassen (siehe Tip).

Die Speisestärke in wenig kaltem Wasser anrühren, unter Rühren in die Grütze gießen und diese damit binden. Dazu flüssige Sahne, Vanillesauce oder Eiskrem reichen.

Pro Person: ca. 270 kcal(1130 kJ). Zubereitungszeit: ca. 30 Minuten.

Grütze – auch mit Tiefkühlfrüchten

Die Grütze können Sie schnell und einfach auch mit tiefgefrorenen Früchten kochen. Dafür die Beeren unaufgetaut in den Saft mit Zucker geben, 2 Minuten kochen und nach Rezept weiter zubereiten

Aal in Salbeibutter

Zutaten *(für 4 Personen):*
1, 2 kg grüne Aale (küchenfertig),
Saft 1 Zitrone,
Salz, Pfeffer,
100 g Butter oder Margarine,
½ unbehandelte Zitrone,
1 Eßlöffel Kapern,
1 Bund Salbei.

Zubereitung: Die Aale unter fließendem kaltem Wasser abspülen, trockentupfen und in Stücke schneiden. Mit Zitronensaft (siehe Tip) beträufeln und mit Salz und Pfeffer würzen. Das Fett in einer Pfanne erhitzen und die Aalstücke darin in etwa 10 Minuten von allen Seiten braun anbraten.

Die Schale der halben Zitrone abreiben und den Saft auspressen. Zitronenschale, -saft, Kapern und die abgezupften, gewaschenen Salbeiblätter zum Aal geben und 2 Minuten mitdünsten. Den Aal nach Belieben mit Zitronenscheiben und Salbei anrichten. Dazu Petersilienkartoffeln und Salat reichen.

Pro Person: ca. 820 kcal (3440 kJ). Zubereitungszeit: ca. 20 Minuten.

So geben Zitronen besonders viel Saft:

Harte und noch nicht reife Zitronen lassen sich schlecht auspressen. Hier zwei Tricks, damit sie mehr Saft geben: Legen Sie die Zitronen kurz vor Gebrauch in heißes Wasser. Rollen Sie die Zitronen mit der flachen Hand unter leichtem Druck auf der Arbeitsfläche hin und her.

Blumenkohlsuppe

Zutaten *(für 4 Personen):*
1 Blumenkohl (800 g),
750 ml (¾ l) Gemüsebrühe,
250 ml (¼ l) Schlagsahne,
2 Eigelb.
Für die Klößchen:
50 g Hirse,
150 ml Wasser,
150 g geriebener Gouda Käse,
75 g Weizenvollkornmehl,
2 Eier,
100 g Magerquark,
Salz, Pfeffer,
geriebene Muskatnuß,
½ Bund Kerbel,
Außerdem:
50 g Hirse,
½ Bund Kerbel.

Zubereitung: Zuerst für die Klößchen Hirse und Wasser zum Kochen bringen und etwa 20 Minuten garen. Danach abtropfen und auskühlen lassen. Käse, Mehl, Eier und Quark unterrühren. Mit Salz, Pfeffer und Muskat abschmecken. Den Kerbel abspülen, trockentupfen, die Blättchen von den Stielen zupfen und fein hacken. Zuletzt unter den Klößchenteig rühren. Nun mit zwei Teelöffeln kleine Klößchen abstechen und in siedendem, leicht gesalzenem Wasser etwa 5 Minuten garziehen lassen. Herausnehmen und in Hirse wälzen.
Blumenkohl vom grünen Strunk befreien, den Kohlkopf waschen und in Röschen teilen. Brühe und Sahne zum Kochen bringen. Blumenkohlröschen zufügen und zugedeckt etwa 10 Minuten kochen. Die Suppe mit Eigelb legieren. Die Hirseklößchen in die Suppe geben und kurz darin erwärmen. Die Suppe mit Salz, Pfeffer und Muskat abschmecken und mit gewaschenen Kerbelblättern garniert servieren.
Pro Person: ca. 680 kcal (3280 kJ). Zubereitungszeit: ca. 60 Minuten.

Rindfleischsalat

Zutaten *(für 4 Personen):*
500 g Rindfleisch (aus der Keule),
1 Bund Suppengrün,
Salz,
150 g gekochte Kartoffeln,
1 rote Paprikaschote (150 g),
1 Gewürzgurke (100 g),
1 Dose Maiskörner (Abtropfgewicht 280 g),
1 Glas Silberzwiebeln (Abtropfgewicht 190 g).

Für die Marinade:
4 Eßlöffel Essig,
4 Eßlöffel Speiseöl (40 g),
Salz, Tabasco.
Außerdem:
evtl. glatte Petersilie zum Garnieren.

Zubereitung: Das Fleisch unter fließendem kaltem Wasser abspülen. Suppengrün putzen, waschen und in Stücke schneiden. Fleisch und Suppengrün in einen Topf geben, mit Wasser bedecken und alles zum Kochen bringen. Salz zufügen und alles etwa 1 Stunde kochen lassen. Danach das Fleisch aus der Brühe nehmen und abkühlen lassen. (Brühe auffangen und eventuell später für eine Suppe verwenden.) Das kalte Fleisch in feine Streifen schneiden.
Die Kartoffeln pellen und in dünne Scheiben schneiden. Die Paprikaschote halbieren, entstielen, entkernen, die weißen Scheidewände entfernen, Schoten waschen und würfeln. Die Gewürzgurke in Scheiben schneiden. Mais und Silberzwiebeln abtropfen lassen. Für die Marinade Essig und Öl verrühren und mit Salz und Tabasco abschmekken.
Salatzutaten in einer Schüssel vermischen. Marinade darübergießen und den Salat durchziehen lassen. Nach Belieben mit glatter Petersilie garnieren. Dazu Roggenbrot reichen.
Pro Person: ca. 570 kcal (2390 kJ). Zubereitungszeit: ca. 80 Minuten.

AUGUST

Obst und Gemüse gibt es in Hülle und Fülle. Auch die Preise dafür sind erfreulich niedrig. Kein Wunder, daß unser Küchenzettel im August besonders vielfältig ist. Es gibt Gerichte mit Bohnen, Wirsing, frischen Möhren, Erbsen, Zucchini und Schmorgurken. Außerdem haben wir häufig Tomaten für die Zubereitung der einzelnen Mahlzeiten verwendet. Auch Fisch fehlt nicht, denn er ist sehr gesund. Wir empfehlen Schellfisch und Makrelen.

Bohnen-Tomaten-Gemüse mit Bratwurst

Zutaten *(für 4 Personen):*
500 g grüne Bohnen,
125 ml ($\frac{1}{8}$ l) Wasser,
Salz,
600 g kleine Tomaten,
125 g Bacon (Frühstücksspeck),
2–3 Eßlöffel Butterschmalz (50 g),
8 Rostbratwürstchen (à 50 g),
1 Bund Petersilie.

Zubereitung: Die Enden der Bohnen abschneiden und die Bohnen waschen. Wasser und Salz in einem Topf zum Kochen bringen und die Bohnen darin zugedeckt etwa 15 Minuten garen.
Die Tomaten kurz in kochendes Wasser geben, in kaltem Wasser abschrecken, enthäuten, die Stengelansätze herausschneiden. Den Bacon in breite Streifen schneiden. Das Butterschmalz in einer Pfanne erhitzen, Speckstreifen und Bratwürstchen darin in etwa 5 Minuten von allen Seiten braun braten. Die abgetropften Bohnen und Tomaten zufügen und kurz mitbraten. Die Petersilie unter fließendem kaltem Wasser abspülen, trockentupfen, die Blättchen von den Stielen zupfen und grob hacken. Das Gericht mit Petersilie bestreut anrichten. Dazu Brot reichen.
Pro Person: ca. 490 kcal (2050 kJ). Zubereitungszeit: ca 30 Minuten.

Für Singles

Currycreme-suppe mit Putenfleisch

Zutaten *(für 4 Personen):*
500 g Putenbrust,
1 l Hühnerbrühe (Instant),
1 Bund Suppengrün.
Außerdem:
250 g Zuckerschoten,
250 g Zucchini,
500 g Porree,
250 ml (¼ l) Schlagsahne,
250 ml (¼ l) Weißwein,
Currypulver,
Salz, Pfeffer,
Zucker,
3 Eßlöffel heller Saucenbinder,
1 Bund Kerbel.

Zubereitung: Die Putenbrust abspülen. Die Hühnerbrühe in einem Topf zum Kochen bringen. Das Suppengrün putzen, waschen und in Stükke schneiden. Fleisch und Suppengrün in die Brühe geben und alles etwa 20–25 Minuten zugedeckt garen.
Inzwischen von den Zuckerschoten die Enden abschneiden. Von den Zucchini den Blütenansatz abschneiden. Von den Porreestangen den Wurzelansatz und etwa ein Drittel Grün abschneiden. Zuckerschoten, Zucchini und Porree waschen. Zucchini in Scheiben und Porree in Ringe schneiden.
Nun die Brühe durch ein Sieb in einen zweiten Topf gießen. Das vorbereitete Gemüse zufügen und zugedeckt etwa 8 Minuten kochen. Sahne und Wein zugießen und die Suppe mit Curry, Salz, Pfeffer und Zucker abschmecken. Den Saucenbinder einstreuen und die Suppe damit binden. Den Kerbel abspülen, trockentupfen, die Blättchen von den Stielen zupfen und zuletzt in die Suppe geben.
Pro Person: ca. 530 kcal (2230 kJ). Zubereitungszeit: ca. 45 Minuten.

Gefüllte Schweinerouladen

Zutaten *(für 4 Personen):*
4 Schweinerouladen (à 150 g),
1 Eßlöffel Magerquark (50 g),
2 Eßlöffel Senf,
4 dünne Scheiben roher Schinken (120 g),
2 Möhren (120 g),
2 Frühlingszwiebeln (120 g),
1 Bund Schnittlauch,
1 Bund glatte Petersilie,
2 Eßlöffel Speiseöl (20 g),
1 Bund Suppengrün,
125 ml (⅛ l) Weißwein,
125 ml (⅛ l) Schlagsahne,
Salz, Pfeffer.

Zubereitung: Fleisch abspülen und trockentupfen. Rouladen mit Quark und Senf bestreichen und mit einer Scheibe Schinken belegen.
Die Möhren putzen, schrappen, waschen und in Streifen schneiden. Frühlingszwiebeln waschen und in Streifen schneiden. Schnittlauch und Petersilie abspülen, trockentupfen, den Schnittlauch in Röllchen schneiden und Petersilie fein hacken. Vorbereitetes Gemüse und Kräuter auf den Rouladen verteilen.
Rouladenfleisch fest aufrollen und mit Küchengarn zusammenbinden. Öl in einem Schnellkochtopf erhitzen und Rouladen darin braun anbraten. Suppengrün putzen, waschen, kleinschneiden und kurz mit anbraten. Mit Wein ablöschen. Topf schließen und Rouladen etwa 10 Minuten schmoren. (Im normalen Topf etwa 40 Minuten.)
Rouladen warmstellen. Suppengrün und Bratenfond pürieren. Sahne dazugießen und die Sauce mit Salz und Pfeffer abschmecken. Nach Belieben mit glatter Petersilie garniert servieren. Dazu Salzkartoffeln reichen.
Pro Person: ca. 580 kcal (2440 kJ). Zubereitungszeit: ca. 40 Minuten.

Aus dem Schnellkochtopf

Schellfisch mit Senfsauce

Zutaten *(für 4 Personen):*
250 ml (¼ l) Wasser,
250 ml (¼ l) Weißwein,
1 Zwiebel (40 g),
1 Bund Suppengrün,
1 Lorbeerblatt,
Pfeffer,
2 Teelöffel Fischwürze,
800 g Schellfischfilet,
Zitronensaft,
Salz,
125 g Crème fraîche,
1–2 Eßlöffel scharfer Senf,
2 Eßlöffel Aquavit (klarer Korn),
3 Eßlöffel Butter (60 g).
Außerdem:
evtl. Dill zum Garnieren.

Zubereitung: Wasser und Wein in einem Topf zum Kochen bringen. Die Zwiebel abziehen. Das Suppengrün putzen, waschen und in Stücke schneiden. Zwiebel, Suppengrün, Lorbeerblatt, Pfeffer und Fischwürze in die Flüssigkeit geben und alles etwa 20 Minuten im geöffneten Topf köcheln lassen.
Das Schellfischfilet unter fließendem kaltem Wasser abspülen, trockentupfen, mit Zitronensaft beträufeln und mit Salz würzen. In den Sud geben und etwa 10 Minuten darin ziehen lassen. Danach den Fisch herausnehmen und warmstellen. Den Sud durch ein Sieb in einen zweiten Topf gießen und auf ¼ Liter einkochen lassen. Crème fraîche, Senf und Aquavit zufügen. Die Sauce mit eisgekühlten Butterflöckchen binden. Dafür die Butterstücke in der Sauce schwenken, bis sie geschmolzen sind. Sauce abschmecken. Schellfisch und Senfsauce anrichten und nach Belieben mit Dill garnieren. Dazu gedünstete Gurkenkugeln und Salzkartoffeln reichen.
Pro Person: ca. 430 kcal (1780 kJ). Zubereitungszeit: ca. 40 Minuten.

Gemüsepuffer

Zutaten *(für 4 Personen):*
400 g Möhren,
250 g Sojasprossen,
3 Eier,
120 g Magerquark,
70 g Hirseflocken,
Salz,
Pfeffer,
1 Bund Petersilie,
4 Eßlöffel Speiseöl (40 g).

Zubereitung: Die Möhren putzen, schrappen oder schälen, waschen und fein raffeln. Die Sojasprossen waschen und abtropfen lassen. Möhren, Sojasprossen, Eier, Quark und Hirseflocken vermischen und mit Salz und Pfeffer abschmecken. Die Petersilie unter fließendem kaltem Wasser abspülen, trockentupfen, die Blättchen von den Stielen zupfen, waschen und fein hacken. Zuletzt unter den Teig mischen.
Das Öl nach und nach in einer Pfanne erhitzen und von dem Teig nacheinander kleine Puffer darin ausbacken. Dazu eine Vinaigrette mit Kräutern (Essig-Öl-Marinade) reichen.
Pro Person: ca. 300 kcal (1250 kJ). Zubereitungszeit: ca. 25 Minuten.

Gemüseeintopf mit Brätklößchen

Zutaten *(für 4 Personen):*
1 kg Rinderknochen,
2 Zwiebeln (100 g),
1 l Wasser,
Salz,
1 Lorbeerblatt,
500 g Kartoffeln,
1 Kohlrabi (300 g),
1 Blumenkohl (800 g),
Außerdem:
1 Bund Petersilie,
300 g Bratwurstbrät.
150 g tiefgefrorene Erbsen.

Zubereitung: Die Rinderknochen waschen. Die Zwiebeln abziehen. Wasser in einen Topf gießen. Knochen, Zwiebeln, Salz und Lorbeerblatt zufügen und alles zum Kochen bringen. Die Brühe abschäumen und dann etwa 2 Stunden im geöffneten Topf leicht köcheln lassen.

Inzwischen Kartoffeln und Kohlrabi schälen, waschen und in Stücke schneiden. Vom Blumenkohl den grünen Strunk abschneiden, den Kohlkopf waschen und in Röschen teilen.

Nun die Brühe durch ein Sieb in einen zweiten Topf gießen und das vorbereitete Gemüse zufügen. Etwa 8 Minuten zugedeckt garen.

Die Petersilie unter fließendem kaltem Wasser abspülen, trockentupfen, die Blättchen von den Stielen zupfen und fein hacken. Bratwurstbrät und gehackte Petersilie vermischen und aus der Masse mit nassen Händen kleine Klößchen formen. Die Brätklößchen und Erbsen in die Brühe geben und etwa 5 Minuten darin ziehen lassen. Den Gemüseeintopf nach Belieben mit Petersilie verziert servieren.

Pro Person: ca. 460 kcal (1930 kJ). Zubereitungszeit: ca. 150 Minuten.

Salami-Kartoffel-Salat

Zutaten *(für 4 Personen):*
500 g Kartoffeln,
1 Gewürzgurke (100 g),
100 g rote Bohnen (aus der Dose),
1 grüne Paprikaschote (150 g),
2 Tomaten (100 g),
2 Zwiebeln (100 g),
2 hartgekochte Eier,
1 Kopf grüner Salat,
150 g Salami (in dünnen Scheiben).
Für die Sauce:
100 g Mayonnaise (50 % Fett),
1 Becher saure Sahne (250 g),
2 Eßlöffel Senf,
3 Eßlöffel Zitronensaft,
Zucker, Salz,
1 Bund Schnittlauch.

Zubereitung: Die Kartoffeln waschen und mit der Schale kochen. Danach kurz abkühlen lassen und pellen. Die gut durchgekühlten Kartoffeln in dünne Scheiben schneiden. Die Gewürzgurke ebenfalls in Scheiben schneiden. Die Bohnen abtropfen lassen. Die Paprikaschote halbieren, entstielen, entkernen, die Scheidewände entfernen, die Schote waschen und in Würfel schneiden. Die Tomaten waschen und achteln. Die Zwiebeln abziehen und in Ringe schneiden. Die Eier pellen und achteln. Den Salat zerpflücken und die Salatblätter waschen und trockentupfen. Die Salatzutaten mischen und auf den Salatblättern anrichten. Für die Sauce Mayonnaise, saure Sahne und Senf verrühren und mit Zitronensaft, Zucker und Salz abschmekken. Den Schnittlauch abspülen, trockentupfen und in Röllchen schneiden. Schnittlauchröllchen unter die Sauce rühren. Die Sauce über die Salatzutaten gießen. Gut gekühlt servieren.
Pro Person: ca. 700 kcal (2930 kJ). Zubereitungszeit: ca. 45 Minuten.

Spaghetti mit Kräutersauce

Zutaten *(für 4 Personen):*
250 g Spaghetti.
Für die Sauce:
200 ml Schlagsahne,
4 Eier,
2 Knoblauchzehen,
Salz, Pfeffer,
geriebene Muskatnuß,
2 Bund Petersilie,
2 Bund Basilikum,
1 Bund Dill.
Außerdem:
250 g kleine Tomaten.

Zubereitung: Die Spaghetti nach Anweisung auf der Packung garen.
Für die Sauce Sahne und Eier verschlagen. Die Knoblauchzehen abziehen und durch die Knoblauchpresse drükken. Knoblauch, Salz, Pfeffer und geriebene Muskatnuß zu der Eiersahne geben und abschmecken.
Petersilie, Basilikum und Dill unter fließendem kaltem Wasser abspülen, trockentupfen, die Blättchen von den Stielen zupfen und fein hakken. Ebenfalls zu der Eiersahne geben. Diese dann in einem Topf bei geringer Hitze unter ständigem Schlagen erhitzen, bis sie dicklich wird.
Die Tomaten kurz in kochendes Wasser geben, in kaltem Wasser abschrecken, enthäuten, die Stengelansätze herausschneiden. Tomaten und abgetropfte Spaghetti in die Sauce geben und kurz darin erhitzen. Nach Belieben mit einem Kräutersträußchen garniert servieren. Dazu Salat reichen.
Pro Person: ca. 510 kcal (2150 kJ). Zubereitungszeit: ca. 25 Minuten.

Geflügel-geschnetzeltes

Zutaten *(für 4 Personen):*
500 g Hähnchenbrustfilet.
Für die Marinade:
3 Eßlöffel Sojasauce,
3 Eßlöffel Sherry,
1 Teelöffel Sambal Olek,
1 Eßlöffel Honig,
Currypulver.
Außerdem:
350 g Porree,
350 g rote Paprikaschoten,
2 Eßlöffel Speiseöl (20 g),
250 ml (¼ l) Fleischbrühe (Instant),
1–2 Eßlöffel dunkler Saucenbinder.

Zubereitung: Die Hähnchenbrustfilets unter fließendem kaltem Wasser abspülen, trockentupfen und in feine Streifen schneiden. Dafür eventuell leicht anfrieren.
Für die Marinade Sojasauce, Sherry, Sambal Olek, Honig und Curry verrühren. Die Marinade über das geschnetzelte Hähnchenfleisch gießen und alles etwa 3 Stunden zugedeckt marinieren.
Von den Porreestangen den Wurzelansatz und etwa ein Drittel Grün abschneiden. Die Stangen der Länge nach einritzen und gründlich waschen. Paprikaschoten halbieren, entstielen, entkernen und waschen. Porree und Paprika in Streifen schneiden.
Das Öl in einer Pfanne erhitzen und das gut abgetropfte Fleisch darin portionsweise anbraten. Das Fleisch herausnehmen und das Gemüse ebenfalls anbraten. Das Fleisch wieder zufügen und mit Brühe ablöschen. Alles etwa 3–4 Minuten schmoren lassen. Das Gericht mit Sambal Olek, Sojasauce und Sherry scharf abschmecken. Den Saucenbinder einstreuen und die Flüssigkeit damit binden. Dazu Reis reichen.
Pro Person: ca. 280 kcal (1160 kJ). Zubereitungszeit: ca. 25 Minuten (ohne Marinierzeit).

Aufgerollte Bratwurst mit Wirsing

Zutaten *(für 4 Personen):*
1 Meter (400 g) ungebrühte grobe Bratwurst (1 Tag vorher beim Schlachter bestellen),
500 g Wirsing,
125 g Möhren,
2 Eßlöffel Butterschmalz (40 g),
Salz, Pfeffer,
2 Eßlöffel Speiseöl (20 g),
1 Bund Petersilie.
Außerdem:
2 große Fleischspieße.

Zubereitung: Die Bratwurst zu einer Rolle wickeln und mit zwei großen Fleischspießen feststecken. Dann 2–3 Minuten in siedendes Wasser legen und mit Küchenpapier trokkentupfen.

Die äußeren welken Blätter vom Wirsing abtrennen. Den Kohl waschen und kleinschneiden. Die Möhren putzen, schrappen oder schälen, waschen und in Stifte schneiden. Das Butterschmalz in einem Topf erhitzen und das vorbereitete Gemüse darin anschmoren. Mit Salz und Pfeffer würzen. Zugedeckt etwa 10 Minuten garen.

Inzwischen das Öl in einer Pfanne erhitzen und den Bratwurstring darin von jeder Seite etwa 5 Minuten braten. Den Bratwurstring auf dem Gemüse anrichten. Die Petersilie unter fließendem kaltem Wasser abspülen, trockentupfen, die Blättchen von den Stielen zupfen und fein hacken. Das Gericht mit gehackter Petersilie bestreut servieren.
Pro Person: ca. 410 kcal (1730 kJ). Zubereitungszeit: ca. 35 Minuten.

Tomatentopf

Zutaten *(für 4 Personen):*
500 g Schweinenacken (ohne Knochen),
500 g Kartoffeln,
1 Bund Frühlingszwiebeln,
1 kleine Dose Aprikosen (Abtropfgewicht 240 g),
Salz, Pfeffer,
gerebelter Majoran,
250 ml (¼ l) Schlagsahne,
1 Packung pürierte Tomaten (500 g).

Zubereitung: Das Fleisch unter fließendem kaltem Wasser abspülen, trockentupfen und in Würfel schneiden. Die Kartoffeln schälen, waschen und in Scheiben schneiden. Von den Frühlingszwiebeln den Wurzelansatz und etwa ein Drittel Grün abschneiden, die Zwiebeln waschen und in Ringe schneiden. Die Kartoffelscheiben und 6 Eßlöffel Wasser zugedeckt in der Mikrowelle bei 600 Watt 8 Minuten garen.
Fleisch, Frühlingszwiebeln und abgetropfte Aprikosen zufügen. Mit Salz, Pfeffer und Majoran bestreuen und mit Sahne und Tomatenpüree übergießen. Alles zugedeckt in der Mikrowelle bei 600 Watt etwa 20 Minuten weitergaren. Dazu Brot reichen.
Pro Person: ca. 835 kcal (3510 kJ). Zubereitungszeit: ca. 50 Minuten.

Mit der Mikrowelle

Das süße Hauptgericht

Quark-Knödel mit Kompott

Zutaten *(für 4 Personen):*
2 Pakete Quark-Knödel (à 4 Stück),
3 l Wasser,
Salz.

Für das Kompott:
400 g Nektarinen,
400 g Aprikosen,
250 ml (¼ l) Aprikosensaft,
Saft und Schale 1 unbehandelten Zitrone,
gemahlener Zimt,
75 g Zucker,
1 Bund Minze.

Zubereitung: Zuerst für das Kompott die Nektarinen und Aprikosen in kochendem Wasser 2 Minuten blanchieren. Danach die Haut abziehen. Die Früchte halbieren und entsteinen. Die Nektarinen in Streifen schneiden.

Aprikosensaft, Saft und Schale der Zitrone, Zimt und Zukker in einem Topf zum Kochen bringen und die Früchte zufügen. Etwa 3 Minuten dünsten. Die Minze unter fließendem kaltem Wasser abspülen, trockentupfen, die Blättchen von den Stielen zupfen und fein hacken. Die gehackte Minze zuletzt zum Kompott geben und abschmecken.

Die Quark-Knödel nach Pakkungsanweisung zubereiten. Das Kompott kalt oder warm dazu servieren. Nach Belieben mit in brauner Butter geröstetem Semmelmehl servieren und mit Minze garnieren.

Pro Person: ca. 430 kcal (1820 kJ). Zubereitungszeit: ca. 40 Minuten.

Makrelencreme

Zutaten *(für 4 Personen):*
1 geräucherte Makrele (500 g),
100 g Doppelrahmfrischkäse,
2 Eßlöffel Crème fraîche (100 g),
Salz, Pfeffer,
Saft ½ Zitrone,
1 Zwiebel (30 g),
1 Bund Schnittlauch,
2 Blatt weiße Gelatine.
Außerdem:
750 g Tomaten,
1 gelbe Paprikaschote (250 g),
1 Zwiebel (40 g),
2 Eßlöffel Speiseöl (20 g),
2 Eßlöffel Rotweinessig,
1 Bund Basilikum.

Zubereitung: Makrele filieren. Frischkäse, Crème fraîche, Salz, Pfeffer, Zitronensaft und Makrelenfilets pürieren. Zwiebel abziehen und fein würfeln. Schnittlauch abspülen, trockentupfen und in feine Röllchen schneiden. Zwiebelwürfel und Schnittlauchröllchen unter das Makrelenmousse mischen. Eingeweichte, gut ausgedrückte und aufgelöste Gelatine unterrühren und das Mousse etwa 1 Stunde kalt stellen.
Die Tomaten kurz in kochendes Wasser geben, in kaltem Wasser abschrecken, enthäuten. Paprikaschote halbieren, entstielen, entkernen und waschen. Tomaten und Paprika würfeln. Zwiebel abziehen und fein hacken.
Öl erhitzen und Zwiebel-, Tomaten- und Paprikawürfel darin dünsten. Essig zufügen und mit Salz und Pfeffer abschmecken. Basilikum abspülen, trockentupfen und die Blättchen fein hacken. Zuletzt zum Gemüse geben. Das Gemüse etwas abkühlen lassen und mit dem Mousse anrichten. Nach Belieben mit Basilikum garnieren. Dazu Baguette reichen.
Pro Person: ca. 400 kcal (1510 kJ). Zubereitungszeit: ca. 35 Minuten (ohne Gelierzeit).

Aus der Vollwertküche

Eierkuchen mit Nüssen und Kräutern

Zutaten *(für 4 Personen):*
2 Bund Petersilie,
½ Bund Minze,
8 Eier,
Salz, Pfeffer,
125 ml (⅛ l) Milch,
30 g Haselnußkerne (siehe Tip),
30 g Kürbiskerne,
30 g Mandeln,
2 Eßlöffel Speiseöl (20 g).

Zubereitung: Petersilie und Minze unter fließendem kaltem Wasser abspülen, trockentupfen, die Blättchen von den Stielen zupfen und fein hacken. Eier, gehackte Kräuter, Salz, Pfeffer, Milch und feingehackte Haselnußkerne, Kürbiskerne und Mandeln verquirlen.

Das Öl in einer beschichteten Pfanne erhitzen und die Masse darin zugedeckt bei geringer Hitze etwa 10 Minuten stocken lassen. Nach Belieben mit Petersilie und Minze verziert servieren. Dazu Friséesalat reichen.
Pro Person: ca. 460 kcal (1930 kJ). Zubereitungszeit: ca. 25 Minuten.

Haselnüsse: Einkauf und Aufbewahrung

Je frischer die Haselnüsse, desto besser schmecken sie. Kaufen Sie deshalb nur Nüsse, die noch eine lange Zeit bis zum Ablauf des Mindesthaltbarkeitsdatums vor sich haben. Bewahren Sie Nüsse immer kühl und dunkel auf. Schimmelige Nüsse wegwerfen. Sie sind gesundheitsschädlich.

Pellkartoffeln mit Schinken und Dip

Zutaten *(für 4 Personen):*
1 kg Kartoffeln, Salz,
nach Belieben Kümmel.
Für den Dip:
1 Becher Crème double (125 g),
150 g Magerquark,
75 g Blauschimmelkäse,
Pfeffer, Salz,
Paprika, edelsüß,
½ Bund Dill,
1 reife Birne (200 g),
100 g Lachsschinken (in Scheiben).

Zubereitung: Die Kartoffeln waschen und mit Schale etwa 25 Minuten in Salz- bzw. Salz-Kümmel-Wasser kochen. Inzwischen für den Dip Crème double, Magerquark und Blauschimmelkäse gut verrühren und mit Pfeffer, Salz und Paprika abschmecken. Den Dill unter fließendem kaltem Wasser abspülen, trockentupfen und die Blättchen von den Stielen zupfen. Die Birne waschen und trockenreiben. Dann vierteln, das Kerngehäuse herausschneiden und das Fruchtfleisch in schmale Streifen schneiden. Nun die Kartoffeln pellen und mit dem Dip anrichten. Mit Dill, Birnenspalten und Lachsschinken garnieren.
Pro Person: ca. 490 kcal (2040 kJ). Zubereitungszeit: ca. 25 Minuten.

Schweinefilet mit Kräuterfüllung

Zutaten *(für 4 Personen):*
2 Schweinefilets (à 250 g),
Salz, Pfeffer,
2 Teelöffel Senf.
Für die Füllung:
1 großes Bund Petersilie,
1 Zwiebel (30 g),
1 Knoblauchzehe,
1 Eßlöffel Kapern.
Außerdem:
100 g Frühstücksspeck (in Scheiben),
2 Eßlöffel Speiseöl (20 g),
125 ml (⅛ l) Fleischbrühe (Instant),
125 ml (⅛ l) Weißwein,
100 g Crème fraîche,
1–2 Eßlöffel heller Saucenbinder.

Zubereitung: Die Schweinefilets unter fließendem kaltem Wasser abspülen, trockentupfen und der Länge nach einschneiden. Mit Salz und Pfeffer würzen und mit Senf bestreichen.
Für die Füllung die Petersilie unter fließendem kaltem Wasser abspülen, trockentupfen, die Blättchen von den Stielen zupfen und fein hakken. Zwiebel und Knoblauchzehe abziehen und fein würfeln. Gehackte Petersilie, Kapern, Zwiebel- und Knoblauchwürfel mischen und die Filets damit füllen. Das Fleisch mit Speckscheiben umwickeln.
Das Öl in einer Pfanne erhitzen und die Filets darin rundherum braun anbraten. Mit Brühe und Wein ablöschen und das Fleisch zugedeckt etwa 15 Minuten schmoren lassen. Danach warmstellen.
Nun die Crème fraîche in den Bratenfond rühren und mit Saucenbinder binden. Nach Belieben mit Petersilie verziert servieren. Dazu Kartoffelgratin und Bohnen reichen.
Pro Person: ca. 520 kcal (2160 kJ). Zubereitungszeit: ca. 30 Minuten.

Das süße Hauptgericht

Gemüsekuchen mit Weizenkörnern

Zutaten *(für 4 Personen):*
300 g Weizenkörner,
600 ml Wasser,
1 Würfel Gemüse-Brühe,
400 g Staudensellerie,
1 Zwiebel (50 g),
2 Knoblauchzehen,
2 Eßlöffel Speiseöl (20 g),
250 g Tomaten,
100 g Magerquark,
2 Eier,
1 Bund Petersilie,
1 Bund Majoran,
1 Bund Liebstöckel,
150 g Cheddarkäse.

Zubereitung: Die Weizenkörner über Nacht in dem Wasser einweichen. Dann den Brühwürfel zufügen und die Körner zugedeckt etwa 50 Minuten kochen.
Vom Staudensellerie den Wurzelansatz und die grünen Blätter abschneiden, die Stangen waschen und in Streifen schneiden. Zwiebel und Knoblauchzehen abziehen und fein würfeln. Öl erhitzen und Zwiebel- und Knoblauchwürfel und Sellerie darin etwa 5 Minuten dünsten.
Die Tomaten waschen und in Scheiben schneiden. Quark und Eier verrühren. Die Kräuter unter fließendem kaltem Wasser abspülen, trokkentupfen, die Blättchen von den Stielen zupfen und fein hacken. Die gehackten Kräuter unter die Quarkmasse mischen. Die abgekühlten Körner unterrühren. Den Teig in eine gefettete Springform (26 cm ∅) füllen. Das Zwiebel-Selleriegemisch und die Tomatenscheiben daraufgeben und mit geriebenem Käse bestreuen. Im Backofen bei 200 Grad etwa 20 Minuten backen. Nach Belieben mit Majoranblättchen garnieren.
Pro Person: ca. 670 kcal (2810 kJ). Zubereitungszeit: ca. 60 Minuten (ohne Einweichzeit).

Leberspieße

Zutaten *(für 4 Personen):*
400 g Kalbsleber,
Pfeffer,
6 Scheiben Frühstücksspeck (120 g),
6 kleine Tomaten (à 50 g),
1 Bund Salbei,
2 Eßlöffel Speiseöl (20 g).
Außerdem:
Holzspieße.

Zubereitung: Die Leber unter fließendem kaltem Wasser abspülen, trockentupfen, in Stücke schneiden und pfeffern. Die Speckscheiben der Länge nach halbieren. Die Tomaten waschen und halbieren. Salbeiblätter von den Stielen zupfen und waschen.
Nun Leberstücke, Speck, Tomaten und gewaschene Salbeiblätter abwechselnd auf Holzspieße stecken. Das Öl in einer Pfanne erhitzen und die Spieße darin etwa 10 Minuten von allen Seiten braun braten (siehe Tip). Nach Belieben mit grobem Pfeffer bestreut servieren. Dazu Kartoffelpüree und grünen Salat reichen.
Pro Person: ca. 440 kcal (1850 kJ). Zubereitungszeit: ca. 30 Minuten.

Nur kurz gebraten und trotzdem Sauce

Wenn Sie zu den Leberspießen noch ein Sauce haben möchten, dann löschen Sie den Bratensatz mit etwa ¼ Liter Flüssigkeit ab. Dafür eignen sich z. B. Wein, Brühe, Crème fraîche oder Sahne. Kurz aufkochen und den Bratfond nach Belieben binden und abschmecken.

Bohnen-Auberginen-Topf

Zutaten *(für 4 Personen):*
250 g getrocknete weiße Bohnen,
1 l Wasser,
1 Aubergine (300 g),
3 Eßlöffel Speiseöl (30 g),
200 g durchwachsener Speck,
200 g Zwiebeln,
1 Knoblauchzehe,
125 ml (⅛ l) Gemüsebrühe,
125 ml (⅛ l) Rotwein,
Salz, Pfeffer,
Thymian,
2 Eßlöffel Tomatenmark,
1 Bund Thymian.

Zubereitung: Die Bohnen waschen und in dem Wasser über Nacht einweichen. Danach im Einweichwasser etwa 1 Stunde kochen.

Inzwischen von der Aubergine den Blütenansatz abschneiden, waschen und in Stücke schneiden. Das Öl in einem Topf erhitzen und in Würfel geschnittenen Speck darin auslassen. Auberginenstücke zufügen. Zwiebeln und Knoblauchzehe abziehen und würfeln, in die Pfanne geben und kurz mitbraten. Gemüsebrühe und Rotwein angießen und mit Salz, Pfeffer, Thymian und Tomatenmark würzen. Die abgetropften Bohnen zufügen und das Gericht nochmals abschmecken. Den Thymian unter fließendem kaltem Wasser abspülen, trockentupfen, die Blättchen von den Stielen zupfen und den Eintopf damit bestreuen.
Pro Person: ca. 860 kcal (3610 kJ). Zubereitungszeit: ca. 70 Minuten (ohne Einweichzeit).

Hackbällchen mit Schmorgurken

Zutaten *(für 4 Personen):*
Für die Hackbällchen:
250 g Rinderhackfleisch,
1 Ei,
2 Eßlöffel Semmelmehl,
1 Teelöffel Senf,
Salz, Pfeffer,
2 Eßlöffel Butterschmalz (40 g).
Für die Schmorgurken:
1,2 kg Schmorgurken,
2 Zwiebeln (100 g),
Saft ½ Zitrone,
Salz, Pfeffer,
Zucker,
1 Teelöffel Fleischbrühe (Instant),
100 g Crème fraîche,
1 kleines Bund Dill.

Zubereitung: Für die Hackfleischbällchen Rinderhackfleisch, Ei, Semmelmehl und Senf verkneten und den Hackfleischteig mit Salz und Pfeffer abschmecken. Dann aus dem Teig Bällchen formen.
Nun das Fett in einer Pfanne erhitzen und die Hackfleischbällchen darin etwa 10 Minuten goldbraun braten. Danach herausnehmen und warmstellen.
Die Gurken waschen, schälen, der Länge nach halbieren und entkernen. Das Gurkenfleisch in Stücke schneiden. Die Zwiebeln abziehen, würfeln und im Bratfett dünsten. Die Gurkenstücke zufügen und mit Zitronensaft, Salz, Pfeffer, Zucker und Brühe würzen. Alles etwa 15 Minuten zugedeckt schmoren lassen. Die Crème fraîche und die Hackfleischbällchen zufügen und kurz mit erwärmen. Den Dill unter fließendem kaltem Wasser abspülen, trockentupfen, die Blättchen von den Stielen zupfen und das Gericht damit garnieren. Dazu Salzkartoffeln reichen.
Pro Person: ca. 440 kcal (1850 kJ). Zubereitungszeit: ca. 40 Minuten.

Käsewaffeln

Zutaten *(für 4 Personen):*
200 g Butter oder Margarine
4 Eier,
1 Prise Salz,
200 g Weizenmehl,
½ Teelöffel Backpulver,
100 ml Wasser,
80 g geriebener Gouda Käse,
2 Eßlöffel tiefgefrorene gemischte Kräuter,
Knoblauchpulver.

Zubereitung: Das Fett in einer Schüssel schaumig rühren und Eier und Salz unterrühren. Mehl und Backpulver mischen und abwechselnd Mehlgemisch und Wasser unter die Masse rühren. Zuletzt Käse (siehe Tip), Kräuter und Knoblauchpulver unterrühren.
Ein Waffeleisen ausfetten und nacheinander von dem Teig acht Waffeln backen. Dazu Kräuterquark reichen.
Pro Person: ca. 750 kcal (3150 kJ). Zubereitungszeit: ca. 40 Minuten.

So läßt sich Käse gut reiben:
Weichen Käse können Sie für 15 Minuten in den Tiefkühlschrank legen. Dann läßt er sich gut reiben.
Übrigens: Käse zum Aufbewahren immer in Klarsichtfolie einschlagen. Stechen Sie ein paar Löcher in die Folie, damit der Käse „atmen" kann.

Mit der Mikrowelle

Lammragout mit Zwetschgen

Zutaten *(für 4 Personen):*
700 g Lammfleisch (aus der Keule, ohne Knochen),
1 Zwiebel (50 g),
3 Eßlöffel Butter oder Margarine (60 g),
Saft 1 Zitrone,
Salz, Pfeffer,
Zucker,
750 g Zwetschgen,
100 g Mandelblättchen.
Außerdem:
evtl. Zitronenmelisse zum Garnieren.

Zubereitung: Das Lammfleisch unter fließendem kaltem Wasser abspülen, trokkentupfen und in Würfel schneiden. Die Zwiebel abziehen und fein würfeln. Das Fett in der Mikrowelle bei 600 Watt zerlassen und die Zwiebelwürfel darin in etwa 5 Minuten glasig werden lassen. Lammfleischwürfel, Zitronensaft, Salz, Pfeffer und Zukker zufügen und alles zugedeckt bei 360 Watt etwa 35 Minuten garen. Die Zwetschgen waschen und entsteinen. In den letzten 10 Minuten mitschmoren. Die Mandelblättchen dazugeben. Das Lammragout abschmecken und nach Belieben mit Zitronenmelisse garniert servieren. Dazu Reis reichen.
Pro Person: ca. 810 kcal (3400 kJ). Zubereitungszeit: ca. 50 Minuten.

Eingelegte Bratheringe

Zutaten *(für 4 Personen):*
4 küchenfertige Heringe (à 250 g),
Zitronensaft,
Salz,
2 Eßlöffel Weizenmehl (20 g),
4 Eßlöffel Speiseöl (40 g).
Für die Marinade:
4 rote Zwiebeln (200 g),
2 Eßlöffel Speiseöl (20 g),
4 Lorbeerblätter,
8 Wacholderbeeren,
250 ml (¼ l) Weißwein,
7 Eßlöffel Kräuteressig,
Salz,
Zucker.

Zubereitung: Die Heringe unter fließendem kaltem Wasser abspülen, trockentupfen und mit Zitronensaft beträufeln. Die Heringe mit Salz würzen und in Mehl wenden. Das Öl in einer Pfanne erhitzen und die Heringe darin von jeder Seite etwa 2 Minuten braten.
Für die Marinade die Zwiebeln abziehen und in feine Ringe schneiden. Das Öl in einer Pfanne erhitzen und die Zwiebelringe darin andünsten. Lorbeerblätter, Wacholderbeeren, Wein, Essig, Salz und Zucker zufügen und alles aufkochen lassen. Die heiße Marinade über die gebratenen Heringe gießen und die Heringe über Nacht darin ziehen lassen. Dazu Bratkartoffeln reichen.
Pro Person: ca. 580 kcal (2440 kJ). Zubereitungszeit: ca. 30 Minuten (ohne Marinierzeit).

Schnell zubereitet

Reispfanne mit Putenfleisch

Zutaten *(für 4 Personen):*
250 g „5-Minuten"-Reis,
500 g Putenbrustfilet,
1 Bund Frühlingszwiebeln (150 g),
1 Knoblauchzehe,
20 g frischer Ingwer,
3 Eßlöffel Speiseöl (30 g),
250 ml (¼ l) Fleischbrühe oder Wasser,
3 Eßlöffel Sojasauce,
1 Eßlöffel Honig,
3 Teelöffel Currypulver,
1 Teelöffel Sambal Olek (würzige Pfefferschotenpaste).

Zubereitung: Den Reis nach Packungsanweisung kochen. Das Putenfleisch unter fließendem kaltem Wasser abspülen, trockentupfen und in Streifen schneiden. Von den Frühlingszwiebeln den Wurzelansatz und etwa ein Drittel Grün abschneiden. Die Zwiebeln waschen und in Stücke schneiden. Die abgezogene Knoblauchzehe und geschälten Ingwer in feine Würfel schneiden.
Das Öl in einem Topf erhitzen und Fleisch, Knoblauch- und Ingwerwürfel darin anbraten. Die Frühlingszwiebeln zufügen und mit Fleischbrühe oder Wasser ablöschen. Sojasauce, Honig, Curry und Sambal Olek zufügen und alles zugedeckt etwa 10 Minuten garen. Den Reis zufügen und erwärmen. Das Gericht nochmals abschmecken.
Pro Person: ca. 560 kcal (2350 kJ). Zubereitungszeit ca. 30 Minuten.

Aus der Vollwertküche

Gerstengrütze mit Mirabellen

Zutaten *(für 4 Personen):*
150 g mittelfein geschrotete Gerste,
1 ¼ l Milch,
Schale und Saft
1 unbehandelten Zitrone,
1 Zimtstange,
2 Eßlöffel Honig,
370 g Mirabellen,
1 Eßlöffel Honig,
125 ml (⅛ l) Schlagsahne.
Außerdem:
evtl. Zitronenmelisse zum Garnieren.

Zubereitung: Die Gerste in einen Topf geben und trocken anrösten. Milch, Zitronenschale und -saft, Zimtstange und Honig zufügen und alles zugedeckt bei geringer Hitze etwa 20 Minuten ausquellen lassen.
Die Mirabellen waschen und entkernen. Wenig Wasser und Honig zum Kochen bringen und die Mirabellen darin etwa 3 Minuten dünsten. Sahne steif schlagen.
Gerstengrütze, Mirabellen und Sahne zusammen anrichten. Nach Belieben mit Zitronenmelisse garnieren.
Pro Person: ca. 540 kcal (2270 kJ). Zubereitungszeit: ca. 30 Minuten.

Pochierte Eier in Kapernsauce

Zutaten *(für 4 Personen):*
8 Eier,
Salz-Essig-Wasser.
Für die Sauce:
2 Eßlöffel Butter oder Margarine (40 g),
4 Eßlöffel Weizenmehl (40 g),
250 ml (¼ l) Fleischbrühe (Instant),
250 ml (¼ l) Milch,
1 Röhrchen Kapern (30 g),
Salz,
Zucker,
Zitronensaft,
1 Eigelb.
Außerdem:
evtl. Kerbel zum Garnieren.

Zubereitung: Zuerst für die Sauce das Fett in einem Topf zerlassen. Das Mehl auf einmal zufügen und unter Rühren anschwitzen. Nach und nach unter Rühren mit Brühe und Milch ablöschen. Die Sauce gut durchkochen lassen und abgetropfte Kapern zufügen. Die Sauce mit Salz, Zucker und Zitronensaft abschmecken. Das Eigelb mit wenig heißer Flüssigkeit verquirlen und die Sauce damit legieren.

Die Eier einzeln aufschlagen und nacheinander in das siedende Salz-Essig-Wasser gleiten lassen und etwa 4 Minuten garziehen lassen (pochieren). Eier und Sauce anrichten und nach Belieben mit Kerbel garnieren. Dazu Salzkartoffeln und rote Bete auf grünem Salat reichen.

Pro Person: ca. 380 kcal (1600 kJ). Zubereitungszeit: ca. 40 Minuten.

Kabeljau auf Tomatensauce

Zutaten *(für 4 Personen):*
1,2 kg küchenfertiger Kabeljau,
Zitronensaft,
2 Zwiebeln (80 g),
3 Knoblauchzehen,
4 Eßlöffel Speiseöl (40 g),
1 kg Fleischtomaten,
1 Limette,
10 schwarze Oliven,
2 Eßlöffel Tomatenmark,
Salz, Pfeffer,
1 Teelöffel Zucker,
1 Teelöffel Senf,
½ Bund Thymian,
250 ml (¼ l) Weißwein.

Zubereitung: Den Kabeljau unter fließendem kaltem Wasser abspülen, trockentupfen und mit Zitronensaft beträufeln. Zwiebeln und Knoblauchzehen abziehen und in feine Würfel schneiden. Das Öl in einem Bräter erhitzen und Zwiebel- und Knoblauchwürfel darin glasig dünsten. Die Tomaten kurz in kochendes Wasser geben, in kaltem Wasser abschrecken, enthäuten und die Stengelansätze herausschneiden. Die Tomaten kleinschneiden. Die Limette schälen, filieren und Oliven entkernen. Tomaten, Limettenfilets, Oliven, Tomatenmark, Salz, Pfeffer, Zucker und Senf zu den Zwiebeln geben. Den Thymian waschen und in den Fisch füllen. Den Fisch in den Bräter geben und Wein angießen. Zugedeckt im Backofen bei 200 Grad etwa 40 Minuten garen. Dazu Reis reichen.
Pro Person: ca. 590 kcal (2480 kJ). Zubereitungszeit: ca. 70 Minuten.

Zucchini-Auflauf

Zutaten *(für 4 Personen):*
800 g Zucchini,
200 g gekochter Schinken,
6 Eier,
125 g geriebener Edamer Käse,
4 Eßlöffel Schlagsahne,
2 Eßlöffel gehackte Petersilie,
1 Eßlöffel getrocknete Kräuter der Provence,
Salz, Pfeffer,
Paprika, edelsüß,
1 rote Paprikaschote (150 g).

Zubereitung: Die Zucchni waschen und den Blütenansatz abschneiden. Die Zucchini der Länge nach durchschneiden und mit den Schnittflächen nach oben in eine gefettete, feuerfeste Form legen. Im Backofen bei 200 Grad etwa 20 Minuten vorgaren.

Inzwischen den Schinken in Würfel schneiden. Eier, die Hälfte des Käses, Sahne, Petersilie, Kräuter der Provence, Salz, Pfeffer und Paprika verquirlen und über die vorgegarten Zucchini gießen. Die Paprikaschote halbieren, entstielen, entkernen und die weißen Scheidewände entfernen. Die Schoten waschen und in Streifen schneiden. Die Paprikastreifen auf die Zucchini geben und mit dem restlichen Käse bestreuen. Den Auflauf etwa 15 Minuten bei 200 Grad im Backofen überbacken.

Pro Person: ca. 530 kcal (2230 kJ). Zubereitungszeit: ca. 50 Minuten.

Tomatensuppe

Zutaten *(für 4 Personen):*
750 g Fleischtomaten,
150 g Zwiebeln,
1 Knoblauchzehe,
3 Eßlöffel Speiseöl (30 g),
100 g durchwachsener Speck,
1 Teelöffel Anissamen,
1 Teelöffel Rosmarinnadeln,
Salz,
Zucker,
250 ml (¼ l) Rotwein,
1 Bund Frühlingszwiebeln (150 g).
Außerdem:
4 Scheiben Toastbrot,
2 Eßlöffel Olivenöl (20 g).

Zubereitung: Die Tomaten kurz in kochendes Wasser geben, in kaltem Wasser abschrecken, enthäuten und die Stengelansätze herausschneiden. Das Tomatenfleisch vierteln. Zwiebeln und Knoblauchzehe abziehen und in Würfel schneiden.
Das Öl in einem Topf erhitzen. Den Speck würfeln und im heißen Öl auslassen. Zwiebel- und Knoblauchwürfel zufügen und glasig dünsten. Anissamen, Rosmarinnadeln, Salz, Zucker, Rotwein und Tomatenviertel zufügen und alles zugedeckt etwa 10 Minuten garen.
Von den Frühlingszwiebeln den Wurzelansatz und etwa ein Drittel Grün abschneiden. Die Zwiebeln waschen und in Ringe schneiden. Die Zwiebelringe in den letzten 5 Minuten der Garzeit zu den Tomaten in den Topf geben.
Das Toastbrot würfeln. Das Öl in einer Pfanne erhitzen und die Brotwürfel darin rösten.
Die Tomatensuppe abschmecken und mit gerösteten Brotwürfeln bestreut servieren.
Pro Person: ca. 580 kcal (2440 kJ). Zubereitungszeit: ca. 40 Minuten.

Aus der Vollwertküche

Hirsepfanne

Zutaten *(für 4 Personen):*
150 g Hirse,
600 ml Gemüsebrühe,
2 Zwiebeln (100 g),
300 g kleine Champignons,
250 g Bohnen,
300 g Fenchel,
3 Eßlöffel Butter oder Margarine (60 g),
250 ml (¼ l) Gemüsebrühe,
Salz, Pfeffer,
Koriander,
2 Bund Petersilie.

Zubereitung: Die Hirse in einen Topf geben, die Brühe angießen und zum Kochen bringen. Die Hirse etwa 20 Minuten quellen lassen.

Inzwischen die Zwiebeln abziehen. Champignons, Bohnen und Fenchel putzen. Das Gemüse waschen und in Stücke schneiden. Das Fett in einem Topf erhitzen und Zwiebeln und Champignons darin anbraten. Das restliche Gemüse zufügen und mit Brühe ablöschen. Zugedeckt alles etwa 10 Minuten garen. Dann Hirse zufügen und mit Salz, Pfeffer und Koriander abschmecken. Die Petersilie unter fließendem kaltem Wasser abspülen, trockentupfen, von den Stielen zupfen und fein hacken. Zuletzt unter die Hirsepfanne mischen.

Pro Person: ca. 340 kcal (1440 kJ). Zubereitungszeit: ca. 25 Minuten.

Roastbeef mit Gemüse

Zutaten *(für 4 Personen):*
600 g Roastbeef,
1 Eßlöffel weiße Pfefferkörner,
1 Eßlöffel Koriander,
1 Eßlöffel Rosmarinnadeln,
250 g Möhren,
250 g Schalotten,
250 g Zucchini,
3 Eßlöffel Speiseöl (30 g),
Salz,
250 ml (¼ l) Fleischbrühe (Instant),
2 Teelöffel Senf.
Außerdem:
Alufolie.

Zubereitung: Das Roastbeef unter fließendem kaltem Wasser abspülen und trokkentupfen. Pfefferkörner, Koriander und Rosmarinnadeln in einem Mörser zerstoßen und das Fleisch damit einreiben.
Möhren putzen, schrappen oder schälen, waschen, Schalotten abziehen und beide Zutaten in Streifen schneiden. Von den Zucchini den Blütenansatz abschneiden, die Zucchini waschen und ebenfalls in Streifen schneiden.
Das Öl in einem Bräter erhitzen und das Fleisch darin von allen Seiten braun anbraten. Danach salzen und im Backofen bei 220 Grad etwa 30 Minuten bei geöffnetem Bräter braten. Das Fleisch herausnehmen, in Alufolie wickeln und etwa 10–15 Minuten ruhen lassen.
Inzwischen das vorbereitete Gemüse in das Bratfett geben und kurz anbraten. Die Brühe angießen und den Senf zufügen. Alles etwa 15 Minuten im Backofen bei gleicher Temperatur schmoren lassen.
Nun das Fleisch aufschneiden und auf dem Gemüse anrichten. Dazu Rosmarinkartoffeln reichen.
Pro Person: ca. 650 kcal (2730 kJ). Zubereitungszeit: ca. 70 Minuten.

SEPTEMBER

Überall auf den Wochenmärkten werden jetzt die dicken, prallen Kürbisse angeboten. Sie können sie pfund- oder stückweise kaufen. Das appetitlich gelbe bis orangefarbene Fruchtfleisch eignet sich für süße und pikante Gerichte. Auch Chinakohl sollten Sie wegen des reichlichen Angebotes auf Ihren Speisezettel setzen. Er ist zarter und schmeckt milder als die anderen Kohlsorten. Probieren Sie mal Chinakohlbällchen oder Hackfleischring mit Chinakohlgemüse.

Auberginen-Zucchini-Gratin

Zutaten *(für 4 Personen):*
500 g Auberginen,
500 g Zucchini,
4 Eßlöffel Speiseöl (40 g),
Salz, Pfeffer,
Rosmarinnadeln.
Außerdem:
1 Paket Tomatenpüree (500 g),
150 g geriebener Emmentaler Käse.

Zubereitung: Von den Auberginen und den Zucchini die Blütenansätze abschneiden, das Gemüse gründlich waschen und in dünne Scheiben schneiden. Das Öl in einer großen Pfanne erhitzen und die Gemüsescheiben darin von beiden Seiten anbraten. Das Gemüse mit Salz, Pfeffer und Rosmarin würzen und dann in eine gefettete, feuerfeste Form schichten. Das Tomatenpüree darüber verteilen und alles mit dem Käse bestreuen. Im vorgeheizten Backofen bei 250 Grad etwa 20 Minuten backen.
Pro Person: ca. 300 kcal (1260 kJ). Zubereitungszeit: ca. 35 Minuten.

Marinierte Haifischsteaks

Zutaten *(für 4 Personen):*
4 Haifischsteaks (à 180 g),
Saft 1 Zitrone.
Für die Marinade:
5 Eßlöffel Olivenöl (50 g),
frisch gemahlener Pfeffer,
1 Eßlöffel Sojasauce,
2 Knoblauchzehen,
½ Bund Estragon,
1 Bund Petersilie.
Außerdem:
2–3 Eßlöffel Butterschmalz (50 g),
1 Bund Petersilie.

Zubereitung: Die Haifischsteaks unter fließendem kaltem Wasser abspülen, trockentupfen und mit Zitronensaft beträufeln.
Für die Marinade Öl, Pfeffer und Sojasauce verrühren. Die Knoblauchzehen abziehen und durch die Knoblauchpresse drücken. Estragon und Petersilie unter fließendem kaltem Wasser abspülen, trockentupfen, die Blättchen von den Stielen zupfen und fein hacken. Knoblauch und Kräuter unter das Öl rühren. Die Haifischsteaks von beiden Seiten mit der Marinade bestreichen und etwa 3 Stunden zugedeckt im Kühlschrank ziehen lassen.
Anschließend abtupfen und dabei die Kräuter entfernen. Das Butterschmalz in einer Pfanne erhitzen und die Haifischsteaks darin von jeder Seite etwa 5 Minuten braten. Kurz vor Ende der Garzeit nochmals frisch gehackte Petersilie zufügen. Dazu Salat und Knoblauchbrot reichen.
Pro Person: ca. 310 kcal (1300 kJ). Zubereitungszeit: ca. 20 Minuten (ohne Marinierzeit).

Hähnchenleber mit Gemüse

Zutaten *(für 4 Personen):*
500 g Hähnchenleber,
3 Eßlöffel Weizenmehl (30 g),
Pfeffer,
gerebelter Salbei,
3 Eßlöffel Speiseöl (30 g),
Salz.
Für das Gemüse:
250 g Champignons,
1 Zwiebel (50 g),
2 Knoblauchzehen,
300 g tiefgefrorener Blattspinat,
1–2 Eßlöffel Margarine (30 g),
100 ml Milch,
Salz, Pfeffer,
100 g Crème fraîche,
75 g Blauschimmelkäse.

Zubereitung: Zuerst für das Gemüse die Champignons putzen, waschen und vierteln. Zwiebel und Knoblauchzehen abziehen und fein würfeln. Den Blattspinat auftauen lassen.
Nun die Margarine in einem Topf erhitzen und die Champignons darin anbraten. Zwiebel- und Knoblauchwürfel zufügen und mitbraten. Den abgetropften Spinat, Milch, Salz, Pfeffer, Crème fraîche und Käse zufügen und alles zugedeckt etwa 5 Minuten garen.
Die Hähnchenleber unter fließendem kaltem Wasser abspülen und trockentupfen. Mehl, Pfeffer und Salbei mischen und die Hähnchenleber darin wenden. Das Öl in einer Pfanne erhitzen und die Leber darin von allen Seiten braun braten und ca. 3–4 Minuten weiterbraten. Danach salzen. Die Leber auf dem Gemüse anrichten. Dazu Reis reichen.
Pro Person: ca. 570 kcal (2380 kJ). Zubereitungszeit: ca. 25 Minuten.

Das süße Hauptgericht

Quarkauflauf mit Johannisbeeren

Zutaten *(für 4 Personen):*
500 g Sahnequark,
1 Päckchen Vanille-Puddingpulver,
200 g Zucker,
abgeriebene Schale und Saft 1 unbehandelten Zitrone,
4 Eigelb,
4 Eiweiß,
500 g rote Johannisbeeren,
Zucker nach Geschmack.
Außerdem:
evtl. Puderzucker.

Zubereitung: Sahnequark, Puddingpulver, 100 g Zucker, Zitronenschale und -saft sowie Eigelb verrühren. Das Eiweiß steif schlagen und restlichen Zucker unterschlagen. Das steifgeschlagene Eiweiß unter die Quarkmasse ziehen. Die Johannisbeeren waschen und mit einer Gabel von den Stengeln streifen. Die Früchte eventuell zuckern und die Hälfte unter die Quarkmasse mischen. Die Masse in eine gefettete Auflaufform füllen und im vorgeheizten Backofen bei 200 Grad etwa 40 Minuten backen. Nach Belieben mit Puderzucker bestäuben. Dazu die restlichen, eventuell gezuckerten Beeren reichen.
Pro Person: ca. 650 kcal (2730 kJ). Zubereitungszeit: ca. 1 Stunde.

Hackfleischring mit Chinakohl

Zutaten *(für 4 Personen):*
Für den Fleischteig:
1 Brötchen,
½ Bund Frühlingszwiebeln,
2 Knoblauchzehen,
500 g Rinderhackfleisch,
1 Ei,
Salz, Pfeffer,
gerebelter Majoran.
Außerdem:
750 g Chinakohl,
2 Eßlöffel Butter (40 g),
Salz, Pfeffer,
geriebene Muskatnuß,
Alufolie.

Zubereitung: Für den Fleischteig das Brötchen in Wasser einweichen. Danach gut ausdrücken. Von den Frühlingszwiebeln den Wurzelansatz und das Grün abschneiden. (Zwiebelgrün aufbewahren.) Die Zwiebeln gründlich waschen und in Ringe schneiden. Die Knoblauchzehen abziehen und durch die Knoblauchpresse drücken.
Nun Rinderhack, ausgedrücktes Brötchen, Zwiebelwürfel, Ei und Knoblauch verkneten und den Fleischteig mit Salz, Pfeffer und Majoran abschmecken. Eine Reisrandform ausfetten und den Teig hineinfüllen. Mit Alufolie abdecken und im Backofen bei 200 Grad etwa 40 Minuten garen. Vom Chinakohl den harten unteren Wurzelansatz abschneiden und die äußeren welken Blätter entfernen. Den Kohl waschen und kleinschneiden. Butter in einem Topf erhitzen und den Kohl darin etwa 5 Minuten dünsten. Mit Salz, Pfeffer und Muskat würzen. Zwiebelgrün in siedendem Salzwasser blanchieren. Hackfleischring stürzen und mit blanchiertem Zwiebelgrün umlegen. Dazu den Chinakohl reichen.
Pro Person: ca. 450 kcal (1910 kJ). Zubereitungszeit: ca. 50 Minuten.

Mit der Mikrowelle

Kartoffel-Möhren-Pudding

Zutaten *(für 4 Personen):*
300 g Kartoffeln,
300 g Möhren,
Wasser, Salz,
2 Bund Petersilie,
150 g Kasseler-Aufschnitt,
125 g Butter,
5 Eigelb,
Pfeffer, Salz,
geriebene Muskatnuß,
30 g Grieß,
5 Eiweiß,
Semmelmehl.

Zubereitung: Die Kartoffeln schälen und Möhren putzen, schrappen oder schälen, beide Zutaten waschen und kleinschneiden. Kartoffel- und Möhrenstücke etwa 15 Minuten in wenig leicht gesalzenem Wasser garen. Die Petersilie unter fließendem kaltem Wasser abspülen, trockentupfen, die Blättchen von den Stielen zupfen und fein hacken. Das Kasseler in Streifen schneiden.
Nun das Gemüse abgießen und durch die Kartoffelpresse drücken. Die Butter schaumig rühren. Eigelb, Pfeffer, Salz, geriebene Muskatnuß und Grieß unterrühren. Gemüsepüree und Kasseler zufügen. Das Eiweiß steif schlagen und unter die Masse heben. Den Teig in eine gefettete, mit Semmelmehl ausgestreute mikrowellengeeignete Puddingform füllen. Die Form schließen und den Pudding in der Mikrowelle bei 600 Watt etwa 22 Minuten garen. Den Pudding 5 Minuten ruhen lassen und erst dann stürzen. Nach Belieben mit Petersilie garnieren. Dazu eine Kräutersauce reichen.
Pro Person: ca. 530 kcal (2210 kJ). Zubereitungszeit: ca. 70 Minuten.

Gefüllter Rinderrollbraten

Zutaten *(für 4 Personen):*
800 g Rindfleisch aus der Keule (vom Schlachter zu einer Roulade schneiden lassen),
Pfeffer, Salz,
2 Eßlöffel körniger Senf.
Für die Füllung:
1 Zwiebel (50 g),
1 Eßlöffel Speiseöl (10 g),
1 Paket tiefgefrorener Blattspinat (300 g),
1 Zucchino (200 g),
Knoblauchpulver.
Außerdem:
2 Eßlöffel Speiseöl (20 g),
125 ml (⅛ l) Rotwein,
125 ml (⅛ l) Fleischbrühe (Instant),
100 g Crème fraîche.

Zubereitung: Fleisch abspülen, trockentupfen, pfeffern, salzen und mit Senf bestreichen. Für die Füllung Zwiebel abziehen und in Würfel schneiden. Öl erhitzen und die Zwiebelwürfel darin anbraten. Spinat auftauen lassen und fein schneiden. Den Zucchino putzen, waschen und grob raffeln. Spinat und Zucchino zu den Zwiebeln geben und mit Pfeffer, Salz und Knoblauchpulver würzen. Alles so lange dünsten, bis die Flüssigkeit verdampft ist.
Füllung auf das Fleisch geben, fest aufrollen und mit Küchengarn umwickeln. Öl erhitzen und Roulade darin braun anbraten. Rotwein und Brühe zugießen und zugedeckt etwa 75 Minuten bei geringer Hitze schmoren. Warmstellen.
Crème fraîche zu dem Bratfond geben und einkochen lassen. Sauce mit Salz, Pfeffer und Senf abschmecken. Fleisch aufschneiden. Sauce dazu servieren. Dazu Röstkartoffeln und Möhren-Zucchini-Gemüse reichen.
Pro Person: ca. 600 kcal (2530 kJ). Zubereitungszeit: ca. 90 Minuten.

Aus dem Schnellkochtopf

Kalbshaxe mit Bohnen

Zutaten *(für 4 Personen):*
200 g rote Bohnen,
4 Scheiben Kalbshaxe (à 200 g),
3 Eßlöffel Speiseöl (30 g),
150 g Zwiebeln,
750 g Fleischtomaten,
4 Knoblauchzehen,
Salz, Pfeffer,
gerebelter Majoran,
Tabasco,
evtl. Majoran zum Garnieren.

Zubereitung: Zuerst die roten Bohnen über Nacht in Wasser einweichen.
Das Fleisch unter fließendem kaltem Wasser abspülen und trockentupfen. Das Öl in einem Schnellkochtopf erhitzen und die Fleischscheiben darin von beiden Seiten braun anbraten. Die Zwiebeln abziehen und würfeln. Die Zwiebelwürfel zum Fleisch geben und kurz mitbraten. Die gut abgetropften Bohnen zufügen. Die Tomaten kurz in kochendes Wasser geben, in kaltem Wasser abschrecken, enthäuten, die Stengelansätze herausschneiden, die Tomaten achteln und ebenfalls zum Fleisch geben. Die Knoblauchzehen abziehen und durch die Knoblauchpresse drücken. Fleisch und Gemüse mit Knoblauch, Salz, Pfeffer, Majoran und Tabasco würzen. Den Schnellkochtopf nach Herstelleranweisung verschließen und alles etwa 25 Minuten garen. (Im normalen Topf ca. 75 Minuten.) Die Kalbshaxen nach Belieben mit Majoran garniert servieren. Dazu Brot reichen.
Pro Person: ca. 450 kcal (1870 kJ). Zubereitungszeit: ca. 45 Minuten (ohne Einweichzeit).

Hähnchenbrustfilets mit Gemüse

Zutaten *(für 4 Personen):*
4 Hähnchenbrustfilets (à 150 g),
3 Eßlöffel Speiseöl (30 g),
1 Stück Ingwer (20 g),
Currypulver,
Salz, Pfeffer.
Außerdem:
300 g Möhren,
2 rote Paprikaschoten (300 g),
1 Bund Frühlingszwiebeln,
250 ml (¼ l) Kokosmilch,
Ingwerpulver.

Zubereitung: Das Hähnchenbrustfilet unter fließendem kaltem Wasser abspülen und trockentupfen. Das Öl in einer Pfanne erhitzen und die Filets darin von beiden Seiten braun anbraten. Den Ingwer schälen, in hauchdünne Scheiben schneiden und zum Fleisch in die Pfanne geben. Mit Curry, Salz und Pfeffer würzen. Alles etwa 8 Minuten braten. Inzwischen die Möhren putzen, schrappen oder schälen, waschen und in Stücke schneiden. Die Paprikaschoten halbieren, entstielen, entkernen, die weißen Scheidewände entfernen. Die Schoten waschen und in Stükke schneiden. Von den Frühlingszwiebeln den Wurzelansatz und etwa ein Drittel Grün abschneiden. Zwiebeln gründlich waschen und kleinschneiden. Nun die Hähnchenbrustfilets aus der Pfanne nehmen und warmstellen. Das vorbereitete Gemüse in das Bratfett geben und etwa 5 Minuten darin schmoren. Dabei nach und nach die Kokosmilch angießen. Das Gemüse mit Salz, Pfeffer, Curry und Ingwerpulver abschmecken. Die Hähnchenbrustfilets auf dem Gemüse anrichten. Dazu Reis reichen.

Pro Person: ca. 260 kcal (1100 kJ). Zubereitungszeit: ca. 30 Minuten.

Gefüllte Scholle

Zutaten *(für 4 Personen):*
4 küchenfertige Schollen (à 350 g),
Saft 1 Zitrone,
100 g Tomaten,
150 g Champignons,
1 Bund Suppengrün,
4 Eßlöffel Margarine (80 g),
Salz, Pfeffer,
125 g Nordseekrabbenfleisch,
200 ml Weißwein,
5 Eßlöffel Weizenmehl.

Zubereitung: Die Schollen unter fließendem kaltem Wasser abspülen, trockentupfen und mit Zitronensaft beträufeln. Auf der hellen Seite an der Mittelgräte entlang rechts und links einschneiden und die Filets halb lösen.

Die Tomaten kurz in kochendes Wasser geben, in kaltem Wasser abschrecken, enthäuten und die Stengelansätze herausschneiden. Die Tomaten in Würfel schneiden. Champignons und Suppengrün putzen und waschen. Die Champignons eventuell halbieren und das Suppengrün in Stücke schneiden. Ein Eßlöffel Margarine (20 g) in einem Topf zerlassen und Tomatenwürfel, Champignons und Suppengrün darin etwa 5 Minuten dünsten. Mit Salz und Pfeffer würzen und die Krabben zufügen. Mit dem Wein ablöschen und das Gemüse warmstellen.

Nun Mehl und Salz mischen und die Schollen darin wenden. Das restliche Fett in einer Pfanne erhitzen und die Schollen darin von jeder Seite etwa 4 Minuten braten. Zum Anrichten die Schollen mit dem Gemüse füllen. Dazu Salzkartoffeln reichen.

Pro Person: ca. 490 kcal (2070 kJ). Zubereitungszeit: ca. 30 Minuten.

Aus der Vollwertküche

Wirsingrouladen

Zutaten *(für 4 Personen):*
1 kg Wirsing,
100 g Grünkerngrütze,
400 ml Wasser,
2 Packungen getrocknete Steinpilze (à 5 g),
100 g gelbe Paprikaschote,
Salz, Pfeffer,
1 Teelöffel Senf,
2 Eigelb,
200 g Frischkäse.

Außerdem:
2 Eßlöffel Margarine (40 g),
250 ml (¼ l) Gemüsebrühe,
125 g Crème fraîche.

Zubereitung: Wirsing waschen, 8 große Blätter ablösen und blanchieren. Gut abtropfen lassen.
Für die Füllung Grünkerngrütze und Wasser zum Kochen bringen. Grütze etwa 15 Minuten quellen lassen. Steinpilze in wenig Wasser einweichen. Paprikaschote halbieren, entstielen, entkernen, die weißen Scheidewände entfernen, waschen und in Würfel schneiden. Nun die Grütze gut ausdrücken. Dann Grütze, Pilze und Paprikawürfel vermischen. Mit Salz, Pfeffer und Senf abschmekken. Zuletzt Eigelb und Frischkäse zufügen.
Jeweils 2 Kohlblätter übereinanderlegen, die Füllung darauf verteilen und die Kohlblätter fest aufrollen.
Die Margarine in einem Schmortopf erhitzen und die Kohlrouladen darin braun anbraten. Den restlichen Wirsing in Streifen schneiden und zufügen. Mit der Brühe ablöschen und alles zugedeckt etwa 15 Minuten schmoren. Danach Rouladen herausnehmen und warmstellen. Die Crème fraîche in das Gemüse geben und mit Salz, Pfeffer und Senf abschmecken. Die Wirsingrouladen auf dem Gemüse anrichten.
Pro Person: ca. 530 kcal (2220 kJ). Zubereitungszeit: ca. 45 Minuten.

Kartoffel-Bohnen-Salat

Zutaten *(für 4 Personen):*
750 g Kartoffeln,
250 g Kenia-Bohnen,
1 Zwiebel (75 g).
Für die Marinade:
4 Eßlöffel Weißweinessig,
4 Eßlöffel Speiseöl,
Saft 1 Zitrone,
Pfeffer, Salz,
Zucker,
2 Teelöffel Senf,
1 Bund Basilikum.
Außerdem:
150 g Schafskäse,
10 schwarze Oliven.
2 Eßlöffel Kapern.

Zubereitung: Die Kartoffeln waschen und mit Schale etwa 20 Minuten in Salzwasser kochen. Die Bohnen putzen, waschen und in leicht gesalzenem Wasser etwa 12 Minuten garen. Die Zwiebel abziehen und in Würfel schneiden.

Abgegossene Kartoffeln abkühlen lassen, pellen und dann in Scheiben schneiden. Für die Marinade Essig, Öl, Zitronensaft, Pfeffer, Salz, Zucker und Senf verrühren. Das Basilikum unter fließendem kaltem Wasser abspülen, trockentupfen, die Blättchen von den Stielen zupfen und fein hacken. Das gehackte Basilikum in die Marinade rühren.

Nun Kartoffelscheiben, Bohnen und Zwiebelwürfel mischen. Die Marinade darübergießen. Den Schafskäse in Würfel schneiden. Schafskäse, Oliven und Kapern zuletzt unter den Salat mischen. Den Salat gut durchziehen lassen und nach Belieben auf grünen Salatblättern anrichten.
Pro Person: ca. 400 kcal (1660 kJ). Zubereitungszeit: ca. 35 Minuten.

Rindergulasch mit Kürbis

Zutaten *(für 4 Personen):*
500 g Rindergulasch,
3 Eßlöffel Speiseöl (30 g),
1 Gemüsezwiebel (350 g),
375 ml (3/8 l) Fleischbrühe (Instant),
Salz, Pfeffer,
7 Eßlöffel Essig,
Zucker,
75 g Rosinen,
500 g frischer Kürbis.

Zubereitung: Das Fleisch unter fließendem kaltem Wasser abspülen und gut trockentupfen. Das Öl in einem Schmortopf erhitzen und das Gulasch darin portionsweise braun anbraten. Die Zwiebel abziehen und in Würfel schneiden. Zum Gulasch geben und kurz mitbraten. Mit der Brühe ablöschen. Salz, Pfeffer, Essig und Zucker zufügen. Die Rosinen waschen und ebenfalls zufügen. Zugedeckt alles etwa 1 Stunde schmoren lassen.
Inzwischen den Kürbis schälen, die Kerne entfernen und das Fruchtfleisch waschen und würfeln. Nach Ende der Garzeit die Kürbiswürfel zum Gulasch geben und nochmals 10 Minuten kochen. Das Gulasch süßsäuerlich abschmecken. Dazu Salzkartoffeln servieren.
Pro Person: ca. 440 kcal (1850 kJ). Zubereitungszeit: ca. 75 Minuten.

Aus der Vollwertküche

Gemüsetopf mit Joghurt

Zutaten *(für 4 Personen):*
2 Zwiebeln,
2 Knoblauchzehen,
1 Aubergine (200 g),
2 Zucchini (220 g),
je 1 rote, grüne und gelbe Paprikaschote (450 g),
4 Eßlöffel Speiseöl (40 g),
1 Packung pürierte Tomaten (500 g),
Salz, Pfeffer,
½ Teelöffel Kräuter der Provence.
Außerdem:
2 Becher Sahnejoghurt (à 150 g),
Salz, Pfeffer,
75 g Kürbiskerne.

Zubereitung: Zwiebeln und Knoblauchzehen abziehen und in feine Würfel schneiden. Von der Aubergine und den Zucchini die Blütenansätze abschneiden, das Gemüse waschen und in Stücke schneiden. Die Paprikaschoten halbieren, entstielen, entkernen, die weißen Scheidewände entfernen, die Schoten waschen und in Stücke schneiden.
Das Öl in einem Topf erhitzen, das Gemüse zufügen und leicht darin anbraten. Das Tomatenpüree zufügen und mit Salz, Pfeffer und Kräutern der Provence würzen. Alles zugedeckt etwa 10 Minuten schmoren.
Inzwischen die Joghurt verrühren und mit Salz und Pfeffer würzen. Die Kürbiskerne in einer Pfanne trocken anrösten. Das Gemüse anrichten und Joghurt und Kürbiskerne darübergeben. Nach Belieben mit Thymian verziert servieren. Dazu Roggenbrot reichen.
Pro Person: ca. 340 kcal (1430 kJ). Zubereitungszeit: ca. 40 Minuten.

Chinakohl-Bällchen

Zutaten *(für 4 Personen):*
1,3 kg Chinakohl,
Salzwasser.
Für die Füllung:
100 g Möhren,
1 Bund Petersilie,
150 g Kräuterfrischkäse,
50 g gehackte Mandeln,
2 Eigelb,
Salz, Pfeffer,
150 g Krabbenfleisch.
Außerdem:
200 g Möhren,
2 Eßlöffel Butter (40 g).

Zubereitung: Den Chinakohl von den äußeren, welken Blättern befreien und den Strunk herausschneiden. Den Kohl waschen und die äußeren großen Blätter lösen. Die Blätter in kochendem Salzwasser etwa 2 Minuten blanchieren.
Für die Füllung die Möhren putzen, schrappen, waschen und fein würfeln. Die Petersilie unter fließendem kaltem Wasser abspülen, trockentupfen, die Blättchen von den Stielen zupfen und fein hakken. Nun Möhren, Petersilie, Kräuterfrischkäse, Mandeln, Eigelb, Salz, Pfeffer und Krabbenfleisch vermengen und abschmecken.
Jeweils zwei Chinakohlblätter übereinanderlegen und die Füllung darauf verteilen. Die Kohlblätter darüber zusammenziehen und mit Küchengarn festbinden. Die Möhren putzen, schrappen, waschen und in Scheiben schneiden. Den restlichen Kohl kleinschneiden. Die Butter in einem Topf erhitzen und Möhrenscheiben und Kohl darin andünsten. Mit Salz und Pfeffer würzen. Die Chinakohlbällchen daraufsetzen und alles zugedeckt etwa 10 Minuten garen. Dazu Salzkartoffeln reichen.
Pro Person: ca. 400 kcal (1680 kJ). Zubereitungszeit: ca. 50 Minuten.

Ohne Fleisch

Fritierte Eier in Sauce

Zutaten *(für 4 Personen):*
10 Eier,
3 Eßlöffel Weizenmehl (30 g),
5 Eßlöffel Paniermehl (50 g),
375 ml (3/8 l) Speiseöl.

Außerdem:
250 g Magermilchjoghurt,
250 g Magerquark,
2 Knoblauchzehen,
1 Salatgurke (250 g),
2 Bund Schnittlauch,
Salz, Pfeffer.

Zubereitung: 8 Eier hartkochen, abschrecken und abkühlen lassen. Danach pellen. Die restlichen Eier verquirlen. Nun die gekochten Eier zuerst in Mehl, dann in verquirltem Ei und zuletzt in Paniermehl wenden.
Das Öl in einem Topf erhitzen und die Eier darin etwa 3 Minuten fritieren.
Für die Sauce Joghurt und Quark verrühren. Die Knoblauchzehen abziehen und durch die Knoblauchpresse drücken. Die Gurke schälen und in feine Würfel schneiden. Den Schnittlauch unter fließendem kaltem Wasser abspülen, trockentupfen und in feine Röllchen schneiden. Nun Knoblauch, Gurkenwürfel und Schnittlauchröllchen unter die Quark-Joghurtmasse rühren und die Sauce mit Salz und Pfeffer abschmekken. Fritierte Eier und Sauce anrichten. Dazu Röstkartoffeln reichen.
Pro Person: ca. 560 kcal (2350 kJ). Zubereitungszeit: ca. 60 Minuten.

Schaum-Omelett mit Beeren

Zutaten *(für 4 Personen):*
12 Eier,
8 Eßlöffel Mineralwasser,
4 Päckchen Vanillinzucker,
2 Beutel Citro-back.
Außerdem:
4 Eßlöffel Butter oder Margarine (80 g),
800 g Brombeeren,
4 Eßlöffel Zucker(40 g).

Zubereitung: Die Eier trennen. Eigelb, Mineralwasser, Vanillinzucker und Citroback mit den Schneebesen des Handrührgerätes schaumig schlagen. Das Eiweiß steif schlagen und unter die Eigelbmasse ziehen.
Nun nach und nach einen Eßlöffel Fett in einer beschichteten Pfanne erhitzen und jeweils ein Viertel der Schaummasse hineingeben und zugedeckt stocken lassen.
Inzwischen die Brombeeren putzen, waschen und mit Zucker bestreuen. Die Omeletts mit Brombeeren füllen und nach Belieben mit Puderzucker bestäubt und mit Zitronenmelisse garniert servieren.
Pro Person: ca. 620 kcal (2600 kJ). Zubereitungszeit: ca. 30 Minuten.

Gedünstete Forelle

Zutaten *(für 4 Personen):*
4 küchenfertige Forellen (à 350 g),
Zitronensaft,
Pfeffer,
200 g Möhren,
250 g Staudensellerie,
2 Bund Frühlingszwiebeln (300 g),
1 Bund Petersilie,
½ Bund Dill,
2–3 Eßlöffel Butter oder Margarine (50 g),
Salz.

Zubereitung: Die Forellen unter fließendem kaltem Wasser abspülen, trockentupfen, mit Zitronensaft beträufeln und mit Pfeffer würzen.
Die Möhren putzen, schrappen oder schälen, waschen und kleinschneiden. Vom Staudensellerie Wurzelansatz und die grünen Blätter entfernen, waschen und in Stücke schneiden. Von den Frühlingszwiebeln den Wurzelansatz und etwa ein Drittel Grün abschneiden. Die Zwiebeln waschen und in Ringe schneiden. Die Petersilie und den Dill unter fließendem kaltem Wasser abspülen, trockentupfen, die Blättchen von den Stielen zupfen, waschen und fein hacken.
Nun das vorbereitete Gemüse, gehackte Kräuter und Fettflöckchen auf vier Bratbeutel verteilen. Forellen salzen und jeweils eine Forelle hineingeben und die Beutel verschließen. Die Bratbeutel auf ein Backblech setzen und die Forellen im Backofen bei 220 Grad etwa 20 Minuten garen. Danach die Bratbeutel vorsichtig öffnen und die Forellen und das Gemüse auf Teller gleiten lassen. Dazu Petersilienkartoffeln und Butter reichen.
Pro Person: ca. 330 kcal (1390 kJ). Zubereitungszeit: ca. 40 Minuten.

Ohne Fleisch

Tortellini mit Gemüsesauce

Zutaten *(für 4 Personen):*
250 g Tortellini (gefüllte Nudeln).

Für die Sauce:
500 g Tomaten,
100 g Zwiebeln,
2 Knoblauchzehen,
2 Eßlöffel Speiseöl (20 g),
250 g tiefgefrorene Erbsen,
100 ml Schlagsahne,
Salz, Pfeffer.
Außerdem:
1 Zweig Basilikum.

Zubereitung: Die Tortellini nach Packungsanweisung kochen. Für die Soße die Tomaten kurz in kochendes Wasser geben, in kaltem Wasser abschrecken, enthäuten und die Stengelansätze herausschneiden. Die Tomaten entkernen und in Würfel schneiden. Zwiebeln und Knoblauchzehen abziehen und in feine Würfel schneiden.
Das Öl in einem Topf erhitzen und Zwiebel- und Knoblauchwürfel darin andünsten. Erbsen, Sahne, Tomatenwürfel, Salz und Pfeffer zufügen und alles zugedeckt etwa 5 Minuten garen. Zwischendurch umrühren.
Die Tortellini in der Sauce anrichten und mit Basilikum garniert servieren.
Pro Person. ca. 260 kcal (1090 kJ). Zubereitungszeit: ca. 30 Minuten.

Geschmortes Kaninchen

Zutaten *(für 4 Personen):*
1 küchenfertiges Kaninchen (ca. 1,4 kg),
3 Eßlöffel Speiseöl (30 g),
100 g Zwiebeln,
2 Knoblauchzehen,
Salz, Pfeffer,
Basilikum,
1 unbehandelte Zitrone,
125 ml (⅛ l) Weißwein,
125 ml (⅛ l) Fleischbrühe (Instant),
500 g Zucchini,
250 g Chicorée.

Zubereitung: Das Kaninchen unter fließendem kaltem Wasser abspülen, trockentupfen und in 8 Teile teilen. Das Öl in einem großen Schmortopf erhitzen und die Kaninchenteile darin portionsweise von allen Seiten braun anbraten. Zwiebeln und Knoblauchzehen abziehen und in feine Würfel schneiden. Zwiebel- und Knoblauchwürfel in das Bratfett geben und kurz mit anbraten. Mit Salz, Pfeffer, Basilikum und abgeriebener Zitronenschale würzen. Weißwein und Brühe angießen und die Kaninchenteile zugedeckt etwa 30 Minuten schmoren.
Inzwischen von den Zucchini den Blütenansatz abschneiden. Die Zucchini waschen und in Scheiben schneiden. Von den Chicoréestauden die äußeren, welken Blätter entfernen und den Strunk herausschneiden. Den Chicorée waschen und in Scheiben schneiden. Das vorbereitete Gemüse nach der Garzeit zu den Kaninchenteilen geben und alles nochmals etwa 10 Minuten schmoren. Zitrone auspressen, das Gericht mit Zitronensaft abschmecken. Dazu Petersilienkartoffeln reichen.
Pro Person: ca. 580 kcal (2440 kJ). Zubereitungszeit: ca. 60 Minuten.

Sauerkraut-Auflauf

Zutaten *(für 4 Personen):*
100 g Butter oder Margarine,
5 Eigelb,
100 g Weizenmehl,
1 Becher Crème fraîche (150 g),
200 g geriebener mittelalter Gouda Käse,
250 g Kabanossi-Wurst,
500 g Sauerkraut,
1 rote Paprikaschote (200 g),
Salz, Pfeffer,
gerebelter Majoran,
5 Eiweiß.

Zubereitung: Das Fett schaumig rühren und Eigelb und Mehl unterrühren. Dann Crème fraîche und 100 g geriebenen Käse zufügen. Die Kabanossi in Scheiben schneiden. Das Sauerkraut abtropfen lassen. Die Paprikaschote halbieren, entstielen, entkernen, die weißen Scheidewände entfernen. Die Schote waschen und in dünne Streifen schneiden.
Nun Wurstscheiben, Sauerkraut und Paprikastreifen unter den Teig mischen. Mit Salz, Pfeffer und Majoran würzen. Zuletzt das steifgeschlagene Eiweiß unterziehen. Die Masse in eine gefettete Auflaufform füllen und mit dem restlichen Käse bestreuen. Den Auflauf im Backofen bei 180 Grad etwa 40 Minuten backen. Nach Belieben mit Majoran verziert servieren.
Pro Person: ca. 1000 kcal (4200 kJ). Zubereitungszeit: ca. 60 Minuten.

Mit der Mikrowelle

Schellfisch im Gemüsebett

Zutaten *(für 4 Personen):*
4 Portionen Schellfisch (à 180 g), Saft 1 Zitrone, 2 Zwiebeln (100 g), 2 Stangen Porree (250 g), 200 g Sellerie, 250 g Möhren, 2–3 Eßlöffel Butter oder Margarine (50 g), Salz, Pfeffer.

Zubereitung: Den Schellfisch unter fließendem kaltem Wasser abspülen, trockentupfen und mit Zitronensaft beträufeln. Die Zwiebeln abziehen und in Würfel schneiden. Von den Porreestangen den Wurzelansatz und etwa ein Drittel Grün abschneiden. Die Stangen der Länge nach einritzen und gründlich unter fließendem Wasser waschen. Den Porree in Ringe schneiden. Den Sellerie schälen, waschen und in Stücke schneiden. Die Möhren putzen, schrappen oder schälen, waschen und würfeln.

Das vorbereitete Gemüse in eine mikrowellengeeignete Form geben, mit Fettflöckchen belegen. Im Mikrowellengerät ohne Deckel bei 600 Watt etwa 7 Minuten garen.

Danach das Gemüse mit Salz und Pfeffer würzen. Die Fischstücke salzen und auf das Gemüse legen. Nochmals alles zugedeckt bei 600 Watt etwa 10 Minuten garen. Dazu Salzkartoffeln und Senfbutter reichen.

Pro Person: ca. 210 kcal (880 kJ). Zubereitungszeit: ca. 25 Minuten.

Hausmannskost

Kartoffelsuppe

Zutaten *(für 4 Personen):*
750 g Kartoffeln,
1 Bund Suppengrün,
150 g durchwachsener Speck,
1 Eßlöffel Speiseöl (10 g),
150 g Zwiebeln,
750 ml (¾ l) Fleischbrühe (Instant),
250 ml (¼ l) saure Sahne,
2 Teelöffel Speisestärke,
Salz, Pfeffer,
4 Paar Wiener Würstchen (400 g),
1 Bund Majoran.

Zubereitung: Die Kartoffeln schälen, waschen und in Würfel schneiden. Das Suppengrün putzen, waschen und in Stücke schneiden. Den Speck würfeln. Das Öl in einem Topf erhitzen und die Speckwürfel darin kroß braten. Die Zwiebeln abziehen und fein würfeln. Die Zwiebelwürfel zum Speck geben und glasig dünsten.
Kartoffelwürfel und Suppengrün zufügen und mit der Brühe ablöschen. Zugedeckt alles etwa 20 Minuten garen. Sahne und Speisestärke verrühren und unter Rühren in die Suppe gießen. Die Suppe mit Salz und Pfeffer abschmecken. Die Würstchen in Scheiben schneiden und in der Suppe erwärmen. Den Majoran unter fließendem kaltem Wasser abspülen, trockentupfen, die Blättchen von den Stielen zupfen und zuletzt in die Suppe geben.
Pro Person: ca. 770 kcal (3230 kJ). Zubereitungszeit: ca. 50 Minuten.

Porreekuchen

Zutaten *(für 4 Personen):*
Für den Teig:
200 g Vollkornmehl,
150 g Butter oder Margarine,
1 Ei,
2 Eßlöffel Wasser,
Salz.
Außerdem:
800 g Porree,
2–3 Eßlöffel Butter oder Margarine (50 g).

Für den Guß:
150 ml saure Sahne,
2 Eier,
200 g gekochter Schinken,
100 g geriebener Greyerzer Käse,
Salz, Pfeffer,
geriebene Muskatnuß.

Zubereitung: Vollkornmehl, Fett, Ei, Wasser und Salz mit den Knethaken des Handrührgerätes zu einem glatten Mürbeteig verkneten. Den Teig etwa 30 Minuten kalt stellen.

Inzwischen von den Porreestangen den Wurzelansatz und etwa ein Drittel Grün abschneiden. Die Stangen der Länge nach einritzen und unter fließendem kaltem Wasser gründlich waschen. Den Porree in Ringe schneiden. Das Fett in einem Topf erhitzen und den Porree darin etwa 8 Minuten dünsten.

Für den Guß saure Sahne, Eier, in Streifen geschnittenen Schinken und Käse verrühren und mit Salz, Pfeffer und Muskat würzen.

Nun den Teig auf einer bemehlten Arbeitsfläche ausrollen und die Hälfte eines Backbleches damit belegen. Dabei den Rand hochziehen und den Boden mit einer Gabel mehrmals einstechen. Im Backofen bei 200 Grad etwa 10 Minuten vorbacken. Dann den abgetropften Porree darauf verteilen und den Guß darübergeben. Alles nochmals 40 Minuten backen.

Pro Person: ca. 900 kcal (3780 kJ). Zubereitungszeit: ca. 90 Minuten.

Kräuterklöße

Zutaten *(für 4 Personen):*
1 Bund Petersilie,
1 Bund Kerbel,
1 Bund Schnittlauch,
500 ml (½ l) Wasser,
1 Packung Knödelpulver „Gekochte Klöße".
Außerdem:
1 Zwiebel (50 g),
1 Knoblauchzehe,
100 g Butter oder Margarine.

Zubereitung: Petersilie und Kerbel unter fließendem kaltem Wasser abspülen, trockentupfen, die Blättchen von den Stielen zupfen. Den Schnittlauch ebenfalls abspülen. Petersilie und Kerbel fein hacken und den Schnittlauch in Röllchen schneiden. Die Hälfte der Kräuter in das kalte Wasser geben und das Knödelpulver einrühren. 5 Minuten quellen lassen und dann 8 Klöße daraus formen.
Die Klöße nach Packungsanweisung garen.
Inzwischen Zwiebel und Knoblauchzehe abziehen und in feine Würfel schneiden. Das Fett in einer Pfanne erhitzen und Zwiebel- und Knoblauchwürfel darin dünsten. Die restlichen Kräuter zufügen. Die Kräuterbutter zu den Klößen servieren. Dazu Salat reichen.
Pro Person: ca. 400 kcal (1680 kJ). Zubereitungszeit: ca. 30 Minuten.

Pilzpfanne

Zutaten *(für 4 Personen):*
2 Pakete getrocknete Steinpilze (à 5 g),
100 ml Weißwein,
500 g Champignons,
250 g Austernpilze,
2 Bund Frühlingszwiebeln (300 g),
2–3 Eßlöffel Butterschmalz (50 g),
1 Becher Crème fraîche (150 g),
Salz, Pfeffer,
gerebelter Majoran.

Zubereitung: Die getrockneten Steinpilze waschen und in Wein einweichen. Champignons (siehe Tip) und Austernpilze putzen, waschen und je nach Größe halbieren oder vierteln. Von den Frühlingszwiebeln den Wurzelansatz und etwa ein Drittel Grün abschneiden. Zwiebeln waschen und in Ringe schneiden. Das Butterschmalz in einer Pfanne erhitzen und die Pilze darin portionsweise anbraten. Frühlingszwiebeln dazugeben und mitdünsten. Steinpilze und Wein sowie Crème fraîche zufügen und mit Salz, Pfeffer und Majoran würzen. Alles zugedeckt etwa 5 Minuten schmoren. Dazu Bauernbrot reichen.
Pro Person: ca. 340 kcal (1430 kJ). Zubereitungszeit: ca. 30 Minuten.

So bleiben Champignons schön weiß:

Die geputzten Pilze in kaltem Wasser mit Mehl (2 Eßlöffel pro Liter) waschen. Dadurch wird der Sand gut abgerieben. Geschnittene Champignons gleich mit Zitronensaft beträufeln. Pilze bis zur Verarbeitung abdecken.

Marinierte Putenkeule

Zutaten *(für 4 Personen):*
1 kg Putenoberkeule (ohne Knochen).
Für die Marinade:
375 ml (3/8 l) Weißwein,
5 Eßlöffel Weinessig,
1 Lorbeerblatt,
10 Pfefferkörner,
½ Bund Majoran,
2 Zwiebeln (100 g),
1 Bund Suppengrün.
Außerdem:
Küchengarn,
Salz, Pfeffer.

Zubereitung: Das Putenfleisch unter fließendem kaltem Wasser abspülen, trokkentupfen, aufrollen und mit Küchengarn zusammenbinden.
Für die Marinade Weißwein, Essig, Lorbeerblatt und Pfefferkörner vermischen. Den Majoran unter fließendem kaltem Wasser abspülen, trockentupfen, die Blättchen von den Stielen zupfen und waschen. Die Zwiebeln abziehen und in feine Würfel schneiden. Das Suppengrün putzen, waschen und in Stükke schneiden.
Nun Majoranblätter, Zwiebelwürfel und Suppengrün in die Marinade geben. Das Fleisch hineinlegen und über Nacht zugedeckt in den Kühlschrank stellen.
Danach herausnehmen und mit Salz und Pfeffer würzen. Das Fleisch, das Gemüse und die Hälfte der Flüssigkeit in einen Römertopf geben und den Topf mit dem Deckel verschließen. Die Putenkeule im Backofen bei 200 Grad etwa 90 Minuten schmoren. Danach den Deckel abnehmen und 15 Minuten weiterbraten. Nach Belieben den Sud mit Saucenbinder binden. Dazu Kartoffelklöße reichen.
Pro Person: ca. 550 kcal (2310 kJ). Zubereitungszeit: ca. 2 Stunden (ohne Marinierzeit).

Aus dem Römertopf

Kürbistopf

Zutaten *(für 4 Personen):*
750 g Kürbis,
1 Gemüsezwiebel (200 g),
200 g Äpfel,
250 g Staudensellerie,
300 g Kasselerkotelett,
2–3 Eßlöffel Butter oder Margarine (50 g),
250 ml (¼ l) trockener Cidre (Apfelwein),
250 ml (¼ l) Fleischbrühe (Instant),
½ Bund Salbei,
Salz, Pfeffer.

Zubereitung: Den Kürbis schälen und das Kerngehäuse entfernen. Das Fruchtfleisch waschen und in Würfel schneiden. Die Zwiebel abziehen und würfeln. Die Äpfel kräftig abreiben, waschen und vierteln. Das Kerngehäuse entfernen und die Apfelviertel in Spalten schneiden. Von dem Staudensellerie den Wurzelansatz und die grünen Blätter abschneiden. Die Stangen waschen und in Stücke schneiden. Das Fleisch vom Knochen lösen und würfeln.
Das Fett in einem Topf erhitzen und das Fleisch darin von allen Seiten anbraten. Herausnehmen und das Gemüse in das Bratfett geben und andünsten. Cidre und Brühe angießen. Den Salbei unter fließendem kaltem Wasser abspülen und zufügen. Mit Salz und Pfeffer würzen. Zugedeckt alles etwa 10 Minuten schmoren. Danach das Fleisch zufügen und heiß werden lassen. Nach Belieben mit grobem Pfeffer bestreut servieren.
Pro Person: ca. 470 kcal (1970 kJ). Zubereitungszeit: ca. 50 Minuten.

Aus der Vollwertküche

Gefüllte Auberginen

Zutaten *(für 4 Personen):*
2 Auberginen (500 g),
Saft von 1 Zitrone,
Salzwasser,
1 Zwiebel (50 g),
250 g Champignons,
200 g Möhren,
1–2 Eßlöffel Butter oder Margarine (30 g),
Salz, Pfeffer,
4 Eßlöffel Hirseflocken,
3 Eßlöffel Schlagsahne,
100 g Cheddar Käse,
2 Eßlöffel Sonnenblumenkerne.

Zubereitung: Von den Auberginen den Blütenansatz abschneiden. Die Auberginen waschen, der Länge nach halbieren und die Hälften aushöhlen. Die Schnittflächen sofort mit Zitronensaft beträufeln. Die Hälften in wenig leicht gesalzenem Wasser etwa 5 Minuten garen.

Das ausgehöhlte Auberginenfleisch würfeln. Die Zwiebel abziehen und in Würfel schneiden. Die Champignons putzen, waschen und kleinschneiden. Die Möhren putzen, schrappen oder schälen, waschen und raffeln.

Das Fett in einem Topf erhitzen und das vorbereitete Gemüse darin andünsten. Mit Salz und Pfeffer würzen und Hirseflocken, Sahne und in Würfel geschnittenen Käse zufügen.

Die Auberginen mit dem Gemüsegemisch füllen und in eine gefettete, feuerfeste Form setzen. Mit Sonnenblumenkernen bestreuen und im Backofen bei 220 Grad etwa 15 Minuten überbacken. Nach Belieben mit Majoran garniert servieren. Dazu Naturreis reichen.

Pro Person: ca. 310 kcal (1300 kJ). Zubereitungszeit: ca. 50 Minuten.

Hühnersuppe mit Klößen

Zutaten *(für 4 Personen):*
1 Suppenhuhn (ca. 1,2 kg),
1 Bund Suppengrün,
1 Paket Klöße „Halb und Halb" (für 8 Stück),
1 Bund Petersilie,
1 Stange Porree (400 g),
3 Möhren (300 g),
Salz, Pfeffer.

Zubereitung: Das Suppenhuhn abspülen. Das Suppengrün putzen, waschen und in Stücke schneiden. 1 Liter Wasser in einen großen Topf geben, Suppenhuhn und Suppengrün hineingeben und alles zum Kochen bringen. Etwa 1 Stunde bei geringer Hitze köcheln lassen.
Den Knödelteig nach Packungsanweisung zubereiten. Die Petersilie unter fließendem kaltem Wasser abspülen, trockentupfen, die Blättchen von den Stielen zupfen und fein hacken. Die gehackte Petersilie unter den Knödelteig mischen. Aus dem Teig 8 Knödel formen und in leicht gesalzenem, siedendem Wasser 20 Minuten ziehen lassen. Inzwischen von der Porreestange den Wurzelansatz und etwa ein Drittel Grün abschneiden. Die Stange der Länge nach einritzen und unter fließendem kaltem Wasser gründlich waschen. Den Porree in Ringe schneiden. Die Möhren putzen, schrappen, waschen und mit einem Sparschäler in Streifen schneiden. Die Brühe durch ein Sieb gießen und Porree und Möhren darin etwa 10 Minuten kochen. Das Hühnerfleisch von den Knochen lösen und die Haut entfernen. Das Fleisch in Würfel schneiden. Fleisch und Knödel in die Suppe geben und darin erwärmen. Die Suppe mit Salz und Pfeffer abschmecken. Nach Belieben mit Petersilie garnieren.
Pro Person: ca. 570 kcal (2390 kJ). Zubereitungszeit: ca. 80 Minuten.

Dünsten, Dämpfen, Garziehen: Die feinen Unterschiede in der hohen Kunst des Kochens

Kochen

Das ist Garen in viel Flüssigkeit bei einer Temperatur von 100° C.

Blaukochen

Süßwasserfische (z.B. Karpfen oder Forellen) werden so lange mit kochendem Essig übergossen, bis sie sich blau färben. Dann läßt man sie im Sud gar ziehen.

Dünsten

Dies ist ein Garen in wenig Flüssigkeit oder Fett bei einer Temperatur unter 100° C.

Dämpfen

Lebensmittel werden in Wasserdampf bei einer Temperatur von 80–100° C gegart.

Garziehen

Das ist das Garen in fast kochender Flüssigkeit bei Temperaturen zwischen 80 und knapp 100° C (für Gerichte, die leicht zerfallen, z.B. Fisch).

Pochieren

Das ist Garen in heißer, aber nicht kochender Flüssigkeit. Verlorene Eier und Fisch werden pochiert. Damit das Eiweiß schneller gerinnt, gibt man etwas Säure hinzu, z. B. Wein, Essig oder Zitronensaft.

Schmoren

Erst wird Fleisch in Fett angebraten und dann in kochender Flüssigkeit im geschlossenen Topf gegart.

Braten

Ein Garen, bei dem eine Bräunung des Gargutes erreicht wird. Es gibt zwei Methoden:
- Braten in der Pfanne, eignet sich für Kartoffeln und Kurzgebratenes.
- Braten im Backofen mit oder ohne Fett, entweder im offenen oder geschlossenen Gefäß.

Sautieren

Das ist ein Garschwenken von kurzgebratenem Fleisch oder Gemüse in heißem Fett.

Grillen

Dies ist fettarmes Garen durch Strahlungshitze. Dabei entsteht eine starke Bräunung. Es eignet sich zum Beispiel auch zum Überbacken von Toasts.

Fritieren

Damit bezeichnet man das Ausbacken von Fisch, Fleisch oder verschiedenem Gebäck im heißen Fettbad.

Garen in Alufolie

Dabei wird ohne Bräunung im eigenen Saft gegart. Da die Hitze erst die Folie durchdringen muß, verlängert sich die Garzeit um ca. zwei Drittel der üblichen Zeit.

Garen in Bratfolie

Dies ist Garen mit Bräunung im eigenen Saft. Die gefüllte Bratfolie wird in den kalten Backofen gelegt, damit sie nicht platzt.

Garen im Schnellkochtopf

Die Speisen werden unter Druck bei Temperaturen von 108–118° C in einem speziellen Topf gegart. Dabei verkürzt sich die Garzeit um ca. zwei Drittel der üblichen Zeit.

Garen im Römertopf

Dabei handelt es sich um ein Garen ohne Fett in einem Tontopf. Das Lebensmittel gart ohne Bräunung im eigenen Saft.

Mikrowelle

Das Garen, Auftauen und Erwärmen von Speisen in der Mikrowelle beruht auf elektromagnetischen Wellen, die die Lebensmittel durchdringen. Dabei geraten die Nahrungsmoleküle in Bewegung, es entsteht Reibungswärme, und die Speisen garen. Die Garzeiten werden ganz erheblich verkürzt.

OKTOBER

Oktober ist der Apfelmonat. Die Haupternte von Äpfeln ist in vollem Gange. Deshalb gibt es jetzt die gesamte Palette an Tafeläpfeln: vom Boskop über Cox Orange bis hin zur Gold Parmäne. Etwa 38 Prozent der Verbraucher in der Bundesrepublik bevorzugen Äpfel vor allen anderen Obstsorten. Kein Wunder, daß wir Ihnen im Oktober süße und pikante Hauptgerichte mit Äpfeln vorschlagen. Eine Kostprobe lohnt sich.

Gefüllte Pfannkuchen mit Hackfleisch

Zutaten *(für 4 Personen):*
Für den Teig:
250 g Weizenmehl,
3 Eier, Salz, Pfeffer,
375 ml (⅜ l) Milch.
Für die Füllung:
1 Paket tiefgefrorener Blattspinat (300 g),
2 Zwiebeln (à 50 g),
3 Eßlöffel Speiseöl (30 g),
300 g Rinderhackfleisch,
Knoblauchpulver,
150 g Schafskäse.
Zum Braten:
2 Eßlöffel Margarine (40 g).

Zubereitung: Mehl, Eier, Salz, Pfeffer und Milch in eine Schüssel geben und zu einem glatten Teig verrühren. Teig etwa 15 Minuten ruhen lassen. Für die Füllung den Spinat auftauen. Die Zwiebeln abziehen und in feine Würfel schneiden. Das Öl in einer Pfanne erhitzen und Hackfleisch und Zwiebelwürfel darin anbraten. Den gut abgetropften Spinat dazugeben und mit Salz, Pfeffer und Knoblauchpulver würzen. Alles zugedeckt etwa 10 Minuten dünsten. Den Schafskäse in Würfel schneiden und zuletzt unter den Spinat mischen.
Nun das Fett in einer beschichteten Pfanne erhitzen und aus dem Teig nacheinander 4 Pfannkuchen backen. Die Pfannkuchen mit der Hackfleischfüllung füllen und aufgerollt servieren.
Pro Person: ca. 910 kcal (3820 kJ). Zubereitungszeit: ca. 1 Stunde.

Wurstgulasch

Zutaten *(für 4 Personen):*
400 g Fleischwurst,
1 Bund Frühlingszwiebeln (150 g),
400 g Tomaten,
1 gelbe Paprikaschote (200 g),
2 Eßlöffel Speiseöl (20 g),
2 Knoblauchzehen,
Salz, Pfeffer,
Oregano,
125 ml (⅛ l) Fleischbrühe (Instant),
125 ml (⅛ l) saure Sahne,
2 Teelöffel Speisestärke.

Zubereitung: Die Wurst in Scheiben schneiden. Von den Frühlingszwiebeln den Wurzelansatz und etwa ein Drittel Grün abschneiden. Die Zwiebeln waschen und in Stücke schneiden. Die Tomaten kurz in kochendes Wasser geben, in kaltem Wasser abschrekken, enthäuten und die Stengelansätze herausschneiden. Die Tomaten vierteln. Die Paprikaschote halbieren, entstielen, entkernen, die weißen Scheidewände entfernen. Die Schote waschen und in Stücke schneiden.
Nun Wurstscheiben, vorbereitetes Gemüse und Öl in eine mikrowellengeeignete Form geben. Die Knoblauchzehen abziehen und durch die Knoblauchpresse drükken, zufügen. Mit Salz, Pfeffer und Oregano würzen und Brühe angießen
Das Wurstgulasch in der Mikrowelle zugedeckt bei 600 Watt etwa 10 Minuten garen. Saure Sahne und Speisestärke verrühren, über das Gulasch gießen und nochmals 2 Minuten garen. Vor dem Servieren das Gulasch umrühren und nochmals abschmecken. Dazu Salzkartoffeln reichen.
Pro Person: ca. 580 kcal (2440 kJ). Zubereitungszeit: ca. 30 Minuten.

Heilbutt mit Kräutern

Zutaten *(für 4 Personen):*
4 Heilbuttscheiben (à 200 g),
Saft 1 Zitrone,
Salz, Pfeffer,
½ Bund Petersilie,
½ Bund Thymian,
½ Bund Dill,
½ Bund Schnittlauch,
125 ml (⅛ l) Weißwein,
3 Eßlöffel Butter oder
Margarine (60 g).

Zubereitung: Die Heilbuttscheiben unter fließendem kaltem Wasser abspülen, trockentupfen und mit Zitronensaft beträufeln. Die Fischscheiben mit Salz und Pfeffer würzen und in einen Bräter legen. Petersilie und Thymian sowie Dill unter fließendem kaltem Wasser abspülen, trockentupfen, die Blättchen von den Stielen zupfen. Den Schnittlauch ebenfalls abspülen und in Röllchen schneiden. Die Kräuter auf den Fischscheiben verteilen. Den Wein angießen und das Fett in Flöckchen darauf verteilen. Den Bräter mit Alufolie abdecken. Die Heilbuttscheiben im Backofen bei 220 Grad etwa 20 Minuten garen. Nach Belieben mit Zitronenscheiben garniert servieren. Dazu Gemüsereis und Buttersauce. Pro Person: ca. 360 kcal (1510 kJ). Zubereitungszeit: ca. 30 Minuten.

Eierpudding

Zutaten *(für 4 Personen):*
5 Eier,
1 Eßlöffel Weizenmehl,
200 ml Schlagsahne,
250 g gekochter Schinken,
250 g geriebener Emmentaler Käse,
1 Bund Schnittlauch,
1 Bund Petersilie.

Zubereitung: Die Eier trennen. Das Eigelb schaumig schlagen. Nach und nach Mehl und Sahne unterschlagen. Den Schinken würfeln und zufügen. Den geriebenen Käse unterziehen.
Den Schnittlauch und die Petersilie unter fließendem kaltem Wasser abspülen, trokkentupfen, den Schnittlauch in Röllchen schneiden. Die Petersilie von den Stielen zupfen und fein hacken. Die Kräuter unter die Eiermasse rühren. Das Eiweiß steif schlagen und unterziehen.
Die Masse in eine gut gefettete Kastenform (30 cm lang) füllen (siehe Tip) und die Form mit Alufolie abdecken. Die Form in ein Wasserbad stellen und den Pudding etwa 90 Minuten darin garen. Nach Belieben mit Schnittlauch garniert anrichten. Dazu Reis und Tomatensauce.
Pro Person: ca. 710 kcal (2980 kJ). Zubereitungszeit: ca. 2 Stunden.

Damit der Pudding gut gelingt

Die Form immer nur zu etwa zwei Drittel füllen, damit die Masse gut aufgehen kann.
Die gut verschlossene Form darf nur zu drei Viertel während des Kochens mit Wasser umspült werden. Das Wasser sollte nicht sprudelnd kochen, sondern nur sieden.

Zwetschgen-auflauf mit Maisgrieß

Zutaten *(für 4 Personen):*
75 g Butter oder Margarine,
4 Eßlöffel Zucker (40 g),
3 Eigelb,
100 g Maisgrieß (Polenta),
250 ml (¼ l) Milch,
abgeriebene Schale
1 unbehandelten Zitrone,
Salz,
1 Päckchen Vanillinzucker,
3 Eiweiß,
600 g Zwetschgen,
50 g Rosinen.
Für den Guß:
5 Eßlöffel Schlagsahne
(50 ml),
1 Teelöffel Speisestärke.

Zubereitung: Fett, Zucker und Eigelb in eine Schüssel geben und mit den Schneebesen des Handrührgerätes schaumig schlagen. Maisgrieß, Milch, Zitronenschale, Salz und Vanillinzucker zufügen und unterrühren. Das Eiweiß steif schlagen und unter die Eigelbmasse ziehen. Die Masse in eine gefettete Pie- oder Springform (30 cm ∅) füllen.
Die Zwetschgen waschen, trockenreiben, halbieren, entkernen und auf der Grießmasse verteilen. Die Rosinen waschen, trockentupfen und ebenfalls auf der Polenta verteilen.
Für den Guß Sahne und Speisestärke verrühren und den Guß über die Zwetschgen gießen. Die Polenta im Backofen bei 200 Grad etwa 20 Minuten backen.
Pro Person: ca. 550 kcal (2310 kJ). Zubereitungszeit: ca. 50 Minuten.

Kalbsschnitzel mit Gemüse

Zutaten *(für 4 Personen):*
4 Kalbsschnitzel (à 150 g),
1 Knoblauchzehe,
300 g Tomaten,
2 Eßlöffel Speiseöl (20 g),
Salz, Pfeffer,
1 Dose Mais (Abtropfgewicht 280 g),
1 Paket tiefgefrorene Erbsen (300 g),
3 Eßlöffel Weinbrand (3 cl).

Zubereitung: Die Kalbsschnitzel unter fließendem kaltem Wasser abspülen und trockentupfen. Die Knoblauchzehe abziehen und in feine Würfel schneiden. Die Tomaten kurz in kochendes Wasser geben, in kaltem Wasser abschrecken, enthäuten und die Stengelansätze herausschneiden. Tomaten entkernen und das Fruchtfleisch in Würfel schneiden.

Das Öl in einer Pfanne erhitzen und die Kalbsschnitzel darin von beiden Seiten etwa 4 Minuten braun braten. Mit Salz und Pfeffer würzen, herausnehmen und warmstellen. Nun Knoblauchwürfel, Tomatenstücke, den abgetropften Mais und Erbsen in das heiße Bratfett geben, mit Salz und Pfeffer bestreuen und zugedeckt etwa 5 Minuten dünsten. Danach mit Weinbrand begießen. Nach Belieben mit Petersilie und grobem Pfeffer bestreut zum Fleisch servieren. Dazu Bandnudeln reichen.

Pro Person: ca. 380 kcal (1600 kJ). Zubereitungszeit: ca. 30 Minuten.

Fischragout mit Lengfisch

Zutaten *(für 4 Personen):*
800 g Lengfischfilet,
Saft 1 Zitrone,
250 g Porree,
150 g Champignons,
1 rote Paprikaschote (150 g),
2 Eßlöffel Margarine (40 g),
250 ml (¼ l) Weißwein,
250 ml (¼ l) Schlagsahne,
Salz, Pfeffer,
3 Eßlöffel heller Saucenbinder,
½ Bund Dill.

Zubereitung: Lengfischfilet unter fließendem kaltem Wasser abspülen, trockentupfen, in Stücke schneiden und mit Zitronensaft beträufeln. Von den Porreestangen den Wurzelansatz und etwa ein Drittel Grün abschneiden. Die Stangen einritzen und unter fließendem kaltem Wasser gründlich waschen. Den Porree in Ringe schneiden. Die Champignons putzen, waschen und eventuell halbieren. Die Paprikaschote halbieren, entstielen, entkernen, die weißen Scheidewände entfernen. Die Schote waschen und in Würfel schneiden.
Fett in einem Topf erhitzen und das Gemüse darin andünsten. Wein und Sahne angießen und mit Salz und Pfeffer würzen. Fischwürfel salzen und auf das Gemüse geben. Alles zugedeckt etwa 10 Minuten gar ziehen lassen.
Danach die Flüssigkeit mit Saucenbinder binden. Den Dill unter fließendem kaltem Wasser abspülen, trockentupfen und die Blättchen von den Stielen zupfen. Das Fischragout nochmals abschmecken und nach Wunsch mit Dill garniert servieren. Dazu Reis reichen.
Pro Person: ca. 500 kcal (2100 kJ). Zubereitungszeit: ca. 30 Minuten.

Kartoffeln mit Schinken und Sauerrahm

Zutaten *(für 4 Personen):*
1 kg kleine Kartoffeln,
4 Eßlöffel Butterschmalz (80 g),
Salz, Pfeffer,
400 g roher Schinken,
400 g Sauerrahm,
2 Bund Petersilie.

Zubereitung: Die Kartoffeln waschen und mit der Schale kochen. Danach abgießen, kurz abkühlen lassen und pellen. Das Butterschmalz in einer Pfanne erhitzen und die Pellkartoffeln darin von allen Seiten goldbraun braten. Mit Salz und Pfeffer würzen. Den Schinken in Streifen schneiden und darübergeben. Den Sauerrahm zufügen und alles bei geschlossener Pfanne kurz erhitzen.
Inzwischen die Petersilie unter fließendem kaltem Wasser abspülen, trockentupfen, die Blättchen von den Stielen zupfen und fein hacken. Die Kartoffeln mit Petersilie bestreut servieren.
Pro Person: ca. 890 kcal (3740 kJ). Zubereitungszeit: ca. 30 Minuten.

Kräuter: Richtig aufbewahren

Wenn Sie frische Kräuter, z. B. Petersilie übrig behalten, empfehlen wir Ihnen folgendes: Besprühen Sie sie mit Wasser. Heben Sie die Kräuter dann entweder in einem verschlossenen Schraubglas oder in einem Plastikbeutel im Gemüsefach Ihres Kühlschrankes auf.

Gemüseauflauf

Zutaten *(für 4 Personen):*
1 Blumenkohl (500 g),
250 g Brokkoli,
Salzwasser.
Für den Fleischteig:
1 Brötchen,
1 große Zwiebel (70 g),
375 g Rinderhackfleisch,
1 Ei,
Salz, Pfeffer,
gerebelter Majoran.
Für die Eiermilch:
4 Eier,
100 ml Milch,
200 g geriebener Gouda Käse,
geriebene Muskatnuß.

Zubereitung: Von dem Blumenkohl den Strunk und die grünen Blätter abschneiden. Von den Brokkoliröschen die unteren Enden abschneiden. Den Kohl waschen. Blumenkohl in Röschen teilen und Blumenkohl- und Brokkoliröschen in wenig kochendem, leicht gesalzenem Wasser etwa 5 Minuten kochen.
Inzwischen das Brötchen in Wasser einweichen. Die Zwiebel schälen und würfeln. Hackfleisch, Ei, Zwiebelwürfel und das gut ausgedrückte Brötchen zu einem Fleischteig verkneten. Mit Salz, Pfeffer und Majoran würzen. Den Fleischteig in eine gefettete Auflaufform füllen und die gut abgetropften Blumenkohl- und Brokkoliröschen darauf verteilen.
Nun Eier, Milch und geriebenen Käse verquirlen und die Eiermilch mit Salz, Pfeffer und geriebener Muskatnuß abschmecken. Dann den Auflauf damit übergießen und im Backofen bei 200 Grad ca. 40 Minuten backen.
Pro Person: ca. 680 kcal (2860 kJ). Zubereitungszeit: ca. 80 Minuten.

Rote-Bete-Eintopf

Zutaten *(für 4 Personen):*
200 g Sechskornmischung,
800 ml Wasser,
500 g Rote Bete,
Salzwasser,
1 Bund Suppengrün,
2 Zwiebeln (100 g),
250 g Wirsing,
3 Eßlöffel Speiseöl (30 g),
300 ml Gemüsebrühe,
300 g Fleischtomaten,
5 Pfefferkörner,
2 Gewürznelken,
Salz, Pfeffer,
250 g saure Sahne,
1 Bund Dill.

Zubereitung: Die Körner über Nacht in dem Wasser einweichen. Danach zum Kochen bringen und etwa 1 Stunde quellen lassen.
Die Roten Bete waschen und in Salzwasser etwa 1 Stunde kochen. Danach schälen und in Stücke schneiden. Suppengrün putzen, waschen und kleinschneiden. Zwiebeln abziehen und würfeln. Den Wirsingkohl von den äußeren welken Blättern befreien und den Strunk herausschneiden. Den Kohl waschen und in Streifen schneiden.
Das Öl in einem Topf erhitzen und das vorbereitete Gemüse darin andünsten. Die Brühe angießen. Die Tomaten kurz in kochendes Wasser geben, in kaltem Wasser abschrekken, enthäuten, die Stengelansätze herausschneiden. Die Tomaten vierteln und zu dem übrigen Gemüse in den Topf geben. Pfefferkörner, Nelken und die Körner zufügen und mit Salz und Pfeffer würzen. Alles zugedeckt etwa 10 Minuten kochen.
Die saure Sahne glattrühren. Dill abspülen, trockentupfen, von den Stielen zupfen. Den Eintopf mit saurer Sahne und Dill anrichten.
Pro Person: ca. 430 kcal (1810 kJ). Zubereitungszeit: ca. 110 Minuten (ohne Einweichzeit).

Putenbrust mit Zwiebelgemüse

Zutaten *(für 4 Personen):*
4 Scheiben Putenbrustfilet (à 125 g),
100 ml Ananassaft,
Pfeffer,
2 Eßlöffel Sherry,
750 g rote Zwiebeln,
3 Eßlöffel Speiseöl (30 g),
50 g Rosinen,
3 Eßlöffel Honig,
3 Eßlöffel Rotweinessig,
Salz,
2 rote Äpfel (300 g),
1 Eßlöffel Butterschmalz (20 g).

Zubereitung: Das Putenbrustfilet unter fließendem kaltem Wasser abspülen und trockentupfen. Ananassaft, Pfeffer und Sherry verrühren und die Putenbrustfilets darin etwa 2 Stunden marinieren.
Die Zwiebeln abziehen und in Viertel oder Achtel schneiden. Das Öl in einem Topf erhitzen und die Zwiebeln darin andünsten. Die Rosinen waschen und zu den Zwiebeln in den Topf geben. Honig, Rotweinessig und Salz sowie 3 Eßlöffel Marinierflüssigkeit zufügen. Alles zugedeckt etwa 10 Minuten schmoren lassen.
Inzwischen die Äpfel waschen und gut trockenreiben. Die Äpfel vierteln und das Kerngehäuse entfernen. Die Apfelviertel in Spalten schneiden und in den letzten 4 Minuten der Garzeit zu den Zwiebeln geben.
Die Putenbrustfilets trockentupfen. Das Butterschmalz in einer Pfanne erhitzen und die Filets darin von jeder Seite etwa 4 Minuten braten. Die Putenbrustfilets auf dem Zwiebelgemüse anrichten. Nach Belieben mit grobem Pfeffer bestreuen. Dazu Salzkartoffeln reichen.
Pro Person: ca. 500 kcal (2100 kJ). Zubereitungszeit: ca. 40 Minuten (ohne Marinierzeit).

Müsli-Pfannkuchen

Zutaten *(für 4 Personen):*
4 Eier,
250 ml (¼ l) Milch,
100 g Buchweizenmehl,
4 Eßlöffel Früchtemüsli (ohne Zucker),
1 Eßlöffel Honig.
Außerdem:
2 Eßlöffel Speiseöl (20 g).

Zubereitung: Die Eier trennen. Eigelb und Milch verquirlen. Buchweizenmehl, Müsli und Honig zufügen. Das Eiweiß steif schlagen und unter die Eiermilch heben.
Das Öl in einer beschichteten Pfanne erhitzen und nacheinander 8 kleine Pfannkuchen darin backen (siehe Tip). Nach Belieben mit Pfefferminze garniert anrichten. Dazu Zwetschgenkompott reichen.
Pro Person: ca. 300 kcal (1260 kJ). Zubereitungszeit: ca. 30 Minuten.

So werden Pfannkuchen gebacken:
Geben Sie jeweils nur wenig Fett in die Pfanne und erhitzen Sie es. Dann füllen Sie 1–2 Eßlöffel Pfannkuchenteig hinein und backen den Pfannkuchen von beiden Seiten goldbraun. Verfahren Sie weiter so, bis der Teig verbraucht ist.

Eier in Thunfischsauce

Zutaten *(für 4 Personen):*
8 Eier,
500 g Tomaten,
4 Eßlöffel Olivenöl (40 g),
2 Knoblauchzehen,
2 Dosen Thunfisch (Abtropfgewicht 154 g),
1 Paket pürierte Tomaten (500 g),
Salz, Pfeffer,
1 Bund Petersilie.

Zubereitung: Die Eier hart kochen. Die Tomaten kurz in kochendes Wasser geben, in kaltem Wasser abschrecken, enthäuten und die Stengelansätze herausschneiden. Tomaten vierteln und entkernen. Das Öl in einem Topf erhitzen. Die Knoblauchzehen abziehen, würfeln und die Würfel in heißem Öl andünsten. Den abgetropften Thunfisch, Tomatenviertel und Tomatenpüree zufügen. Mit Pfeffer und Salz würzen und alles etwa 10 Minuten zugedeckt schmoren lassen.
Die Petersilie unter fließendem kaltem Wasser abspülen, trockentupfen, die Blättchen von den Stielen zupfen und fein hacken. Zuletzt in die Thunfischsauce geben und die Sauce abschmecken. Die Eier pellen, halbieren und in der Sauce anrichten. Dazu Reis reichen.
Pro Person: ca. 460 kcal (1930 kJ). Zubereitungszeit: ca. 40 Minuten.

Hausmannskost

Gulasch mit Gemüse

Zutaten *(für 4 Personen):*
500 g Rindergulasch,
500 g Möhren,
200 g Zwiebeln,
125 g durchwachsener Speck,
1–2 Eßlöffel Butterschmalz (30 g),
250 ml (¼ l) Fleischbrühe (Instant),
125 ml (⅛ l) Weißwein,
150 g tiefgefrorene Erbsen,
3 Eßlöffel dunkler Saucenbinder,
Salz, Pfeffer,
gerebelter Majoran.

Zubereitung: Das Fleisch unter fließendem kaltem Wasser abspülen und trockentupfen. Die Möhren putzen, schrappen oder schälen, waschen und in Scheiben schneiden. Die Zwiebeln abziehen und würfeln. Den Speck in Würfel schneiden.
Nun Butterschmalz in einem Schmortopf erhitzen und das Fleisch darin portionsweise rundherum braun anbraten. Herausnehmen. Die Speckwürfel in dem Bratfett auslassen und Zwiebelwürfel und Möhrenscheiben zufügen und andünsten. Das Fleisch wieder zufügen und mit der Brühe und dem Wein ablöschen. Alles zugedeckt etwa 60 Minuten schmoren. In den letzten 5 Minuten die Erbsen mit erwärmen.
Das Gulasch mit Saucenbinder binden und mit Salz, Pfeffer und Majoran abschmekken. Dazu Salzkartoffeln reichen.
Pro Person: ca. 490 kcal (2060 kJ). Zubereitungszeit: ca. 90 Minuten.

Schollenfilet in Basilikumsahne

Zutaten *(für 4 Personen):*
4 Schollenfilets (à 100 g),
Saft 1 Zitrone,
1 Eßlöffel Butter oder Margarine (20 g),
1 Schalotte (40 g),
100 ml Weißwein,
200 g Crème fraîche,
60 g Krabbenfleisch,
Salz, Pfeffer,
1 Bund Basilikum.

Zubereitung: Die Schollenfilets unter fließendem kaltem Wasser abspulen, trockentupfen, in breite Streifen schneiden und mit Zitronensaft beträufeln.
Das Fett in einer Pfanne erhitzen. Die Schalotte abziehen und fein würfeln. Die Schalottenwürfel im heißen Fett glasig dünsten. Mit Weißwein ablöschen, die Fischstreifen hineingeben und zugedeckt etwa 7 Minuten darin ziehen lassen.
Die Schollenfilets herausnehmen und warmstellen. Den Sud etwas einkochen lassen. Danach dic Crème fraîche und das Krabbenfleisch zufügen und kurz erwärmen. Die Sauce mit Salz und Pfeffer abschmecken. Das Basilikum unter fließendem kaltem Wasser abspülen, trockentupfen, die Blättchen von den Stielen zupfen und hacken. Zuletzt in die Sauce geben und die Sauce über die Schollenfilets gießen. Dazu Safranreis reichen.
Pro Person: ca. 340 kcal (1430 kJ). Zubereitungszeit: ca. 30 Minuten.

Überbackene Heferollen

Zutaten *(für 4 Personen):*
250 g tiefgefrorener Hefeteig.
Für die Füllung:
250 g Zwiebeln,
1 rote Paprikaschote (200 g),
100 g Schinkenspeck,
250 g Rinderhackfleisch,
150 g tiefgefrorene Erbsen,
Salz, Pfeffer,
1 Bund Petersilie,
150 g mittelalter Gouda Käse.
Außerdem:
1 Eigelb,
1 Teelöffel Milch.

Zubereitung: Den Hefeteig nach Packungsanweisung auftauen.
Die Zwiebeln abziehen und in Würfel schneiden. Die Paprikaschote halbieren, entstielen, entkernen, die weißen Scheidewände entfernen und die Schote waschen. Die Paprikaschote und den Schinkenspeck würfeln.
Speckwürfel in einer Pfanne auslassen und Hackfleisch darin anbraten. Die Zwiebelwürfel zufügen und glasig dünsten. Paprika und Erbsen zufügen und mit Salz und Pfeffer würzen. Alles etwa 5 Minuten zugedeckt garen. Die Petersilie abspülen, trockentupfen, die Blättchen von den Stielen zupfen und fein hakken. Die gehackte Petersilie und den geriebenen Käse zum Hackfleisch geben.
Den Hefeteig zu einem Rechteck (40×25 cm) ausrollen und die Hackfleischmasse darauf verteilen. Den Teig der Länge nach aufrollen und die Rolle in 5 cm dicke Stücke schneiden. Die Stücke nebeneinander in eine gefettete feuerfeste Form legen. Eigelb und Milch verquirlen und die Teigrollen damit bestreichen. Im Backofen bei 180 Grad etwa 45 Minuten backen. Dazu Tomatensalat reichen.
Pro Person: ca. 690 kcal (2900 kJ). Zubereitungszeit: ca. 90 Minuten.

Erbsencreme-suppe

Zutaten *(für 4 Personen):*
1 l Gemüsebrühe,
1 kg tiefgefrorene Erbsen,
Pfeffer,
gerebelter Majoran,
400 ml Schlagsahne,
4 Teelöffel geriebener Meerrettich (aus dem Glas).
Außerdem:
400 g roher Schinken,
4 Scheiben Mischbrot (à 30 g),
4 Eßlöffel Speiseöl (40 g).

Zubereitung: Die Gemüsebrühe zum Kochen bringen. Die Erbsen zufügen und mit Pfeffer und Majoran würzen. Alles etwa 5 Minuten zugedeckt kochen lassen.

Danach die Erbsen in der Brühe pürieren. Sahne und geriebenen Meerrettich zufügen und die Suppe abschmekken.

Den Schinken in Streifen schneiden. Das Brot würfeln.

Das Öl in einer Pfanne erhitzen und Schinkenstreifen und Brotwürfel darin knusprig braun braten. Schinkenstreifen und Brotwürfel auf der Suppe anrichten. Nach Belieben mit Majoran garnieren.

Pro Person: ca. 1140 kcal (4790 kJ). Zubereitungszeit: ca. 20 Minuten

Putenschnitzel auf Chinakohl

Zutaten *(für 4 Personen):*
4 Putenschnitzel (à 150 g).
Für die Marinade:
1 Knoblauchzehe,
4 Eßlöffel Sojasauce,
4 Eßlöffel Sherry,
1 Teelöffel Honig,
4 Eßlöffel Fleischbrühe (Instant).

Außerdem:
500 g Chinakohl,
300 g Tomaten,
2 Zwiebeln (100 g),
2 Eßlöffel Butterschmalz (40 g), Salz, Pfeffer.

Zubereitung: Die Putenschnitzel abspülen und trockentupfen. Für die Marinade die Knoblauchzehe abziehen und durch die Knoblauchpresse drücken. Dann Sojasauce, Sherry, Honig, Brühe und Knoblauch verrühren und das Fleisch etwa 3 Stunden darin marinieren.

Von dem Chinakohl die äußeren, welken Blätter ablösen und den Strunk herausschneiden. Den Kohl waschen und in Streifen schneiden. Tomaten kurz in kochendes Wasser geben, in kaltem Wasser abschrecken, enthäuten, achteln und entkernen. Zwiebeln abziehen und in feine Würfel schneiden.

Ein Eßlöffel Butterschmalz erhitzen und Zwiebelwürfel darin anbraten. Chinakohl, Tomatenachtel und Fleischmarinade zufügen und alles zugedeckt etwa 5 Minuten schmoren. Das Gemüse mit Salz und Pfeffer abschmecken und warmstellen.

Putenschnitzel trockentupfen. Restliches Butterschmalz erhitzen und die Putenschnitzel von jeder Seite etwa 3 Minuten braten. Schnitzel auf dem Gemüse anrichten. Dazu Salzkartoffeln reichen.

Pro Person: ca. 270 kcal (1130 kJ). Zubereitungszeit: ca. 45 Minuten (ohne Marinierzeit).

Gemüse-Hafergrütze

Zutaten *(für 4 Personen):*
250 g geschroteter Hafer,
1 Zwiebel (40 g),
2–3 Eßlöffel Butter oder Margarine (50 g),
600 g Staudensellerie,
250 ml (¼ l) Gemüsebrühe,
250 ml (¼ l) Schlagsahne,
1 Teelöffel Honig,
1 unbehandelte Zitrone,
2 rote Äpfel (300 g).

Zubereitung: Den Haferschrot in einer Pfanne trokken rosten. Die Zwiebel abziehen und in Würfel schneiden. Das Fett in einem Topf erhitzen und die Zwiebel darin andünsten. Von dem Staudensellerie den Wurzelansatz und die grünen Blätter abschneiden. (Blätter aufbewahren.) Den Sellerie waschen und in Stücke schneiden. Zu den Zwiebeln geben und die Gemüsebrühe angießen. Den Haferschrot zufügen und alles zugedeckt etwa 20 Minuten bei geringer Hitze garen. Danach Sahne, Honig und abgeriebene Schale und Saft der Zitrone zufügen. Die Äpfel gut abreiben und waschen. Die Äpfel vierteln, vom Kerngehäuse befreien und in Spalten schneiden. Die Apfelspalten (einige zum Garnieren zurücklassen) zum Gemüse geben und alles nochmals 10 Minuten garen. Die Gemüse-Hafergrütze mit dem gewaschenen Selleriegrün und den restlichen Apfelspalten garniert servieren.

Pro Person: ca. 610 kcal (2560 kJ). Zubereitungszeit: ca. 60 Minuten.

Gurkentopf

Zutaten *(für 4 Personen):*
300 g Schweineschnitzel,
3 Eßlöffel Olivenöl (30 g),
2 Zwiebeln (100 g),
1 Knoblauchzehe,
1 Schmorgurke (500 g),
150 g Langkornreis,
1 Paket pürierte Tomaten (500 g),
Salz, Pfeffer,
Oregano,
½ Becher saure Sahne (125 g).

Zubereitung: Die Schweineschnitzel unter fließendem kaltem Wasser abspülen, trockentupfen und in Würfel schneiden. Das Öl in einem Schmortopf erhitzen und die Fleischwürfel portionsweise darin anbraten. Zwiebeln und Knoblauchzehe abziehen und fein würfeln. Zum Fleisch geben und mit anbraten.
Die Gurke schälen, der Länge nach halbieren und die Kerne entfernen. Das Gurkenfleisch in Stücke schneiden und zum Fleisch geben. Den Reis waschen, gut abtropfen lassen und ebenfalls zufügen. Nun Tomatenpüree, Salz, Pfeffer und Oregano zufügen und alles zugedeckt etwa 20 Minuten schmoren lassen. Mit der Sahne verfeinern und nach Belieben mit Oregano garniert anrichten. Dazu Fladenbrot reichen.
Pro Person: ca. 410 kcal (1720 kJ). Zubereitungszeit: ca. 50 Minuten.

Das süße Hauptgericht

Apfel-Orangen-Auflauf

Zutaten *(für 4 Personen):*
750 g säuerliche Äpfel,
3 Orangen (ca. 700 g),
100 g Rosinen,
100 g Haselnußblättchen,
75 g Zucker,
5 Eßlöffel Orangenlikör (5 cl),
1 Beutel Citro-back.

Für die Streusel:
175 g Weizenmehl,
70 g Zucker,
4 Eßlöffel Butter oder Margarine (80 g).

Zubereitung: Zuerst für die Streusel Mehl, Zucker und Fett in eine Schüssel geben und mit den Knethaken des Handrührgerätes zu Streuseln verkneten.

Die Äpfel schälen, das Kerngehäuse mit einem Apfelausstecher herausstechen und die Äpfel in Ringe schneiden. Die Orangen schälen und filieren. Dafür die Orangen sehr dick abschälen, also mit der weißen Haut. Dann das Fruchtfleisch mit einem scharfen Messer zwischen den Trennhäuten herausschneiden. Nun Apfelringe, Orangenfilets, gewaschene Rosinen, Haselnußblättchen, Zucker, Orangenlikör und Citro-back vermischen. Die Obstmischung in eine gefettete Auflaufform füllen und die Streusel darüber verteilen. Den Auflauf im Backofen bei 200 Grad etwa 20 Minuten backen. Dazu Vanillesauce reichen.

Pro Person: ca. 880 kcal (3700 kJ). Zubereitungszeit: ca. 90 Minuten.

Mit der Mikrowelle

Kasseler-Spieße

Zutaten *(für 4 Personen):*
400 g Kasseler ohne Knochen,
5 Eßlöffel Sojasauce,
1 Eßlöffel Honig,
1 Dose Aprikosen (Abtropfgewicht 500 g),
200 g Bacon (Frühstücksspeck in Scheiben),
200 g Frühlingszwiebeln.
Außerdem:
Holzspieße.

Zubereitung: Das Fleisch unter fließendem kaltem Wasser abspülen, trockentupfen und in Würfel schneiden. Sojasauce und Honig verrühren, über das Fleisch geben und das Fleisch etwa 30 Minuten darin marinieren.

Inzwischen die Aprikosen abtropfen lassen. Jeweils eine Aprikosenhälfte mit einer Scheibe Bacon umwickeln. Von den Frühlingszwiebeln den Wurzelansatz und etwa ein Drittel Grün abschneiden. Die Zwiebeln waschen und halbieren.

Abwechselnd abgetropfte Fleischstücke, umwickelte Aprikosen und Frühlingszwiebeln auf Holzspieße stekken. Die Spieße auf eine mikrowellengeeignete Platte legen und im Mikrowellengerät bei 600 Watt in etwa 7 Minuten garen. Zwischendurch einmal wenden. Dazu Sauerkraut und Kartoffelpüree reichen.

Pro Person: ca. 710 kcal (2980 kJ). Zubereitungszeit: ca. 45 Minuten.

Gebackene Grießschnitten

Zutaten *(für 4 Personen):*
750 ml (¾ l) Milch,
Salz, Pfeffer,
geriebene Muskatnuß,
250 g Hartweizengrieß,
3 Eier,
250 ml (¼ l) Schlagsahne,
350 g Appenzeller Käse,
1 Knoblauchzehe,
1 Bund Petersilie.

Zubereitung: Die Milch in einem Topf zum Kochen bringen. Salz, Pfeffer und geriebene Muskatnuß zufügen und den Grieß unter Rühren einstreuen. So lange weiterrühren, bis sich die Masse vom Topfboden löst.
Dann Eier, Sahne und 100 g geriebenen Käse unterrühren. Die Knoblauchzehe abziehen und durch die Knoblauchpresse in die Grießmasse drücken. Die Petersilie unter fließendem kaltem Wasser abspülen, trockentupfen, die Blättchen von den Stielen zupfen und fein hacken. Ebenfalls unter den Grieß rühren. Die Masse in eine gefettete, flache Form streichen und mit dem restlichen geriebenen Käse bestreuen. Die Grießschnitten im Backofen bei 200 Grad etwa 20 Minuten backen. Dazu Tomatensalat reichen.
Pro Person: ca. 940 kcal (3950 kJ). Zubereitungszeit: ca. 50 Minuten.

Fisch-frikadellen

Zutaten *(für 4 Personen):*
300 g Rotbarschfilet,
400 g geräucherter Heilbutt,
Zitronensaft
je 1 Bund Dill, Petersilie,
3 kleine Eier,
Salz, Pfeffer,
4–5 Eßlöffel blütenzarte Haferflocken,
1 Zwiebel (40 g).
Außerdem:
1–2 Eßlöffel Margarine (30 g).

Zubereitung: Das Fischfilet unter fließendem kaltem Wasser abspülen, trockentupfen, in Stücke schneiden. Den Heilbutt häuten und entgräten. Fisch mit Zitronensaft beträufeln. Dill und Petersilie unter fließendem kaltem Wasser abspülen, trockentupfen, die Blättchen von den Stielen zupfen, fein hacken.
Nun Fischstücke, gehackte Kräuter und Eier pürieren. Die Masse mit Salz und Pfeffer pikant abschmecken. Die Haferflocken untermischen. Die Zwiebel abziehen, fein würfeln und die Zwiebelwürfel unter die Fischmasse rühren. Aus der Masse 8 Frikadellen formen. Die Margarine in einer Pfanne erhitzen und die Fischfrikadellen darin von jeder Seite etwa 4 Minuten braten. Dazu einen Kräuter-Joghurt-Dip, Friséesalat und Baguette reichen.
Pro Person: ca. 840 kcal (3530 kJ). Zubereitungszeit: ca. 40 Minuten.

Geflügelragout

Zutaten *(für 4 Personen):*
500 g Hühnerbrustfilet,
250 g Staudensellerie,
3 kleine Bananen (400 g),
Saft 1 Zitrone,
2 Eßlöffel Speiseöl (20 g),
2 Zwiebeln (100 g),
2 Eßlöffel Currypulver,
250 ml (¼ l) Hühnerbrühe (Instant),
125 ml (⅛ l) Schlagsahne,
Salz, Pfeffer.

Zubereitung: Das Hühnerbrustfilet unter fließendem kaltem Wasser abspülen, trockentupfen und in Würfel schneiden. Vom Staudensellerie den Wurzelansatz und die grünen Blätter abschneiden. Die Stangen waschen und in Stücke schneiden. Die Bananen schälen und in Scheiben schneiden. Die Bananenscheiben sofort mit Zitronensaft beträufeln.
Nun das Öl in einer Pfanne erhitzen und die Fleischwürfel darin portionsweise anbraten. Die Zwiebeln abziehen und würfeln. Die Zwiebelwürfel zum Fleisch in die Pfanne geben und glasig dünsten. Den Curry zufügen und kurz mit erhitzen. Mit Hühnerbrühe und Sahne ablöschen. Den Staudensellerie zugeben und alles zugedeckt etwa 10 Minuten garen. Nach 5 Minuten die Bananenscheiben zufügen. Das Geflügelragout mit Salz und Pfeffer abschmecken. Dazu Reis mit Kerbol garniert reichen.
Pro Person: ca. 390 kcal (1640 kJ). Zubereitungszeit: ca. 40 Minuten.

Kartoffel-Pilz-Auflauf

Zutaten *(für 4 Personen):*
750 g Kartoffeln,
3 Beutel getrocknete Steinpilze (à 5 g),
200 ml Schlagsahne,
400 g Champignons,
100 g Frühstücksspeck,
1–2 Eßlöffel Butter oder Margarine (30 g),
Salz, Pfeffer,
4 Eigelb,
1 Bund Basilikum,
1 Bund Petersilie.

Zubereitung: Die Kartoffeln waschen und in der Schale kochen. Danach abgießen, kurz abkühlen lassen und pellen. Die Kartoffeln in Scheiben schneiden. Die Pilze waschen und in der Sahne einweichen. Die Champignons putzen, waschen und in Scheiben schneiden. Den Speck würfeln.
Das Fett in einer Pfanne erhitzen und die Champignons darin dünsten. Nun Kartoffelscheiben, Champignons und Speck in eine gefettete Auflaufform füllen. Die eingeweichten Steinpilze mit Salz und Pfeffer würzen und Eigelb unterrühren. Basilikum und Petersilie unter fließendem kaltem Wasser abspülen, trockentupfen, die Blättchen von den Stielen zupfen und fein hacken. Die gehackten Kräuter zu der Eiersahne geben. Als Guß über den Auflauf gießen und den Auflauf im vorgeheizten Backofen bei 200 Grad etwa 25 Minuten backen.
Pro Person: ca. 650 kcal (2730 kJ). Zubereitungszeit: ca. 60 Minuten.

Aus der Vollwertküche

Spinattaschen

Zutaten *(für 4 Personen):*
Für den Teig:
300 g Weizenvollkornmehl,
40 g Hefe,
3–4 Eßlöffel Butter (70 g),
½ Teelöffel Salz, 1 Ei,
knapp 125 ml (⅛ l)
lauwarmes Wasser.
Für die Füllung:
3 Beutel getrocknete
Steinpilze (à 5 g),
1–2 Eßlöffel Butter (30 g),
2 Zwiebeln (100 g),
2 Knoblauchzehen,
500 g Spinat,
300 g Magerquark,
2 Eier, Salz, Pfeffer,
geriebene Muskatnuß.
Außerdem: *1 Ei.*

Zubereitung: Weizenvollkornmehl, zerbröckelte Hefe, Fett, Salz, Ei und Wasser zu einem glatten Teig verkneten. Den Teig an einem warmen Ort gehen lassen, bis er sich etwa verdoppelt hat.
Steinpilze waschen und in Wasser einweichen. Fett erhitzen. Zwiebeln und Knoblauchzehen abziehen, würfeln und glasig dünsten. Spinat verlesen, waschen und etwa 2 Minuten in kochendem Salzwasser blanchieren.
Quark, Eier, Salz, Pfeffer und Muskat verrühren. Abgetropfte Steinpilze, ausgedrückten Spinat und Zwiebeln zufügen. Hefeteig nochmals durchkneten und auf einer bemehlten Arbeitsfläche zu einem Quadrat (40×40 cm) ausrollen. Daraus 16 kleine Quadrate schneiden. Ei trennen und die Ränder der Quadrate mit Eiweiß bestreichen. Je einen Eßlöffel der Füllung daraufgeben, Ecken hochziehen und über der Füllung zusammendrücken. Taschen mit verquirltem Eigelb bestreichen. Auf ein gefettetes Backblech setzen und im Backofen bei 200 Grad etwa 20 Minuten backen. Dazu Tomatensalat reichen.
Pro Person: ca. 720 kcal (3025 kJ). Zubereitungszeit: ca. 90 Minuten.

Zucchini-Rührei

Zutaten *(für 4 Personen):*
2 Zucchini (300 g),
2 Eßlöffel Olivenöl (20 g),
Salz, Pfeffer,
Thymian,
8 Eier,
125 ml (⅛ l) Milch.

Zubereitung: Von den Zucchini den Wurzelansatz abschneiden, waschen und in Scheiben schneiden. Das Öl in einer Pfanne erhitzen und die Zucchinischeiben darin etwa 3 Minuten braten. Mit Salz, Pfeffer und Thymian würzen. Eier und Milch verquirlen und mit Salz, Pfeffer und Thymian abschmecken. Die Eiermilch über die Zucchini gießen. Wenn die Masse anfängt zu stocken, umrühren. Nach Belieben mit Thymianblättchen garniert servieren. Dazu Bauernbrot und Salat reichen.
Pro Person: ca. 250 kcal (1050 kJ). Zubereitungszeit: ca. 20 Minuten.

Heringe im Kräuterbett

Zutaten *(für 4 Personen):*
4 küchenfertige Heringe (à 200 g),
Saft 1 Zitrone,
1 Bund glatte Petersilie,
1 Bund Dill,
1 Bund Estragon,
120 g Schalotten,
2 Knoblauchzehen,
½ Teelöffel gerebelter Majoran,
3 Eßlöffel Butter oder Margarine (60 g),
Salz
Außerdem:
Alufolie.

Zubereitung: Die Heringe unter fließendem kaltem Wasser abspülen, trockentupfen und mit Zitronensaft beträufeln. Petersilie, Dill und Estragon ebenfalls unter fließendem kaltem Wasser abspülen, trockentupfen und die Blättchen von den Stielen zupfen. Schalotten und Knoblauchzehen abziehen. Schalotten in Scheiben und Knoblauch in feine Würfel schneiden. Frische Kräuter, Schalotten, Knoblauch und Majoran vermischen.

Nun vier Stücke Alufolie fetten und jeweils einen leicht gesalzenen Hering und ein Viertel der Kräutermischung daraufgeben. Den Fisch lokker mit der Folie umschließen und auf ein Backblech setzen. Die Heringe im Backofen bei 220 Grad etwa 30 Minuten garen. Dazu Béchamolkartoffeln reichen.
Pro Person: ca. 660 kcal (2760 kJ). Zubereitungszeit: ca. 45 Minuten.

Linsensuppe

Zutaten *(für 4 Personen):*
300 g Tellerlinsen,
600 g Kasseler Nacken,
3 Zwiebeln (150 g),
2 Eßlöffel Speiseöl (20 g),
1 ½ l Fleischbrühe (Instant),
150 g Backobst,
Salz, Pfeffer,
gerebelter Majoran,
1 Bund Suppengrün,
250 g Kartoffeln,
2–3 Eßlöffel Essig.

Zubereitung: Die Linsen waschen und über Nacht in reichlich kaltem Wasser einweichen.
Das Kasseler unter fließendem kaltem Wasser abspülen, trockentupfen und in Würfel schneiden. Die Zwiebeln abziehen und in Würfel schneiden. Das Öl in einer Pfanne erhitzen und die Zwiebel- und Fleischwürfel darin anbraten.
Mit der Brühe ablöschen und die gut abgetropften Linsen zufügen. Das Backobst waschen und ebenfalls zugeben. Mit Pfeffer, Salz und Majoran würzen. Zugedeckt alles etwa 30 Minuten kochen.
Inzwischen das Suppengrün putzen, waschen und in Stükke schneiden. Die Kartoffeln schälen, waschen und kleinschneiden. Nach 15 Minuten zum Fleisch geben. Die Linsensuppe mit Essig abschmecken.
Pro Person: ca. 1000 kcal (4200 kJ). Zubereitungszeit: ca. 45 Minuten (ohne Einweichzeit).

Mit der Mikrowelle

Hackbraten mit Walnüssen

Zutaten *(für 4 Personen):*
500 g Rinderhackfleisch,
125 g Magerquark,
2 Eßlöffel Semmelmehl,
2 Eier,
100 g gehackte Walnußkerne,
3 Eßlöffel Tomatenketchup,
1 Teelöffel Senf,
Salz, Pfeffer.

Zubereitung: Hackfleisch, Quark, Semmelmehl, Eier und die Hälfte der Nüsse verkneten. Den Fleischteig mit Tomatenketchup, Senf, Salz und Pfeffer abschmecken. Aus dem Teig einen Laib formen und diesen in den restlichen Nüssen wälzen. Den Laib in eine mikrowellengeeignete Form geben und in der Mikrowelle bei 600 Watt etwa 5 Minuten und dann bei 360 Watt in 15 Minuten fertiggaren und dann nachgaren lassen (siehe Tip). Dazu Sahnesauce, Kräuterreis und Salat reichen.
Pro Person: ca. 690 kcal (2880 kJ). Zubereitungszeit: ca. 30 Minuten.

Wichtig: Das Nachgaren

Alle Speisen, die mit der Mikrowelle zubereitet werden, benötigen eine Nachgarzeit. Das heißt: Fertige Gerichte müssen noch ca. 3–7 Minuten (je nach Portionsgröße) in der ausgeschalteten Mikrowelle stehen. Dadurch kann sich die Temperatur in den Speisen gleichmäßig verteilen.

NOVEMBER

Nach den zarten Sommergemüsen sind jetzt die herzhafteren Sorten die Renner auf dem Gemüsemarkt. Zum Beispiel Weiß- und Rotkohl aus der neuen Ernte. Auch Steckrüben sollten Sie auf den Tisch bringen. Sie können mit den gelben Knollen die leckersten Gerichte zaubern. Sogar in der Feinschmeckerküche haben sie ihren Einzug gehalten: In Brühe gekocht, püriert und mit geschlagener Sahne gebunden, ergeben sie eine feine Suppe.

Steckrübengratin

Zutaten *(für 4 Personen):*
1 kg Steckrüben,
100 g durchwachsener Speck,
125 ml (⅛ l) Fleischbrühe (Instant),
150 g geriebener Gouda Käse,
200 ml saure Sahne,
2 Teelöffel Speisestärke,
Salz, Pfeffer,
geriebene Muskatnuß.

Zubereitung: Die Steckrüben schälen, waschen und in hauchdünne Scheibchen schneiden. Die Scheibchen in eine mikrowellengeeignete Form schichten. Den Speck in dünne Streifen schneiden und über den Steckrüben verteilen. Die Brühe angießen. Das Gratin abgedeckt in der Mikrowelle bei 600 Watt etwa 15 Minuten garen.
Inzwischen den geriebenen Käse, die saure Sahne, Speisestärke, Salz, Pfeffer und geriebene Muskatnuß verrühren, abschmecken und über die Rüben gießen. Das Steckrübengratin offen weitere 10 Minuten bei 600 Watt weitergaren. Nach Belieben mit Oreganoblättchen garniert servieren.
Pro Person: ca. 460 kcal (1930 kJ). Zubereitungszeit: ca. 40 Minuten.

Lammkoteletts mit Kapernreis

Zutaten *(für 4 Personen):*
4 doppelte Lammkoteletts (à 150 g),
250 g Langkornreis,
500 ml (½ l) Fleischbrühe (Instant),
3 Lorbeerblätter,
2 Gewürznelken,
400 g Tomaten,
1 Röhrchen Kapern (40 g),
3 Eßlöffel Butter oder Margarine (60 g),
Salz, Pfeffer.

Zubereitung: Die Koteletts unter fließendem kaltem Wasser abspülen und trockentupfen. Den Reis waschen und abtropfen lassen. Die Brühe zum Kochen bringen, Reis, Lorbeerblätter und Nelken zufügen und den Reis etwa 15 Minuten quellen lassen.

Inzwischen die Tomaten kurz in kochendes Wasser geben, in kaltem Wasser abschrekken, enthäuten und die Stengelansätze herausschneiden. Die Tomaten vierteln, entkernen und das Fruchtfleisch in Würfel schneiden. Tomatenwürfel, abgetropfte Kapern und einen Eßlöffel Fett zum Reis geben. Kurz mit erwärmen. Das restliche Fett in einer Pfanne erhitzen und die Koteletts darin von jeder Seite etwa 4 Minuten braten und mit Salz und Pfeffer würzen. Die Koteletts und den Reis anrichten. Dafür den Reis in eine Tasse drücken und stürzen. Nach Belieben mit Basilikum, Rosmarinnadeln und Tomatenachteln garniert servieren.

Pro Person: ca. 660 kcal (2770 kJ). Zubereitungszeit: ca. 30 Minuten.

Eintopf mit grünen Bohnen

Zutaten *(für 4 Personen):*
600 g Rindergulasch,
2 Eßlöffel Butterschmalz (40 g),
200 g Zwiebeln,
2 Knoblauchzehen,
Salz, Pfeffer,
Bohnenkraut,
4 Eßlöffel Tomatenmark,
200 ml Fleischbrühe (Instant),
200 ml Rotwein,
500 g grüne Bohnen,
500 g kleine Kartoffeln.

Zubereitung: Das Gulaschfleisch unter fließendem kaltem Wasser abspülen und trockentupfen. Das Butterschmalz in einem Schmortopf erhitzen und das Fleisch portionsweise darin anbraten. Zwiebeln und Knoblauchzehen abziehen und in Würfel schneiden. Zwiebel- und Knoblauchwürfel zum Fleisch geben und glasig dünsten. Mit Salz, Pfeffer, Bohnenkraut und Tomatenmark würzen. Brühe und Rotwein angießen und alles etwa 1 Stunde zugedeckt schmoren lassen.
Inzwischen die Bohnen putzen, waschen und halbieren. Die Kartoffeln schälen, waschen und vierteln. Bohnen und Kartoffeln zum Fleisch in den Topf geben und alles nochmals 15 Minuten garen. Abschmecken.
Pro Person: ca. 560 kcal (2350 kJ). Zubereitungszeit: ca. 90 Minuten.

Das süße Hauptgericht

Quarkplinsen mit Apfel-Fliederbeer-Kompott

Zutaten *(für 4 Personen):*
Für den Quarkplinsenteig:
500 g Magerquark,
100 g Zucker,
1 Päckchen Vanillinzucker,
1 Ei,
125 g Weizenmehl,
1 Teelöffel Backpulver,
75 g gemahlene Mandeln.
Zum Braten:
2 Eßlöffel Butter oder Margarine (40 g).
Für das Kompott:
1 Flasche Fliederbeersaft (0,7 l),
150 g Zucker,
2 Sternanis,
abgeriebene Schale 1 unbehandelten Zitrone,
400 g Äpfel,
3 Teelöffel Speisestärke.

Zubereitung: Zuerst für das Kompott Fliederbeersaft, Zucker, Sternanis und abgeriebene Zitronenschale in einem Topf zum Kochen bringen. Die Äpfel schälen, vierteln, entkernen und in Spalten schneiden. Die Apfelspalten im Fliederbeersaft etwa 5 Minuten kochen. Die Flüssigkeit mit in wenig kaltem Wasser angerührter Speisestärke binden.
Für die Quarkplinsen Magerquark, Zucker, Vanillinzucker, Ei, Mehl, Backpulver und Mandeln verrühren. Das Fett in einer Pfanne erhitzen und jeweils einen Eßlöffel Teig als Plinse darin backen (ergibt ca. 20 Stück). Quarkplinsen und Kompott anrichten und nach Belieben mit Minze verziert servieren.
Pro Person: ca. 830 kcal (3470 kJ). Zubereitungszeit: ca. 45 Minuten.

See-Aal in Senfcreme

Zutaten *(für 4 Personen):*
1 kg küchenfertiger See-Aal,
Saft 1 Zitrone,
250 ml (¼ l) Weißwein oder Brühe (Instant),
1 Lorbeerblatt,
Salz, Pfeffer,
1 Zwiebel (40 g).
Für die Senfcreme:
4 Eigelb,
4 Teelöffel Senf,
100 g Butter oder Margarine,
250 g Dickmilch,
Salz, Pfeffer,
Zucker.
Außerdem:
1 Bund Dill.

Zubereitung: Den Aal unter fließendem kaltem Wasser abspülen, trockentupfen, in Stücke schneiden und mit Zitronensaft beträufeln. Wein oder Brühe, Lorbeerblatt, Salz und Pfeffer in einem Topf zum Kochen bringen. Die Zwiebel abziehen, würfeln und zufügen. Den See-Aal hineingeben und zugedeckt etwa 8–10 Minuten darin ziehen lassen.
Inzwischen für die Senfcreme Eigelb und Senf im Wasserbad schaumig schlagen. Eßlöffelweise das flüssige Fett unterschlagen. Dickmilch, Salz, Pfeffer und Zucker zufügen und alles erwärmen.
Den Dill unter fließendem kaltem Wasser abspülen, trockentupfen, von den Stielen zupfen und den See-Aal damit garnieren. Die Sauce dazu servieren. Dazu Petersilienkartoffeln und Möhren reichen.
Pro Person: ca. 810 kcal (3400 kJ). Zubereitungszeit: ca. 40 Minuten.

Schweinefilet mit Rosinen

Zutaten *(für 4 Personen):*
650 g Schweinefilet,
Salz, Pfeffer,
2 Eßlöffel Butter oder Margarine (40 g),
400 g Frühlingszwiebeln,
1 Knoblauchzehe,
100 g Rosinen,
200 ml Weißwein,
100 g Crème fraîche,
Worcestersauce.

Zubereitung: Das Schweinefilet unter fließendem kaltem Wasser abspülen, trockentupfen und mit Salz und Pfeffer würzen. Das Fett in einer Pfanne erhitzen und die Schweinefilets darin von allen Seiten braun anbraten. Von den Frühlingszwiebeln den Wurzelansatz und etwa ein Drittel Grün abschneiden. Die Zwiebeln waschen und der Länge nach halbieren. Die Frühlingszwiebeln zum Fleisch geben und kurz mitbraten. Die Knoblauchzehe abziehen und über den Zwiebeln durch die Knoblauchpresse drücken. Die gewaschenen Rosinen zufügen und den Wein angießen. Alles zugedeckt etwa 15 Minuten garen. Zuletzt die Crème fraîche zugeben und mit Salz, Pfeffer und Worcestersauce abschmecken. Dazu Bandnudeln reichen.
Pro Person: ca. 580 kcal (2440 kJ). Zubereitungszeit: ca. 40 Minuten.

Möhrenbällchen

Zutaten *(für 4 Personen):*
750 g Möhren,
125 g Alfalfasprossen (aus dem Reformhaus),
1 Knoblauchzehe,
1 Eßlöffel Sojasauce,
100 g geschrotete Sprießkorngrütze (aus dem Reformhaus),
2 Eier,
Salz, Pfeffer.
Zum Fritieren:
500 ml (½ l) Speiseöl.

Zubereitung: Die Möhren putzen, schrappen oder schälen, waschen und fein raffeln. Die Sprossen waschen, grob hacken und zu den Möhren geben. Die Knoblauchzehe abziehen und über den Möhren durch die Knoblauchpresse drücken. Sojasauce, Sprießkorngrütze und Eier unter die Möhren mischen und mit Salz und Pfeffer abschmecken. Aus der Masse 16 kleine Bällchen formen. Das Öl in einem Topf erhitzen und die Möhrenbällchen darin etwa 3 Minuten fritieren. Dazu Schnittlauchquark und Alfalfasprossen reichen.
Pro Person: ca. 310 kcal (1310 kJ). Zubereitungszeit: ca. 40 Minuten.

Aus der Vollwertküche

Schnell zubereitet

Grüne Nudeln mit Käsesauce

Zutaten *(für 4 Personen):*
250 g grüne Bandnudeln.

Für die Sauce:
250 ml (¼ l) Schlagsahne,
250 ml (¼ l) Fleischbrühe (Instant),
150 g Blauschimmelkäse,
Salz, Pfeffer.

Zubereitung: Die Nudeln nach Packungsanweisung kochen.
Für die Sauce Sahne und Brühe in einem Topf aufkochen und den zerbröckelten Käse darin schmelzen lassen. Die Sauce mit Salz und Pfeffer abschmecken (siehe Tip). Nudeln und Sauce anrichten. Dazu Friséesalat reichen.
Pro Person: ca. 570 kcal (2410 kJ). Zubereitungszeit: ca. 20 Minuten.

Wichtig: Nicht mehr kochen lassen

Wenn Sie warme Saucen mit Käse, saurer Sahne, Kondensmilch, Wein, Zitronensaft, Senf, Meerrettich oder frischen Kräutern abschmecken, dürfen die Saucen nach der Hinzugabe dieser Zutaten nicht mehr kochen. Sonst geht etwas vom Geschmack verloren und sie könnten gerinnen.

Gefüllte Poularde

Zutaten *(für 4 Personen):*
1 Poularde (ca. 1,3 kg),
Salz, Pfeffer.
Für die Füllung:
250 g frischer Spinat,
1 Brötchen,
1–2 Eßlöffel Butter (30 g),
1 Zwiebel (50 g),
1 Knoblauchzehe,
1 Bund Petersilie,
2 Eier,
2 Eßlöffel Magerquark (100 g),
100 g geriebener Emmentaler Käse.
Außerdem:
200 g Möhren,
100 g Schalotten.

Zubereitung: Die Poularde abspülen, trockentupfen und von innen und außen mit Salz und Pfeffer würzen.
Für die Füllung den Spinat verlesen und gründlich waschen. Den Spinat in kochendem Salzwasser etwa 2 Minuten blanchieren. Das Brötchen in Würfel schneiden. Butter in einem Topf erhitzen und die Brotwürfel darin rösten. Zwiebel und Knoblauchzehe abziehen, würfeln und mit andünsten. Den gut ausgedrückten Spinat zufügen. Die Petersilie abspülen, trockentupfen, die Blättchen von den Stielen zupfen und hacken. Die Hälfte der gehackten Petersilie, Eier, Quark, Käse, Salz und Pfeffer zum Spinat geben. Die Poularde damit füllen und mit Küchengarn zunähen, in einen Bräter setzen und im Backofen bei 250 Grad etwa 20 Minuten braten. Möhren putzen, schrappen, waschen und in Stücke schneiden. Schalotten abziehen. Möhrenstücke, Schalotten und restliche Petersilie zur Poularde in den Bräter geben und bei 175 Grad etwa 45 Minuten weiterbraten. Dazu Gemüsereis reichen.
Pro Person: ca. 740 kcal (3100 kJ). Zubereitungszeit: ca. 90 Minuten.

Hirseauflauf

Zutaten *(für 4 Personen):*
150 g Hirse,
300 ml Gemüsebrühe (Instant),
250 g Champignons,
1 Bund Frühlingszwiebeln (150 g),
1 rote Paprikaschote (200 g),
1–2 Eßlöffel Butter oder Margarine (30 g),
4 Eier,
6 Eßlöffel Milch,
Salz, Pfeffer,
3 Eßlöffel Sojasauce,
150 g geriebener Greyerzer Käse.

Zubereitung: Die Hirse in die kochende Brühe geben und 20 Minuten darin quellen lassen.
Inzwischen die Champignons putzen, waschen und in Scheiben schneiden. Von den Frühlingszwiebeln den Wurzelansatz und etwa ein Drittel Grün abschneiden. Die Zwiebeln waschen und in Stücke schneiden. Die Paprikaschote halbieren, entstielen, entkernen, die weißen Scheidewände entfernen. Die Schote waschen und in Würfel schneiden. Das Fett in einem Topf erhitzen und das vorbereitete Gemüse darin etwa 5 Minuten dünsten. Nun die abgetropfte Hirse unter das Gemüse mischen und alles in eine gefettete Auflaufform füllen.
Eier und Milch verquirlen und Salz, Pfeffer und Sojasauce zufügen. Die Eiermilch über den Auflauf gießen und mit Käse bestreuen. Den Auflauf im Backofen bei 200 Grad etwa 25 Minuten backen.
Pro Person: ca. 510 kcal (2140 kJ). Zubereitungszeit: ca. 1 Stunde.

Aus der Vollwertküche

Arme Ritter

Zutaten *(für 4 Personen):*
500 ml (½ l) Milch,
2 Eier,
1 Eßlöffel Ahornsirup,
1 Prise Salz,
1 unbehandelte Zitrone,
12 Scheiben Müsli-Toastbrot (oder altbackenes Weißbrot),
100 g Kokosraspel,
100 g Butter oder Margarine.

Zubereitung: Milch, Eier, Ahornsirup, Salz und abgeriebene Zitronenschale verquirlen. Das Brot darin etwa 20 Minuten einweichen.
Dann die abgetropften Brotscheiben in den Kokosraspel wenden. Nach und nach das Fett in einer Pfanne erhitzen und die Brotscheiben nacheinander darin von beiden Seiten goldbraun braten (siehe Tip). Nach Belieben mit Zitronenmelisse garniert servieren. Dazu Pflaumenkompott reichen.
Pro Person: ca. 590 kcal (2470 kJ). Zubereitungszeit: ca. 40 Minuten.

Braten mit weniger Fett

Damit „Arme Ritter" beim Braten nicht ansetzen, benötigen sie viel Fett. Dies können Sie sparen, wenn Sie zum Braten eine beschichtete Pfanne benutzen. Darin ist Braten mit wenig Fettzugabe möglich.

Hackfleischröllchen im Speckmantel

Zutaten *(für 4 Personen):*
600 g Rinderhackfleisch,
2 Eier,
1 Brötchen,
2 Zwiebeln (100 g),
1 Knoblauchzehe,
4 Eßlöffel grüne Oliven,
Salz, Pfeffer,
Paprika, edelsüß,
8 dünne Scheiben durchwachsener Speck (150 g),
2 Eßlöffel Speiseöl (20 g).

Zubereitung: Das Rinderhackfleisch und die Eier vermischen. Das Brötchen einweichen. Zwiebeln und Knoblauchzehe abziehen und in feine Würfel schneiden. Die Oliven fein hacken. Zwiebel- und Knoblauchwürfel, gehackte Oliven und das gut ausgedrückte Brötchen unter das Hackfleisch mischen. Mit Salz, Pfeffer und Paprika pikant abschmecken.

Aus dem Hackfleischteig 8 Röllchen formen und jeweils mit einer Speckscheibe umwickeln. Das Öl in einer Pfanne erhitzen und die Hackfleischröllchen darin etwa 10 Minuten braten. Nach Belieben mit grobem Pfeffer bestreut servieren. Dazu Wirsinggemüse und Salzkartoffeln reichen.

Pro Person: ca. 950 kcal (3970 kJ). Zubereitungszeit: ca. 40 Minuten.

Rotkohlgulasch

Zutaten *(für 4 Personen):*
700 g Schweinenacken ohne Knochen,
700 g Rotkohl,
50 g Schweineschmalz,
200 g Zwiebeln,
375 ml (⅜ l) Rotwein,
125 ml (⅛ l) Fleischbrühe (Instant),
1 Lorbeerblatt,
2 Gewürznelken,
Salz, Pfeffer,
100 g Preiselbeeren (aus dem Glas).

Zubereitung: Das Schweinefleisch unter fließendem kaltem Wasser abspülen, trockentupfen und in Würfel schneiden. Von dem Rotkohl die äußeren welken Blätter entfernen und den Strunk herausschneiden. Den Kohl waschen und kleinschneiden. Das Schmalz in einem Topf erhitzen und die Fleischwürfel darin portionsweise braun anbraten. Die Zwiebeln abziehen, würfeln und im Bratfett glasig dünsten. Das Fleisch wieder zufügen, mit Rotwein und Brühe ablöschen und Lorbeerblatt, Nelken, Salz und Pfeffer zufügen. Alles zugedeckt etwa 30 Minuten schmoren. Dann den Rotkohl zufügen und alles weitere 30 Minuten schmoren. Zuletzt die Preiselbeeren dazugeben und das Rotkohlgulasch abschmecken. Dazu Salzkartoffeln reichen.
Pro Person: ca. 1000 kcal (4200 kJ). Zubereitungszeit: ca. 90 Minuten.

Gulasch richtig anbraten

Braten Sie Gulasch immer portionsweise an, damit sich keine Flüssigkeit bildet, und das Fleisch gleichmäßig bräunen kann. Es darf beim Anbraten immer nur der Boden des Topfes bedeckt sein. Das Fleisch sollte nicht übereinanderliegen.

Fritierter Fisch im Bierteig

Zutaten *(für 4 Personen):*
12 küchenfertige Sardinen,
400 g rohe Tintenfischringe,
4 ungekochte Scampi,
Saft von 2 Zitronen,
Salz, Pfeffer.

Für den Teig:
300 g Weizenmehl,
2 Eier,
375 ml (3/8 l) helles Bier,
Salz,
Knoblauchpulver.
Außerdem:
2 Eßlöffel Mehl,
500 ml (1/2 l) Speiseöl.

Zubereitung: Sardinen und Tintenfischringe unter fließendem kaltem Wasser abspülen und trockentupfen. Die Scampi aus der Schale lösen (Schwanz dranlassen). Den Rücken der Scampi einritzen und den Darm entfernen. Die Scampi ebenfalls unter fließendem kaltem Wasser abspülen und trockentupfen. Sardinen, Tintenfisch und Scampi mit Zitronensaft marinieren und mit Salz und Pfeffer würzen.
Für den Teig Mehl, Eier und Bier verquirlen und mit Salz und Knoblauchpulver abschmecken.
Nun Sardinen, Tintenfischringe und Scampi zuerst in Mehl wenden und dann in den Bierteig tauchen. Öl erhitzen. Danach den Fisch schwimmend im heißen Öl portionsweise ausbacken, bis alles goldgelb ist. Nach Belieben mit Zitronenachteln und Petersilie garniert anrichten. Dazu Kräuterremoulade und Baguette reichen.
Pro Person: ca. 620 kcal (2610 kJ). Zubereitungszeit: ca. 60 Minuten.

Gersten-plätzchen

Zutaten *(für 4 Personen):*
120 g Gerstengrütze,
375 ml (3/8 l) Gemüsebrühe (Instant),
3 Eßlöffel Magerquark (150 g),
1 Ei,
5 Eßlöffel Buchweizenflocken,
100 g geriebener Gouda Käse,
Salz, Pfeffer,
1 Bund glatte Petersilie,
80 g ungeschälter Sesam,
1–2 Eßlöffel Butter oder Margarine (30 g).

Zubereitung: Gerstengrütze und Brühe in einem Topf zum Kochen bringen und die Grütze etwa 10 Minuten quellen lassen.
Inzwischen Quark, Ei, Buchweizenflocken, geriebenen Käse, Salz und Pfeffer verrühren. Die Petersilie unter fließendem kaltem Wasser abspülen, trockentupfen, die Blättchen von den Stielen zupfen und hacken. Die abgetropfte Gerstengrütze und die gehackte Petersilie unter die Quarkmasse rühren. Die Masse abschmecken und 12 Plätzchen daraus formen. In Sesam wenden. Das Fett in einer Pfanne erhitzen und die Gerstenplätzchen darin von beiden Seiten goldbraun braten. Nach Belieben mit Petersilie garniert servieren. Dazu Porreegemüse reichen.
Pro Person: ca. 600 kcal (2500 kJ). Zubereitungszeit: ca. 45 Minuten.

Rosenkohl in Tomatensauce

Zutaten *(für 4 Personen):*
1 kg Rosenkohl,
250 ml (¼ l) Fleischbrühe (Instant).
Für die Sauce:
100 g durchwachsener Speck,
2 Zwiebeln (100 g),
1 Knoblauchzehe,
1 Eßlöffel Speiseöl (10 g),
1 Dose Tomaten (Abtropfgewicht 240 g),
Salz, Pfeffer,
½ Teelöffel gerebeltes Basilikum,
1 Eßlöffel Weizenmehl (10 g),
3 Eßlöffel geriebener Parmesankäse (30 g).

Zubereitung: Vom Rosenkohl die äußeren welken Blätter entfernen und von den Strünken ein Stück abschneiden. Den Rosenkohl waschen. Die Brühe in einem Topf zum Kochen bringen, den Rosenkohl zufügen und etwa 20 Minuten darin kochen.
Für die Sauce den Speck würfeln. Zwiebeln und Knoblauchzehe abziehen und in Würfel schneiden. Das Öl in einem Topf erhitzen, die Speckwürfel darin auslassen und Zwiebel- und Knoblauchwürfel darin andünsten. Die Tomaten etwas zerkleinern und mit der Flüssigkeit dazugeben. Mit Salz, Pfeffer und Basilikum würzen. Eine Tasse (⅛ l) Rosenkohlbrühe zugießen, alles zum Kochen bringen und mit in wenig kaltem Wasser angerührtem Mehl binden. Den Rosenkohl in der Sauce anrichten und mit Käse bestreut servieren. Dazu Kartoffelplätzchen reichen.
Pro Person: ca. 380 kcal (1580 kJ). Zubereitungszeit: ca. 45 Minuten.

Rippchen mit Zucchini-Kartoffel-Gemüse

Zutaten *(für 4 Personen):*
1 kg Rippchen,
Cayennepfeffer,
1 Eßlöffel Speiseöl (10 g),
Salz.
Für das Gemüse:
500 g Zucchini,
500 g Kartoffeln,
1 Knoblauchzehe,
4 Eßlöffel Olivenöl (40 g),
Salz, Pfeffer.

Zubereitung: Die Rippchen unter fließendem kaltem Wasser abspülen, trockentupfen, in Portionsstücke teilen und mit Cayennepfeffer würzen. Die Rippchen mit Öl bestreichen und unter vorgeheiztem Grill von jeder Seite etwa 15 Minuten grillen. Danach salzen.
Inzwischen von den Zucchini den Blütenansatz abschneiden. Die Zucchini waschen und in Scheiben schneiden. Die Kartoffeln waschen, schälen und ebenfalls in dünne Scheiben schneiden. Die Knoblauchzehe abziehen und durch die Knoblauchpresse drücken. Das Öl in einer großen Pfanne erhitzen und das Gemüse etwa 10 Minuten darin braten. Den Knoblauch zufügen und mit Salz und Pfeffer würzen. Das Gemüse zum Fleisch servieren und nach Belieben mit grobem Pfeffer bestreuen.
Pro Person: ca. 860 kcal (3600 kJ). Zubereitungszeit: ca. 45 Minuten.

Das süße Hauptgericht

Ananas-Pie

Zutaten *(für 4 Personen):*
Für den Teig:
250 g Weizenmehl,
175 g kalte Butter oder Margarine,
1 Prise Salz.
Außerdem:
1 frische Ananas (ca. 1,2 kg),
100 g Rosinen,
2 Eßlöffel Zucker (20 g),
1 Teelöffel gemahlener Zimt,
50 g Mandelstifte,
2 Teelöffel Speisestärke,
1 Eßlöffel Puderzucker.

Zubereitung: Für den Teig Mehl, Fett und Salz schnell zu einem glatten Teig verkneten. Den Teig etwa 30 Minuten kalt stellen.
Inzwischen die Ananas in etwa 1 cm dicke Scheiben schneiden. Die Scheiben schälen, die harte Mitte entfernen und das Fruchtfleisch würfeln. Die Rosinen waschen. Nun Ananasstücke, Rosinen, Zucker, Zimt, Mandelstifte und Speisestärke vermischen. Den Teig auf einer bemehlten Arbeitsfläche ausrollen und eine gefettete Pieform damit auslegen. Den Teig mehrmals mit einer Gabel einstechen und dann das Obstgemisch hineingeben. Den restlichen Teig als Decke darauflegen. Den Pie im Backofen bei 200 Grad etwa 50 Minuten backen. Mit Puderzucker bestäubt servieren. Dazu Vanillesauce reichen.
Pro Person: ca. 860 kcal (3600 kJ). Zubereitungszeit: ca. 90 Minuten.

Gemüsesuppe

Zutaten *(für 4 Personen):*
500 g getrocknete rote Bohnen,
1 l Fleischbrühe (Instant),
2 gelbe Paprikaschoten (500 g),
500 g Porree,
2 Eßlöffel Speiseöl (20 g),
1 Ecke Sahne-Schmelzkäse (25 g),
150 g Kabanossi-Wurst,
1 Pfefferschote,
Salz, Pfeffer.

Zubereitung: Die Bohnen über Nacht in reichlich Wasser einweichen. Die Brühe zum Kochen bringen, die abgetropften Bohnen zufügen und etwa 1 Stunde kochen.
Inzwischen die Paprikaschoten halbieren, entstielen, entkernen und die weißen Scheidewände entfernen. Die Schoten waschen und in Würfel schneiden. Von den Porreestangen den Wurzelansatz und etwa ein Drittel Grün abschneiden. Die Stangen der Länge nach einritzen und gründlich unter fließendem kaltem Wasser waschen. Den Porree in Ringe schneiden. Das Öl in einer großen Pfanne erhitzen und Paprikawürfel und Porreeringe darin andünsten. Das angedünstete Gemüse zu den Bohnen geben und 10 Minuten mitkochen.
Dann den Schmelzkäse zufügen. Die Kabanossi in Scheiben schneiden. Die Pfefferschote waschen und fein hakken. Kabanossi, Pfefferschote, Salz und Pfeffer in die Suppe geben und rühren, bis sich der Käse gelöst hat. Die Suppe scharf abschmecken. Nach Belieben mit Majoran garniert anrichten.
Pro Person: ca. 880 kcal (3690 kJ). Zubereitungszeit: ca. 75 Minuten (ohne Einweichzeit).

Ohne Fleisch

Eier auf Rahmzwiebeln

Zutaten *(für 4 Personen):*
2 Zwiebeln (100 g),
1 rote Paprikaschote (150 g),
1 Eßlöffel Butter oder Margarine (20 g),
250 ml (¼ l) Schlagsahne,
Salz, Pfeffer,
8 Eier,
1 Bund Petersilie.

Zubereitung: Die Zwiebeln abziehen und in Würfel schneiden. Die Paprikaschote halbieren, entstielen, entkernen und die weißen Scheidewände entfernen. Die Schote waschen und ebenfalls würfeln. Das Fett in einer Pfanne erhitzen und Zwiebel- und Paprikawürfel darin andünsten. Die Sahne hinzugießen und mit Salz und Pfeffer würzen. Die Eier aufschlagen, einzeln daraufgeben und alles zugedeckt etwa 10 Minuten bei geringer Hitze stocken lassen (siehe Tip).
Die Petersilie unter fließendem kaltem Wasser abspülen, trockentupfen, die Blättchen von den Stielen zupfen und fein hacken. Das Gericht mit gehackter Petersilie bestreut servieren. Dazu Bauernbrot reichen.
Pro Person: ca. 410 kcal (1730 kJ). Zubereitungszeit: ca. 30 Minuten.

Stocken lassen – was ist das?

Eierspeisen werden durch milde Hitze fest. Das heißt „gestockt". Zum Beispiel läßt man Spiegel- und Rührei in der Pfanne, Eierstich im Wasserbad stocken. Dabei gerinnt das Eiweiß und das Ganze wird fest.

Krabbenragout

Schnell zubereitet

Zutaten *(für 4 Personen):*
400 g Krabbenfleisch,
Saft 1 Zitrone,
Pfeffer,
500 g Porree,
1–2 Eßlöffel Butter oder Margarine (30 g),
2 Teelöffel Currypulver,
250 ml (¼ l) Fleischbrühe (Instant),
200 g Crème fraîche,
Salz,
200 g tiefgefrorene Erbsen,
2 Eßlöffel heller Saucenbinder.

Zubereitung: Die Krabben mit Zitronensaft beträufeln und mit Pfeffer würzen. Von den Porreestangen den Wurzelansatz und etwa ein Drittel Grün abschneiden. Die Stangen der Länge nach einritzen und unter fließendem Wasser gründlich waschen. Den Porree in feine Streifen schneiden. Das Fett in einer Pfanne erhitzen und die Porreestreifen darin andünsten. Den Curry zufügen und kurz mitdünsten. Die Brühe hinzugießen, die Crème fraîche hinzufügen und mit Salz und Pfeffer würzen. Alles zum Kochen bringen. Krabben und Erbsen zufügen und kurz mit erwärmen. Das Ragout mit Saucenbinder binden und abschmecken. Dazu Reis mit Dill garniert reichen.
Pro Person: ca. 420 kcal (1750 kJ). Zubereitungszeit: ca. 30 Minuten.

Hirschmedaillons mit Pilzen

Zutaten *(für 4 Personen):*
8 Hirschmedaillons (à 80 g),
3 Eßlöffel Butterschmalz (60 g).

Für die Pilze:
2 Beutel getrocknete Steinpilze (à 5 g),
2 Eßlöffel Weinbrand (2 cl),
2 Schalotten (60 g),
200 g Champignons,
1 Eßlöffel Butter oder Margarine (20 g),
1 Becher Crème double (150 g),
Salz, Pfeffer.

Zubereitung: Zuerst die Steinpilze waschen und in Weinbrand einweichen. Die Schalotten abziehen und in feine Würfel schneiden. Die Champignons putzen, waschen und eventuell halbieren. Das Fett in einer Pfanne erhitzen und die Schalottenwürfel und die Champignons darin anbraten. Steinpilze und Weinbrand zufügen und alles zugedeckt etwa 10 Minuten dünsten. Die Crème double zufügen und mit Salz und Pfeffer abschmecken.
Nun für die Hirschmedaillons das Butterschmalz in einer Pfanne heiß werden lassen. Das Fleisch unter fließendem kaltem Wasser abspülen, trockentupfen und mit Salz und Pfeffer würzen. Die Medaillons im heißen Fett von jeder Seite etwa 2–3 Minuten braten. Die Medaillons mit der Pilzsauce anrichten. Nach Belieben mit Orangenscheibe und Preiselbeeren garnieren. Dazu grüne Nudeln in Butter geschwenkt reichen.
Pro Person: ca. 600 kcal (2510 kJ). Zubereitungszeit: ca. 45 Minuten.

Steckrüben-Eintopf ohne Fleisch

Zutaten *(für 4 Personen):*
1 Steckrübe (ca. 800 g),
1 Eßlöffel Butter oder Margarine (25 g),
¾ l Gemüsebrühe (Instant),
250 g Kartoffeln,
250 ml (¼ l) Schlagsahne,
Salz, Pfeffer,
½ Bund Schnittlauch,
1 kleines Bund Petersilie,
30 g Kürbiskerne.

Zubereitung: Die Steckrübe in dicke Scheiben schneiden. Die Scheiben schälen, waschen und in Würfel schneiden. Das Fett in einem Topf erhitzen und die Steckrübenwürfel darin andünsten. Die Brühe hinzugießen und die Steckrüben etwa 40 Minuten zugedeckt kochen.
Inzwischen die Kartoffeln schälen, waschen und würfeln. Nach 20 Minuten zu den Steckrüben geben. Nach Ende der Garzeit Sahne zufügen und die Steckrübensuppe mit Salz und Pfeffer abschmekken.
Den Schnittlauch unter fließendem kaltem Wasser abspülen, trockentupfen und in Röllchen schneiden. Die Petersilie ebenfalls unter fließendem kaltem Wasser abspülen, trockentupfen, die Blättchen von den Stielen zupfen und hacken. Die Kürbiskerne trocken in einer Pfanne rösten. Die Suppe mit Schnittlauchröllchen, gehackter Petersilie und Kürbiskernen bestreut servieren.
Pro Person: ca. 410 kcal (1720 kJ). Zubereitungszeit: ca. 60 Minuten.

Heilbutt auf Gemüse

Zutaten *(für 4 Personen):*
4 Heilbuttschnitten (à 200 g),
Zitronensaft,
1 Staudensellerie (450 g),
1 gelbe Paprikaschote (200 g),
1 Zucchino (200 g),
1 Fleischtomate (150 g),
1 Eßlöffel Butter (20 g),
Salz, Pfeffer,
125 ml (⅛ l) Weißwein,
3 Eßlöffel Crème double
(ca. 100 g),
1 Eßlöffel Speisestärke (10 g).

Zubereitung: Fisch abspülen, trockentupfen und mit Zitronensaft beträufeln. Vom Staudensellerie den Wurzelansatz und die grünen Blätter abschneiden. Stangen waschen und in Stücke schneiden. Paprikaschote halbieren, entstielen, entkernen, die weißen Scheidewände entfernen, Schote waschen und würfeln. Zucchino vom Blütenansatz befreien, waschen und in Scheiben schneiden. Fleischtomate kurz in kochendes Wasser geben, in kaltem Wasser abschrecken, enthäuten, Stengelansätze herausschneiden und Fruchtfleisch würfeln.
Fett in einem Topf erhitzen und das vorbereitete Gemüse (außer Tomaten) darin andünsten. Mit Salz und Pfeffer würzen und mit Wein ablöschen. Heilbuttschnitten salzen, auf das Gemüse geben und alles etwa 15 Minuten garen. In den letzten 3 Minuten Tomatenwürfel zufügen.
Fisch vom Gemüse nehmen, kurz warmstellen. Crème double und Speisestärke verrühren und das Gemüse damit binden. Den Fisch auf dem Gemüse anrichten. Nach Belieben mit Zitronenscheiben und Dill garniert servieren. Dazu Salzkartoffeln reichen.
Pro Person: ca. 410 kcal (1720 kJ). Zubereitungszeit: ca. 30 Minuten.

Leberragout

Zutaten *(für 4 Personen):*
600 g Rinderleber,
100 g Schinkenspeck,
2 Eßlöffel Speiseöl,
2 Zwiebeln (100 g),
Salz, Pfeffer,
125 ml (⅛ l) Weißwein,
125 ml (⅛ l) saure Sahne,
250 ml (¼ l) Fleischbrühe (Instant),
3 Eßlöffel dunkler Saucenbinder.

Zubereitung: Die Leber unter fließendem kaltem Wasser abspülen, trockentupfen und in grobe Stücke schneiden. Den Speck in Streifen schneiden. Das Öl in einer Pfanne erhitzen und die Speckstreifen darin auslassen. Die Zwiebeln abziehen und in Würfel schneiden. Die Zwiebelwürfel im heißen Fett glasig dünsten. Die Leberstücke zufügen und anbraten. Mit Salz und Pfeffer würzen und mit Wein ablöschen. Saure Sahne und die Brühe hinzugießen und alles zugedeckt etwa 5 Minuten schmoren. Das Leberragout abschmecken und mit Saucenbinder binden. Nach Belieben mit Basilikumblätter garniert servieren. Dazu grüne Nudeln reichen.

Pro Person: ca. 500 kcal (2100 kJ). Zubereitungszeit: ca. 20 Minuten.

Fencheltopf mit Schinken

Zutaten *(für 4 Personen):*
1 kg Fenchel,
1 Eßlöffel Butter oder Margarine (20 g),
375 ml (3/8 l) Instant-Fleischbrühe,
4 Eßlöffel Schlagsahne,
300 g gekochter Schinken,
2 Eßlöffel heller Saucenbinder,
Salz, Pfeffer.

Zubereitung: Vom Fenchel den Wurzelansatz abschneiden und die Blattstiele etwas kürzen. Wenn nötig, die äußeren zähen Blätter entfernen. Die Fenchelknollen waschen, Strünke herausschneiden und die Knollen achteln.

Das Fett in einem Topf erhitzen und das Gemüse darin andünsten. Mit der Brühe ablöschen und den Fenchel zugedeckt etwa 20 Minuten garen.

Die Sahne und den in Streifen geschnittenen Schinken zufügen und kurz mit erwärmen. Die Flüssigkeit mit Saucenbinder binden und den Fencheltopf mit Salz und Pfeffer abschmecken. Nach Belieben mit grobem Pfeffer bestreut servieren. Dazu Salzkartoffeln reichen.

Pro Person: ca. 440 kcal (1850 kJ). Zubereitungszeit: ca. 40 Minuten.

Zwiebeltorte

Zutaten *(für 4 Personen):*
1 Packung tiefgefrorener Blätterteig (300 g),
750 g Zwiebeln,
1 Eßlöffel Butter oder Margarine (20 g),
Salz, Pfeffer,
3 Eier,
150 g geriebener mittelalter Gouda Käse.

Zubereitung: Blätterteigplatten etwas antauen. Eine Springform (26 cm ∅) ausfetten und mit vier angetauten Blätterteigplatten auslegen. Dabei einen kleinen Rand hochziehen. Den Teig mit einer Gabel mehrmals einstechen.
Die Zwiebeln abziehen und in grobe Würfel schneiden. Das Fett in einem Topf erhitzen und die Zwiebelwürfel darin etwa 5 Minuten dünsten. Mit Salz und Pfeffer würzen. Die Zwiebeln auf dem Teig verteilen. Die Eier verquirlen, mit Salz und Pfeffer würzen und über die Zwiebeln gießen. Alles mit dem Käse bestreuen. Aus der letzten Teigplatte 4 breite Streifen schneiden, in sich drehen, so daß eine Art Kordel entsteht. Die Kordel an den Springformrand legen. Die Zwiebeltorte im Backofen bei 220 Grad etwa 20 Minuten backen.
Pro Person: ca. 630 kcal (2650 kJ). Zubereitungszeit: ca. 1 Stunde.

Das süße Hauptgericht

Milchreis mit Pflaumen-Kompott

Zutaten *(für 4 Personen):*
1 l Milch,
1 Prise Salz,
75 g Zucker,
1 Vanillestange,
250 g Milchreis.

Für das Pflaumenkompott:
1 Glas Pflaumen (Abtropfgewicht 360 g),
1 ½ Eßlöffel Speisestärke (15 g),
1 Teelöffel frisch geriebener Ingwer.

Zubereitung: Milch, Salz, Zucker und die der Länge nach aufgeschlitzte Vanilleschote in einem Topf zum Kochen bringen. Den Reis waschen, abtropfen lassen und in die Milch geben. Zugedeckt bei geringer Hitze etwa 45 Minuten ausquellen lassen.
Für das Pflaumenkompott die Pflaumen abtropfen lassen. Den Saft mit Speisestärke und Ingwer verrühren und in einem Topf zum Kochen bringen. Die Pflaumen zufügen und darin erwärmen. Reis und Pflaumenkompott anrichten. Dazu Zimt und Zucker reichen.
Pro Person: ca. 470 kcal (1970 kJ). Zubereitungszeit: ca. 60 Minuten.

Wieviel Reis pro Person?

Als Suppeneinlage genügen 25 g. Wenn Sie Reis als Beilage servieren, müssen Sie 50–60 g rechnen. Stellt Reis das Hauptgericht dar, kochen Sie pro Person 80–100 g. Bei Milchreis dagegen reichen 250 g für vier Personen, da die Milch zur Sättigung beiträgt.

Lammhaxen mit Gemüse

Zutaten *(für 4 Personen):*
4 Lammhaxen (à 250 g),
1 Aubergine (300 g),
Salz,
3 Eßlöffel Speiseöl (30 g),
1 Gemüsezwiebel (300 g),
2 Knoblauchzehen,
Salz, Pfeffer,
250 ml (¼ l) Rotwein,
250 ml (¼ l) Fleischbrühe (Instant),
1 Becher Sahnejoghurt (150 g),
1 Eßlöffel Speisestärke (10 g),
½ Bund Minze.

Zubereitung: Die Lammhaxen unter fließendem kaltem Wasser abspülen und trokkentupfen. Den Blütenansatz der Aubergine abschneiden. Die Aubergine waschen, in Würfel schneiden und mit Salz bestreuen. Das Öl in einer großen Pfanne erhitzen und die Haxen darin von allen Seiten braun anbraten. Zwiebel und Knoblauchzehen abziehen, würfeln und etwa 3 Minuten mit anbraten. Mit Salz und Pfeffer würzen und mit Rotwein ablöschen. Die Brühe hinzugießen und alles zugedeckt etwa 1 Stunde schmoren.

Die Auberginenwürfel trokkentupfen, zu den Haxen in die Pfanne geben und alles weitere 15 Minuten schmoren. Joghurt und Speisestärke verrühren und das Gemüse damit binden. Die Minzeblätter unter fließendem kaltem Wasser abspülen, trokkentupfen und fein hacken. Das Gericht mit frischer Minze abschmecken und nach Belieben mit Minze garniert servieren. Dazu Reis reichen.

Pro Person: ca. 730 kcal (3070 kJ). Zubereitungszeit: ca. 90 Minuten.

Mit der Mikrowelle

Rührei mit Mozzarella

Zutaten *(für 4 Personen):*
150 g Champignons,
8 Eier,
4 Eßlöffel Schlagsahne,
1 Teelöffel Salz,
Pfeffer,
1–2 Eßlöffel Butter oder Margarine (30 g),
200 g Mozzarella Käse,
1 Bund Oregano.

Zubereitung: Die Champignons putzen, waschen und blättrig schneiden. Eier, Sahne, Salz und Pfeffer verquirlen. Die Fettflöckchen in eine mikrowellengeeignete Form geben. Die vorbereiteten Champignons einfüllen und die Eiersahne darübergießen. Die Form abdecken und die Champignons bei 600 Watt etwa 3 Minuten in der Mikrowelle garen. Danach umrühren, mit Käsescheiben belegen und bei gleicher Wattzahl etwa 5 Minuten zugedeckt fertiggaren. Den Oregano unter fließendem kaltem Wasser abspülen, trockentupfen, die Blättchen von den Stielen zupfen. Das Gericht mit Oregano bestreut servieren.
Pro Person: ca. 360 kcal (1510 kJ). Zubereitungszeit: ca. 20 Minuten.

So geht das Kochen noch einfacher und schneller

Das müssen Sie pro Person rechnen

Vorsuppe:	150–200 ml
Hauptgerichte	
Eintopf	375–500 ml
Fleisch ohne Knochen	100–125 g
Fleisch mit Knochen	125–150 g
Fischfilet	100–150 g
Fisch	150–200 g
Beilagen	
Soße	100 ml
Gemüse (geputzt)	200 g
Salat (geputzt)	40–50 g
Kartoffeln (geschält)	200 g
Reis, Hirse, Weizenkörner, Teigwaren	50 g (Rohgewicht)
Backobst	60 g
Nachtisch	
Obst	150–200 g
Kompott	150 g

Mit dem Löffel wiegen

Lebensmittel	1 Teelöffel	1 gestrichener Eßlöffel
Butter	5 g	15 g
Grieß	3 g	12 g
Graupen	5 g	15 g
Grütze	5 g	15 g
Haferflocken	5 g	8 g
Honig	8 g	15 g
Joghurt	6 g	20 g
Käse, gerieben	3 g	10 g
Kakaopulver	3 g	6 g
Kokosraspel	5 g	10 g
Konfitüre	8 g	15 g
Kräuter, gehackt	3 g	8 g
Leinsamen	4 g	10 g
Margarine	5 g	15 g
Mehl	3 g	10 g
Milch	5 g	15 g
Nüsse, gemahlen	3 g	7 g
Öl	4 g	10 g
Puderzucker	3 g	10 g
Quark	15 g	30 g
Rosinen	5 g	10 g
Salatmayonnaise	5 g	15 g
saure Sahne	6 g	20 g
Schlagsahne	5 g	15 g
Semmelbrösel	3 g	10 g
Speisestärke	3 g	8 g
Tomatenketchup	5 g	20 g
Tomatenmark	5 g	20 g
Zitronensaft	5 g	15 g
Zucker	5 g	15 g

DEZEMBER

Höchste Zeit für ein zünftiges Essen mit Grünkohl oder Rosenkohl. Der erste Frost hat beiden Gemüsesorten die nötige Würze und Süße gegeben, denn beim Auftauen wandelt sich Stärke in Zucker um. Sehr groß ist das Angebot an deutschen, polnischen und ungarischen Gänsen. Denken Sie daran: Ein knuspriger Gänsebraten ist immer noch die Krönung des Weihnachtsmenüs. Auch Karpfen hat seine beste Zeit.

Rote-Bete-Gemüse

Zutaten *(für 4 Personen):*
4 Knollen rote Bete (1 kg),
1 Eßlöffel Butter oder Margarine (20 g),
1 Zwiebel (40 g),
250 ml (¼ l) Fleischbrühe (Instant),
Salz, Pfeffer,
Kümmel,
125 g saure Sahne,
2 Teelöffel Speisestärke,
1 Bund Dill,
4 Eßlöffel Sahnemeerrettich (aus dem Glas).

Zubereitung: Die roten Bete gründlich waschen, schälen und in dünne Scheiben schneiden. Das Fett in einem Topf erhitzen. Zwiebel abziehen und in Würfel schneiden. Die Zwiebelwürfel und rote Bete im heißen Fett andünsten. Mit der Brühe ablöschen und mit Salz, Pfeffer und Kümmel würzen. Alles zugedeckt etwa 25 Minuten garen. Saure Sahne mit Speisestärke verrühren und das Gemüse damit binden. Den Dill unter fließendem kaltem Wasser abspülen, trockentupfen, die Blättchen von den Stielen zupfen. Das Gemüse mit Dill und Sahnemeerrettich (siehe Tip) garniert servieren. Dazu Kartoffelplätzchen reichen.
Pro Person: ca. 170 kcal (710 kJ). Zubereitungszeit: ca. 90 Minuten.

So bereiten Sie frischen Sahnemeerrettich:

Eine frische Meerrettichwurzel waschen. Anschließend die Schale abschaben und die Wurzel reiben. Danach ⅛ l Schlagsahne sehr steif schlagen und 1 Eßlöffel geriebenen Meerrettich darunterheben. Mit Zitronensaft und Salz abschmecken. Den Rest Meerrettich in Portionen teilen und einfrieren.

Kabeljaufilet

Zutaten *(für 4 Personen):*
800 g Kabeljaufilet,
Saft 1 Zitrone.

Für den Sahnemeerrettich:
125 ml (⅛ l) Schlagsahne,
2 Teelöffel geriebener Meerrettich (aus dem Glas),
Saft 1 Zitrone,
Salz,
Zucker.
Außerdem:
1–2 Eßlöffel Butter oder Margarine (30 g),
1 Beet Kresse.

Zubereitung: Das Kabeljaufilet unter fließendem kaltem Wasser abspülen, trockentupfen, in 4 Portionen teilen und mit Zitronensaft beträufeln. Für den Sahnemeerrettich die Sahne steif schlagen und mit geriebenem Meerrettich, Zitronensaft, Salz und Zucker abschmecken.
Nun das Fett in einer Pfanne erhitzen. Den Fisch etwas trockentupfen, salzen und im heißen Fett von jeder Seite etwa 3 Minuten dünsten. Die Kresse abschneiden, unter fließendem kaltem Wasser abspülen und trockentupfen. Das Fischfilet mit Sahnemeerrettich und Kresse anrichten. Dazu Petersilienkartoffeln reichen.
Pro Person: ca. 320 kcal (1340 kJ). Zubereitungszeit: ca. 30 Minuten.

Weißkohltopf

Zutaten *(für 4 Personen):*
1 Weißkohl (ca. 1 kg),
300 g Möhren,
300 g Zwiebeln,
50 g Schweineschmalz,
2 Eßlöffel Zucker (20 g),
500 ml (½ l) Fleischbrühe (Instant),
1 Teelöffel Kümmel,
Salz, Pfeffer,
2 Eßlöffel Essig,
4 Kochwürste (350 g),
3 Eßlöffel Crème fraîche (ca. 100 g).

Zubereitung: Vom Kohl die äußeren welken Blätter entfernen und den Strunk herausschneiden. Den Kohl waschen und in Streifen schneiden. Die Möhren putzen, schrappen oder schälen, waschen und in Scheiben schneiden. Die Zwiebeln abziehen und grob würfeln.
Das Schmalz in einem Topf erhitzen und das vorbereitete Gemüse darin anbraten. Den Zucker darüberstreuen und karamelisieren lassen. Mit der Brühe ablöschen und mit Kümmel, Salz, Pfeffer und Essig würzen. Den Weißkohl zugedeckt etwa 50 Minuten garen. Nach 30 Minuten die Kochwürste und die Crème fraîche zufügen. Das Gericht abschmecken.
Pro Person: ca. 610 kcal (2560 kJ). Zubereitungszeit: ca. 75 Minuten.

Das süße Hauptgericht

Schwarzwälder Kirschauflauf

Zutaten *(für 4 Personen):*
1 Glas Sauerkirschen (Abtropfgewicht 370 g),
200 g geriebenes Schwarzbrot,
50 g flockenartige Weizenkeime,
50 g geriebene Schokolade,
5 Eier,
200 g Zucker,
1 Messerspitze gemahlene Gewürznelken,
50 g Zucker.

Zubereitung: Die Kirscher auf einem Sieb abtropfen las sen. Das Schwarzbrot trocken in einer Pfanne rösten Schwarzbrot, Weizenkeim und geriebene Schokolad mischen. Die Eier trennen Eigelb und Zucker mit de Schneebesen des Handrühr gerätes schaumig rühren. Di gemahlenen Nelken zufügen Die Brotmischung unterrüh ren. 4 Eiweiß steif schlager und dann Kirschen und Ei weiß unterheben.
Die Masse in eine gefettet Auflaufform füllen und de Auflauf im Backofen bei 17 Grad etwa 1 Stunde backen Das restliche Eiweiß und Zuk ker steif schlagen. Den Auf lauf damit bestreichen un weitere 15 Minuten backen Dazu Kirschsauce reichen.
Pro Person: ca. 680 kca (2860 kJ). Zubereitungszeit ca. 105 Minuten.

Schweinefleischröllchen

Zutaten *(für 4 Personen):*
8 sehr dünne Schweineschnitzel (à ca. 70 g),
Salz, Pfeffer,
2 Zwiebeln (70 g),
1 Eßlöffel Margarine (20 g),
50 g Rosinen,
2 unbehandelte Apfelsinen,
1 Eßlöffel Butterschmalz (20 g),
500 ml (½ l) Fleischbrühe (Instant),
Zucker,
3 Eßlöffel dunkler Saucenbinder.

Zubereitung: Schnitzel unter fließendem kaltem Wasser abspülen, trockentupfen und mit Salz und Pfeffer würzen. Zwiebeln abziehen und fein würfeln. Margarine in einer Pfanne erhitzen und die Zwiebelwürfel darin glasig dünsten. Rosinen waschen und hacken. Von einer gewaschenen Apfelsine die Schale abreiben. Rosinen und Apfelsinenschale zu den Zwiebeln geben und mit Salz und Pfeffer würzen.
Die Zwiebelmasse auf den Schweineschnitzeln verteilen. Das Fleisch aufrollen und mit einem Holzspießchen fest stecken. Das Butterschmalz in einer Pfanne erhitzen und die Rouladen darin von allen Seiten anbraten. Mit der Brühe ablöschen und die Rouladen zugedeckt etwa 20 Minuten schmoren lassen. Danach herausnehmen und warmstellen. Die Apfelsinenschale sehr dünn abschälen und in feine Streifen schneiden. Die Schale in den Fond geben und alles etwas einkochen lassen. Die Sauce mit Salz, Pfeffer und Zucker abschmecken und mit Saucenbinder binden. Die Sauce zu den Schweinefleischröllchen servieren. Dazu Kartoffelbällchen reichen. Pro Person: ca. 420 kcal (1760 kJ). Zubereitungszeit: ca. 60 Minuten.

Gemüsepfanne mit Tofu

Zutaten *(für 4 Personen):*
400 g Tofu (Sojabohnenquark),
3 Eßlöffel Sojasauce,
1 rote Paprikaschote (200 g),
1 Staudensellerie (400 g),
125 g Möhren,
1 Stange Porree (250 g),
1 Peperoni,
4 Eßlöffel Speiseöl (40 g),
250 g Sojabohnensprossen,
250 g Tomaten,
1 Knoblauchzehe,
Salz, Pfeffer,
50 g Sonnenblumenkerne.

Zubereitung: Tofu in Streifen schneiden und mit der Sojasauce marinieren.
Paprikaschote halbieren, entstielen, entkernen und waschen. Staudensellerie vom Wurzelansatz befreien und die grünen Blätter abschneiden. Möhren schälen, vom Porree den Wurzelansatz und etwa ein Drittel Grün entfernen. Das Gemüse waschen und in Stifte schneiden (Selleriegrün aufheben). Peperoni halbieren, waschen und sehr fein schneiden.
Öl erhitzen, Gemüse darin andünsten und zugedeckt etwa 15 Minuten garen. Sojabohnensprossen waschen, abtropfen lassen und zufügen. Tomaten kurz in kochendes Wasser geben, in kaltem Wasser abschrecken, entkernen und würfeln. Knoblauchzehe abziehen und durch die Knoblauchpresse drücken. Tomatenwürfel, Knoblauch, Sojasauce und Tofu zum Gemüse geben. Mit Salz und Pfeffer würzen und alles nochmals 5 Minuten schmoren lassen. Sonnenblumenkerne trocken rösten. Gemüsepfanne mit Sonnenblumenkernen bestreut und mit Selleriegrün garniert servieren. Dazu Naturreis reichen.
Pro Person: ca. 250 kcal (1050 kJ). Zubereitungszeit: ca. 50 Minuten.

Hähnchenbrustfilets

Zutaten *(für 4 Personen):*
4 Hähnchenbrustfilets (à 125 g),
1 Eßlöffel Butter oder Margarine (20 g),
2 Teelöffel Hähnchengewürz,
4 Eßlöffel Weinbrand (4 cl),
1 Dose Tomaten (Abtropfgewicht 240 g),
3 Eßlöffel eingelegte Paprikastreifen,
2 Eßlöffel Perlzwiebeln aus dem Glas,
12 gefüllte Oliven,
Salz, Pfeffer,
Zucker,
2 Eßlöffel heller Saucenbinder.

Zubereitung: Die Hähnchenbrustfilets unter fließendem kaltem Wasser abspülen und trockentupfen. Des Fett in einer Pfanne erhitzen und das Fleisch darin von beiden Seiten anbraten. Mit Hähnchengewürz würzen und mit dem Weinbrand ablöschen. Die Filets etwa 5 Minuten schmoren lassen. Danach herausnehmen und warmstellen.
Nun Tomaten und Tomatenflüssigkeit, Paprikastreifen, Perlzwiebeln und Oliven in den Bratfond geben und alles etwa 5 Minuten dünsten. Mit Salz, Pfeffer und Zucker würzen und mit Saucenbinder binden. Die Sauce abschmecken und zu den Hähnchenbrustfilets servieren. Nach Belieben mit Kerbel verzieren. Dazu Reis reichen.
Pro Person: ca. 270 kcal (1130 kJ). Zubereitungszeit: ca. 20 Minuten.

Gemüsetopf mit Shrimps

Zutaten *(für 4 Personen):*
25 g getrocknete chinesische Pilze,
1 Chinakohl (ca. 1 kg),
2 rote Paprikaschoten (400 g),
4 Eßlöffel Speiseöl (40 g),
3 Eßlöffel Sojasauce,
1 Eßlöffel Speisestärke,
1 Eßlöffel Honig,
Salz,
250 g Shrimps (gekocht und ohne Schale).

Zubereitung: Die Pilze mit kochendem Wasser überbrühen und 30 Minuten quellen lassen. Anschließend 30 Minuten kochen.
Vom Chinakohl die äußeren welken Blätter entfernen und den Strunk herausschneiden. Den Kohl waschen und in Streifen schneiden. Die Paprikaschoten halbieren, entstielen, entkernen, die weißen Scheidewände entfernen, die Schoten waschen und ebenfalls in Streifen schneiden.
Das Öl in einem Topf erhitzen und Chinakohl und Paprika darin andünsten. 5 Eßlöffel Pilzwasser und die abgetropften Pilze zufügen und alles zugedeckt etwa 15 Minuten schmoren lassen. Sojasauce und Speisestärke verrühren und das Gemüse damit binden. Honig, Salz und Shrimps zufügen und kurz erwärmen. Den Gemüsetopf abschmekken. Dazu Reis reichen.
Pro Person: ca. 290 kcal (1220 kJ). Zubereitungszeit: ca. 45 Minuten (ohne Einweichzeit).

Marinierte Putenbrust

Zutaten *(für 4 Personen):*
500 g Putenbrustfilet,
Pfeffer,
2 Eßlöffel Wacholderbeeren,
Schale und Saft
1 unbehandelten Orange,
1 Bund Suppengrün,
2 Eßlöffel Butterschmalz
(40 g),
Salz,
125 ml (⅛ l) Weißwein,
100 g Crème fraîche.

Zubereitung: Die Putenbrust unter fließendem kaltem Wasser abspülen und trockentupfen. Pfeffer, zerdrückte Wacholderbeeren, Orangenschale und -saft verrühren. Das Fleisch mit dem gewürzten Orangensaft bestreichen und etwa 4 Stunden zugedeckt im Kühlschrank stehen lassen.
Inzwischen das Suppengrün putzen, waschen und in Stükke schneiden. Nun die Putenbrustfilets trockentupfen. Das Butterschmalz in einer Pfanne erhitzen und die Filets darin von beiden Seiten anbraten. Salzen. Suppengrün, Marinierflüssigkeit und Wein zufügen und alles zugedeckt etwa 45 Minuten schmoren. Das Gericht mit Crème fraîche verfeinern. Dazu Kartoffelpüree servieren.
Pro Person: ca. 370 kcal (1550 kJ). Zubereitungszeit: ca. 70 Minuten (ohne Marinierzeit).

Mit der Mikrowelle

Fleischklößchen auf Gemüse

Zutaten *(für 4 Personen):*
500 g feine, ungebrühte Bratwurst,
3 Eßlöffel Crème fraîche (ca. 100 g),
1 Päckchen tiefgefrorene Kräuter,
600 g Staudensellerie,
125 ml (⅛ l) Weißwein,
1–2 Eßlöffel Butter oder Margarine (30 g),
Salz, Pfeffer,
300 g tiefgefrorene Erbsen,
1 Eßlöffel heller Saucenbinder.

Zubereitung: Die Wurst aus der Pelle drücken. Crème fraîche und die Kräuter untermischen. Aus der Masse 8 Klößchen formen.

Vom Staudensellerie den Wurzelansatz und die grünen Blätter abschneiden. Blätter aufbewahren. Den Sellerie waschen und in Stücke schneiden. Selleriestücke, Wein, Fettflöckchen, Salz und Pfeffer in eine mikrowellengeeignete Form geben. Das Gemüse abgedeckt bei 600 Watt etwa 7 Minuten garen. Dann Erbsen, Saucenbinder und Fleischklößchen dazugeben und abgedeckt nochmals bei gleicher Wattzahl etwa 10 Minuten garen. Mit gehacktem Selleriegrün bestreut servieren. Dazu Reis reichen.

Pro Person: ca. 730 kcal. (3070 kJ). Zubereitungszeit: ca. 30 Minuten

Möhrenrisotto

Zutaten *(für 4 Personen):*
750 g Möhren,
1 Zwiebel (40 g),
2 Eßlöffel Butter oder Margarine (40 g),
250 g Naturreis,
1 Päckchen Safran,
1 Teelöffel Currypulver,
500 ml (½ l) Gemüsebrühe,
50 g Kürbiskerne,
1 Bund Petersilie.

Zubereitung: Die Möhren putzen, schrappen oder schälen, waschen und in Stifte schneiden. Die Zwiebel abziehen und fein würfeln. Das Fett in einer Pfanne erhitzen und die Zwiebelwürfel darin andünsten. Möhren, gewaschenen Reis, Safran und Curry zufügen und kurz mitdünsten. Mit der Gemüsebrühe ablöschen und alles zugedeckt etwa 20 Minuten garen. Die Kürbiskerne hacken. Die Petersilie unter fließendem kaltem Wasser abspülen, die Blättchen von den Stielen zupfen und fein hacken. Das Möhrenrisotto mit gehackten Kürbiskernen und Petersilie bestreut servieren.
Pro Person: ca. 440 kcal (1850 kJ). Zubereitungszeit: ca. 45 Minuten.

Nudelauflauf

Zutaten *(für 4 Personen):*
250 g Nudeln (z. B. Spiralen),
2 Zwiebeln (100 g),
1 grüne Paprikaschote (160 g),
2 Knoblauchzehen,
2 Eßlöffel Speiseöl (20 g),
350 g Rinderhackfleisch,
Salz, Pfeffer,
getrockneter Thymian,
1 Dose Tomaten (Abtropfgewicht 240 g).
Für die Eiermilch:
2 Eier,
250 ml (¼ l) saure Sahne,
1 Eßlöffel Speisestärke (10 g),
75 g geriebener mittelalter Gouda Käse.

Zubereitung: Die Nudeln nach Packungsanweisung kochen.
Die Zwiebeln abziehen und in Würfel schneiden. Die Paprikaschote halbieren, entstielen, entkernen und die weißen Scheidewände entfernen. Die Schote waschen und würfeln. Den Knoblauch abziehen und durch die Knoblauchpresse drücken.
Das Öl in einer Pfanne erhitzen und das Hackfleisch darin kräftig anbraten. Zwiebel- und Paprikawürfel und Knoblauch zufügen. Mit Salz, Pfeffer und Thymian würzen. Die abgetropften Nudeln untermischen. Alles in eine gefettete Auflaufform füllen. Tomaten gut abtropfen lassen, in Viertel schneiden und darauf verteilen.
Nun Eier, saure Sahne, Speisestärke und geriebenen Käse verrühren und über den Auflauf gießen. Den Auflauf im Backofen bei 200 Grad etwa 1 Stunde backen.
Pro Person: ca. 630 kcal (2650 kJ). Zubereitungszeit: ca. 90 Minuten.

Rinderbraten mit Maronen

Zutaten *(für 4 Personen):*
800 g Rinderbraten (aus der Keule),
Salz, Pfeffer,
1 Teelöffel getrockneter Thymian,
2–3 Eßlöffel Butterschmalz (50 g),
300 g Zwiebeln,
250 ml (¼ l) Rotwein,
250 ml (¼ l) Fleischbrühe (Instant),
250 g Maronen (Eßkastanien),
300 g Möhren,
2 Eßlöffel dunkler Saucenbinder,
1 Eßlöffel Johannisbeergelee.

Zubereitung: Das Fleisch unter fließendem kaltem Wasser abspülen, trockentupfen und mit Salz, Pfeffer und Thymian einreiben. Das Butterschmalz in einem Schmortopf erhitzen und das Fleisch darin von allen Seiten braun anbraten. Die Zwiebeln abziehen und in Würfel schneiden. Die Zwiebelwürfel zum Fleisch geben und kurz mitbraten. Mit Rotwein und Brühe ablöschen und alles zugedeckt etwa 1 ½ Stunden schmoren.
Die Maronen waschen und mit einem scharfen Messer einritzen. Auf ein Backblech geben und im Backofen bei 250 Grad etwa 15 Minuten rösten. Danach die Schale lösen. Die Möhren putzen, schrappen oder schälen, waschen und in Scheiben schneiden. Maronen und Möhrenscheiben zum Fleisch geben und alles weitere 30 Minuten schmoren. Das Fleisch herausnehmen und warmstellen. Die Sauce mit Saucenbinder binden und mit Johannisbeergelee abschmecken. Das Fleisch aufschneiden und auf dem Gemüse anrichten. Dazu Kartoffelkroketten reichen.
Pro Person: ca. 780 kcal (3280 kJ). Zubereitungszeit: ca. 140 Minuten.

Schnell zubereitet

Kartoffelpuffer mit Birnen

Zutaten *(für 4 Personen):*
1 Packung Kartoffelpuffer (Pulver für ¾ l Wasser),
2 Birnen (400 g),
30 g gemahlene Haselnußkerne,
4 Eßlöffel Speiseöl (40 g).

Zubereitung: Den Kartoffelpufferteig nach Packungsanweisung zubereiten.
Die Birnen waschen, schälen, das Kerngehäuse entfernen und das Fruchtfleisch grob raffeln (siehe Tip). Eine halbe Birne zum Garnieren in Spalten schneiden. Die geraffelten Birnen und Haselnüsse zum Kartoffelpufferteig geben.
Nun Öl nach und nach in einer Pfanne erhitzen und nacheinander kleine Kartoffelpuffer darin braten. Mit Birnenspalten garniert servieren. Dazu Birnenkompott und verrührten Sahnejoghurt reichen.
Pro Person: ca. 400 kcal (1680 kJ). Zubereitungszeit: ca. 30 Minuten.

So werden geschälte Birnen nicht braun:

Geben Sie zerkleinerte Birnen sofort in Zitronenwasser. Halbierte Früchte mit Zitronensaft beträufeln. Decken Sie die Birnen außerdem mit einem Teller oder mit Folie ab. So schonen Sie auch empfindliche Vitamine. Übrigens: Diese Regeln gelten auch für Äpfel.

Bratwurst mit Möhren-Apfelgemüse

Zutaten *(für 4 Personen):*
1 Eßlöffel Speiseöl,
8 Bratwürste (à 50 g).

Für das Gemüse:
700 g Möhren,
3 Zwiebeln (150 g),
3 Äpfel (500 g),
1 Eßlöffel Butter oder Margarine (20 g),
125 ml (⅛ l) Fleischbrühe (Instant),
Saft 1 Zitrone,
Salz, Pfeffer,
gemahlener Zimt.

Zubereitung: Zuerst für das Gemüse die Möhren putzen, schrappen oder schälen, waschen und in Scheiben schneiden. Die Zwiebeln abziehen und die Äpfel schälen. Die Zwiebeln in Würfel schneiden. Die Äpfel vierteln, entkernen und in Scheiben schneiden. Das Fett in einem Topf erhitzen und Zwiebelwürfel und Möhrenscheiben darin andünsten. Mit der Brühe ablöschen und mit Zitronensaft, Salz, Pfeffer und Zimt würzen. Alles zugedeckt etwa 15 Minuten garen. Die Apfelscheiben nach 10 Minuten zufügen.
Inzwischen das Öl in einer Pfanne erhitzen und die Bratwurst darin etwa 10 Minuten goldbraun braten. Bratwurst und Gemüse anrichten. Dazu Petersilienkartoffeln reichen.
Pro Person: ca. 560 kcal (2350 kJ). Zubereitungszeit: ca. 45 Minuten.

Für Gäste

Lachs mit Sellerie

Zutaten *(für 4 Personen):*
700 g Lachsfilet (Fischgräten mitnehmen),
Saft 1 Zitrone,
1 Zwiebel (40 g),
1 Möhre (100 g),
50 g Champignons,
1 Knoblauchzehe,
150 g kalte Butter,
250 ml (¼ l) Weißwein,
125 ml (⅛ l) Wasser,
Salz, Pfeffer,
200 g Sellerie,
250 ml (¼ l) Fritierfett.

Zubereitung: Lachsfilet abspülen, trockentupfen und mit Zitronensaft beträufeln. Fischgräten waschen. Zwiebel abziehen und Möhre schälen, waschen und in Würfel schneiden. Champignons putzen, waschen und halbieren. Knoblauchzehe abziehen und durch die Knoblauchpresse drücken.

Nun ein Eßlöffel Butter erhitzen und Gräten, Zwiebel- und Möhrenwürfel, Champignons und Knoblauch anbräunen. Mit Wein und Wasser ablöschen und mit Salz und Pfeffer würzen. Im geöffneten Topf etwa 20 Minuten köcheln lassen. Danach durch ein Sieb abgießen und warmstellen.

Sellerie schälen, waschen und in feine Streifen schneiden. Fritierfett erhitzen, Selleriestifte darin goldbraun fritieren und salzen.

Fisch salzen. 1–2 Eßlöffel Butter in einer Pfanne erhitzen und das Lachsfilet darin von jeder Seite etwa 3–4 Minuten dünsten.

Die restliche Butter flöckchenweise unter Rühren im heißen Fond schmelzen lassen. (Nicht kochen!) Die Sauce abschmecken und mit dem Fisch und Selleriestreifen anrichten. Nach Belieben mit Estragon verzieren. Dazu Baguette reichen.

Pro Person: ca. 800 kcal (3360 kJ). Zubereitungszeit: ca. 60 Minuten.

Porree mit Käsesauce

Zutaten *(für 4 Personen):*
4 Stangen Porree (1,5 kg),
16 Scheiben Bacon (Frühstücksspeck),
250 ml (¼ l) Brühe (Instant).
Für die Sauce:
2 Eßlöffel Butter oder Margarine (40 g),
4 Eßlöffel Mehl (40 g),
250 ml (¼ l) Milch,
2 Ecken Schmelzkäse (à 62,5 g),
Pfeffer,
geriebene Muskatnuß.

Zubereitung: Von den Porreestangen den Wurzelansatz und etwa ein Drittel Grün abschneiden. Eventuell die äußeren welken Blätter lösen. Die Stangen der Länge nach einritzen und gründlich unter fließendem Wasser waschen. Die Porreestangen halbieren, quer durchschneiden und jede mit einer Scheibe Bacon umwickeln.
Die Brühe in einem Topf zum Kochen bringen, die Porreestangen hineingeben, etwa 20 Minuten zugedeckt in der Brühe kochen lassen.
Für die Sauce Fett in einem Topf zerlassen. Das Mehl auf einmal zufügen und im heißen Fett anschwitzen. Nach und nach unter Rühren mit Milch und Porreebrühe ablöschen. Alles gut durchkochen lassen und den Käse darin schmelzen lassen. Die Sauce mit Pfeffer und geriebener Muskatnuß abschmecken. Die Sauce über die Porreestangen gießen. Nach Belieben mit glatter Petersilie garniert und grobem Pfeffer bestreut servieren. Dazu Salzkartoffeln reichen.
Pro Person: ca. 740 kcal (3110 kJ). Zubereitungszeit: ca. 40 Minuten.

Gefüllte Gans

Zutaten *(für 4 Personen):*
1 küchenfertige Gans
(ca. 4 kg),
Salz.
Für die Füllung:
250 g Backobst,
125 ml (⅛ l) Apfelsaft,
500 g Äpfel,
2 Eßlöffel Zucker (20 g),
2 Scheiben trockenes
Schwarzbrot,
gemahlener Zimt.

Für die Sauce:
4 Eßlöffel Schlagsahne,
3 Eßlöffel Apfelmus,
Salz, Pfeffer,
gerebelter Majoran,
2 Eßlöffel dunkler
Saucenbinder.

Zubereitung: Die Gans unter fließendem kaltem Wasser abspülen und trockentupfen. Von innen und außen salzen. Für die Füllung das Backobst 30 Minuten im Apfelsaft einweichen. Die Äpfel waschen, schälen und vierteln. Das Kerngehäuse herausschneiden und die Apfelviertel in Stücke schneiden. Nun Backobst, Apfelstücke, Zucker, geriebenes Schwarzbrot und Zimt mischen und die Gans damit füllen. Die Öffnung mit Holzstäbchen zustecken.
Den Backofenrost auf die Fettpfanne setzen und die Gans darauflegen. Im Backofen bei 200 Grad etwa 2 ½ Stunden braten. Zwischendurch mit ¾ Liter Wasser nach und nach begießen.
Danach den Bratfond durch ein Sieb in einen Topf gießen und das Fett abschöpfen. Sahne, Apfelmus, Salz, Pfeffer und Majoran in den Bratfond geben und alles einmal aufkochen lassen. Mit Saucenbinder binden und die Sauce abschmecken. Die Sauce zum Gänsebraten servieren. Dazu Kartoffelklöße reichen.
Pro Person: ca. 2110 kcal (8810 kJ). Zubereitungszeit: ca. 4 Stunden.

Aus der Vollwertküche

Getreidepastete

Zutaten *(für 4 Personen):*
1 Wirsing (ca. 1 kg),
250 ml (¼ l) Gemüsebrühe,
100 g Buchweizengrütze,
1 Eßlöffel Öl (10 g),
200 g Weizenkeime,
250 ml (¼ l) Schlagsahne,
50 g Kürbiskerne,
1 Knoblauchzehe,
3 Eier, Salz, Pfeffer.

Für die Käsecreme:
200 g Magerquark,
1 Eigelb,
geriebene Muskatnuß,
100 g geriebener Emmentaler Käse,
1 Teelöffel Speisestärke,
1 Bund Petersilie.

Zubereitung: Vom Wirsing 12 große Blätter lösen, waschen und die Mittelrippe herausschneiden. Kurz blanchieren. Gemüsebrühe zum Kochen bringen, Buchweizengrütze hineingeben und etwa 30 Minuten quellen lassen. Öl erhitzen, Weizenkeime 10 Minuten rösten und zur Grütze geben. Sahne zufügen. Kürbiskerne hacken und zufügen. Knoblauchzehe abziehen und über der Grütze durch die Knoblauchpresse drücken. Eier aufgeschlagen dazugeben und mit Salz und Pfeffer abschmecken. Quark, Eigelb, Muskat, Käse und Speisestärke verrühren. Petersilie abspülen, trockentupfen, hacken und unter die Käsecreme mischen. Reisrandform (22 cm ∅) fetten, mit den Wirsingblättern so auslegen, daß sie etwas über den Rand hängen. Die Hälfte der Getreidemasse einfüllen. Käsecreme daraufgeben und restliche Getreidemasse darauf verteilen. Wirsingblätter darüberschlagen und andrücken. Abdecken und im Backofen bei 200 Grad etwa 60 Minuten garen. Dazu Kräutersauce reichen. Pro Person: ca. 740 kcal (3110 kJ). Zubereitungszeit: ca. 2 Stunden.

Rosenkohlsuppe

Zutaten *(für 4 Personen):*
500 g Rosenkohl,
125 g Kartoffeln,
1 Zwiebel (50 g),
1 Eßlöffel Butter oder Margarine (20 g),
500 ml (½ l) Gemüsebrühe (Instant),
Salz, Pfeffer,
geriebene Muskatnuß,
125 ml (⅛ l) Schlagsahne.

Außerdem:
3 Scheiben Roggenvollkornbrot (150 g),
1 Eßlöffel Butter oder Margarine (20 g),
1 Bund glatte Petersilie.

Zubereitung: Vom Rosenkohl die äußeren welken Blätter entfernen und von den Strünken die Enden abschneiden. Den Rosenkohl waschen. Die Kartoffeln waschen, schälen und in Scheiben schneiden. Die Zwiebel abziehen und in Würfel schneiden. Das Fett in einem Topf erhitzen und das vorbereitete Gemüse (einige Rosenkohlköpfe zurücklassen) darin andünsten. Mit der Brühe ablöschen und alles zugedeckt etwa 20 Minuten kochen. Das Gemüse in der Brühe pürieren und die Suppe mit Salz, Pfeffer und geriebener Muskatnuß abschmekken.
Den restlichen Rosenkohl in Blätter zerlegen und in der Suppe garziehen lassen. Die Sahne steif schlagen und unter die Suppe ziehen. Das Brot in Würfel schneiden. Das Fett in einer Pfanne erhitzen und die Brotwürfel darin knusprig braten. Die Petersilie unter fließendem kaltem Wasser abspülen, trockentupfen, die Blättchen von den Stielen zupfen und fein hacken. Die Suppe mit Brotwürfeln und Petersilie bestreut servieren.
Pro Person: ca. 320 kcal (1340 kJ). Zubereitungszeit: ca. 1 Stunde.

Schweinebraten in Biersauce

Zutaten *(für 4 Personen):*
1 kg Schweinenacken (ohne Knochen),
Salz, Pfeffer,
gerebelter Majoran,
Rosmarin,
3 Eßlöffel Speiseöl (30 g),
300 g Zwiebeln,
250 ml (¼ l) helles Bier,
1 Lorbeerblatt,
300 g Champignons,
1 Teelöffel gekörnte Brühe,
1 Eßlöffel Honig,
1 Eßlöffel dunkler Saucenbinder.

Zubereitung: Das Schweinefleisch unter fließendem kaltem Wasser abspülen, trockentupfen und mit Salz, Pfeffer, Majoran und Rosmarin rundherum einreiben. Das Öl in einem Schnellkochtopf erhitzen und das Fleisch darin von allen Seiten braun anbraten. Die Zwiebeln abziehen und in Würfel schneiden. Die Zwiebelwürfel zum Fleisch geben und kurz mit anbraten. Mit Bier ablöschen und Lorbeerblatt zufügen. Den Schnellkochtopf nach Angabe des Herstellers schließen und das Fleisch etwa 20 Minuten schmoren (in normalem Topf eine Stunde).
Inzwischen die Champignons putzen, waschen und vierteln. Champignons in den letzten 5 Minuten mitgaren.
Danach das Fleisch warmstellen. Gekörnte Brühe, Honig und Saucenbinder in den Fond geben und abschmekken. Das Fleisch aufschneiden und mit der Sauce anrichten. Nach Belieben mit Rosmarin und Majoran garnieren. Dazu Nudeln reichen.
Pro Person: ca. 860 kcal (3610 kJ). Zubereitungszeit: ca. 60 Minuten.

Aus dem Schnellkochtopf

Hausmannskost

Grünkohl

Zutaten *(für 4 Personen):*
1 kg Grünkohl (gerupft),
Salz,
3 Zwiebeln (150 g),
2 Eßlöffel Schmalz (ca. 50 g),
250 ml (¼ l) Wasser,
2 Eßlöffel Hafergrütze (20 g),
250 g durchwachsener Speck,
375 g Kasseler,
4 Kochwürste (à 120 g),
Pfeffer.

Zubereitung: Den Grünkohl putzen und gründlich waschen. Dann in kochendem Salzwasser etwa 5 Minuten blanchieren. Danach gut abtropfen lassen. Die Zwiebeln abziehen und in Würfel schneiden. Das Schmalz in einem Topf erhitzen und die Zwiebelwürfel darin anbraten. Den Kohl zufügen und andünsten.
Nun Wasser, Hafergrütze und Speck zugeben und alles zugedeckt etwa 30 Minuten kochen lassen. Dann Kasseler und Kochwürste zufügen und alles zugedeckt weitere 45 Minuten kochen. Vor dem Servieren mit Salz und Pfeffer abschmecken. Dazu Bratkartoffeln reichen (siehe Tip).
Pro Person: ca. 1140 kcal (4790 kJ). Zubereitungszeit: ca. 2 Stunden

Bratkartoffeln müssen schön knusprig sein

Krosse Bratkartoffeln gelingen am besten aus rohen Kartoffeln. So wird es gemacht: Die geschälten gewaschenen Kartoffeln in sehr dünne Scheiben schneiden und trockentupfen. Bratfett erhitzen und die Kartoffelscheiben bei geringer Hitze 20–30 Minuten braten.

Sauerkraut-Auflauf mit Rotwurst

Zutaten *(für 4 Personen):*
1 Dose Sauerkraut (Abtropfgewicht 770 g),
3 Zwiebeln (150 g),
40 g Butter oder Margarine,
40 g Rosinen,
Salz, Zucker,
375 g gekochte Kartoffeln,
375 g Rotwurst im Stück,
1 Teelöffel Speiseöl (5 g),
250 ml (¼ l) Fleischbrühe (Instant),
evtl. glatte Petersilie.

Zubereitung: Das Sauerkraut mit zwei Gabeln etwas auflockern. Zwiebeln abziehen und in Ringe schneiden. Das Fett in einem Topf erhitzen und Sauerkraut und Zwiebelringe darin andünsten. Rosinen waschen und zufügen. Mit Salz und Zucker würzen. Zugedeckt etwa 10 Minuten dünsten.
Kartoffeln und Rotwurst (eventuell Haut abziehen) in Scheiben schneiden. Eine feuerfeste Form mit Öl ausfetten. Sauerkraut abschmekken und dann abwechselnd mit Rotwurst und Kartoffelscheiben in die Form einschichten. Brühe darübergießen. Im Backofen bei 200 Grad ca. 30 Minuten backen. Nach Belieben mit glatter Petersilie verziert servieren.
Pro Person: ca. 670 kcal (2810 kJ). Zubereitungszeit: ca. 90 Minuten.

Karpfen in Lebkuchensauce

Zutaten *(für 4 Personen):*
1 Karpfen, küchenfertig (ca. 2 kg), Zitronensaft,
1 Bund Suppengrün,
1 Zwiebel (50 g),
250 ml (¼ l) Wasser,
je 3 Piment- und Pfefferkörner,
2 Nelken,
1 Lorbeerblatt,
Salz, Pfeffer,
1 unbehandelte Zitrone,
80 g dunkler Honiglebkuchen,
40 g Rosinen,
500 ml (½ l) Malzbier,
2 Eßlöffel Johannisbeergelee,
40 g Butter.

Zubereitung: Den Karpfen unter fließendem kaltem Wasser abspülen, säuern. Suppengrün putzen, waschen und kleinschneiden. Die Zwiebel abziehen und in Würfel schneiden. Nun Wasser, Gemüse- und Zwiebelwürfel, Piment- und Pfefferkörner, Nelken, Lorbeerblatt, Salz und Pfeffer in einen Topf geben und alles 15 Minuten durchkochen lassen. Inzwischen die Schale der Zitrone abreiben und den Saft auspressen. Dann den Gemüsefond durch ein Sieb in einen großen Topf gießen. Zitronenschale und -saft zufügen. Den Honiglebkuchen hineinbröckeln. Die Rosinen waschen und ebenfalls zufügen. Zuletzt das Malzbier zugießen. Alles ca. 10 Minuten ziehen lassen. Erst dann den Karpfen hineinsetzen und ca. 30 Minuten darin garziehen lassen. Herausnehmen und warmstellen. Die Sauce mit Johannisbeergelee und Butter verrühren und abschmekken. Den Karpfen mit der Sauce und evtl. mit Zitronenkörbchen und Petersilie anrichten. Dazu Petersilienkartoffeln und Salat reichen.
Pro Person: ca. 620 kcal (2600 kJ). Zubereitungszeit: ca. 85 Minuten.

Schweinefilet mit Avocadosauce

Zutaten *(für 2 Personen):*
1 Schweinefilet (ca. 300 g),
1 Eßlöffel Butterschmalz (10 g).

Für die Sauce:
1 reife Avocado (ca. 200 g),
1 Zitrone,
2 Eßlöffel Crème fraîche,
Worcestersauce,
Salz, Pfeffer.

Zubereitung: Zuerst die Avocado längs halbieren, den Kern herauslosen und dann die beiden Hälften schälen. Das Fruchtfleisch sofort mit Zitronensaft beträufeln, damit es nicht braun wird. Nun einige Scheiben von einer Avocadohälfte abschneiden und zum Verzieren beiseite stellen. Den Rest Fruchtfleisch pürieren. Crème fraîche, Worcestersauce, Salz und Pfeffer zufügen und die Sauce abschmecken.
Nun das Schweinefilet unter fließendem kaltem Wasser abspülen, trockentupfen und in ca. 3 cm dicke Scheiben schneiden. Das Butterschmalz in einer Pfanne erhitzen und die Fleischscheiben darin von jeder Seite 2 Minuten braten. Die Steaks mit der Sauce auf Tellern anrichten und mit Avocadoscheiben verzieren. Dazu Mandelreis reichen.
Pro Person: ca. 500 kcal (2100 kJ). Zubereitungszeit: ca. 30 Minuten.

Gebratene Poularde

Zutaten *(für 4 Personen):*
1 Poularde (ca. 1,3 kg).
Für die Füllung:
1 Brötchen,
300 g Schweinefleisch,
1 Zwiebel (50 g),
1 Bund Petersilie,
2 eingelegte Ingwerstücke,
40 g Mandelblättchen,
1 Ei, Salz, Pfeffer.

Außerdem:
3 Eßlöffel Speiseöl,
375 ml (3/8 l) Hühnerbrühe,
1 Teelöffel Speisestärke,
125 ml (1/8 l) Weißwein,
2 Eßlöffel Schlagsahne,
1 eingelegtes Ingwerstück.

Zubereitung: Poularde trockentupfen. Brötchen in feine Würfel schneiden. Schweinefleisch abspülen, trocknen und in feine Würfel schneiden. Zwiebel abziehen und würfeln. Petersilie abspülen, trockentupfen und fein hacken. Ingwerstücke in feine Würfel schneiden. Brötchen-, Fleisch- und Zwiebelwürfel mischen. Petersilie, Ingwerwürfel, Mandelblättchen und Ei hinzufügen. Alles verkneten und mit Salz und Pfeffer abschmecken. Poularde würzen, füllen und zustecken. Öl, Salz und Pfeffer verrühren, die Poularde damit bepinseln und auf ein Backofenrost setzen. Im vorgeheizten Backofen bei 250 Grad ca. 15 Minuten braten. Heiße Brühe angießen. Backofen auf 200 Grad herunterschalten und ca. 45 Minuten weiterschmoren.
Speisestärke und Weißwein verrühren. Bratenfond damit binden. Mit Sahne verfeinern und zuletzt das in feine Scheiben geschnittene Ingwerstückchen zufügen. Nach Belieben mit glatter Petersilie garniert anrichten. Dazu Kartoffelkroketten reichen.
Pro Person: ca. 570 kcal (2390 kJ). Zubereitungszeit: ca. 1 ½ Stunden.

Semmelknödel mit Gemüse

Zutaten *(für 4 Personen):*
6 Roggenbrötchen (à 40 g),
125 ml (⅛ l) Milch,
50 g Butter oder Margarine,
3 Eier,
Salz, Pfeffer,
geriebene Muskatnuß,
3 Eßlöffel Leinsamen,
1 Bund Petersilie.
Für das Gemüse:
125 g kleine Möhren,
125 g Brokkoli,
125 g weiße Zwiebeln,
2 Eßlöffel Speiseöl,
1 Becher Crème fraîche (150 g),
50 g gehackte Haselnüsse.

Zubereitung: Brötchen in Würfel schneiden. Milch und Fett in einem Topf erhitzen und die heiße Flüssigkeit über die Brötchenwürfel gießen. Alles 10 Minuten ziehen lassen. Eier, Salz, Pfeffer, Muskat und Leinsamen zufügen. Petersilie waschen, trockentupfen und fein hacken. Zufügen und alles gut miteinander vermengen. Abschmecken und aus dem Teig acht Klöße formen. In einem großen, breiten Topf leicht gesalzenes Wasser zum Kochen bringen, die Klöße hineingeben und etwa 20 Minuten darin ziehen lassen.
Inzwischen die Möhren putzen, schrappen, waschen und in Scheiben schneiden. Vom Brokkoli die dicken Strünke abschneiden, waschen und in kleine Röschen teilen. Die Zwiebeln abziehen, waschen und würfeln. Das Öl in einem Topf erhitzen und das Gemüse kurz darin andünsten. Dann ⅛ l Wasser und Crème fraîche zufügen, mit Salz und Pfeffer bestreuen und alles etwa 15 Minuten dünsten. Das Gemüse zu den Knödeln servieren und mit Haselnüssen bestreuen.
Pro Person: ca. 520 kcal (2180 kJ). Zubereitungszeit: ca. 80 Minuten.

Schweinebauch Rouladen

Zutaten *(für 4 Personen):*
8 Scheiben magerer Schweinebauch (à 70 g),
Salz, Pfeffer,
Paprika,
gerebelter Majoran,
je 1 Eßlöffel Tomatenmark und Senf,
125 g Zwiebeln,
je 1 grüne und gelbe Paprikaschote (ca. 400 g),
3 Eßlöffel Speiseöl (30 g),
1 Packung passierte Tomaten (500 g),
2 Eßlöffel saure Sahne.
Außerdem:
Holzstäbchen.

Zubereitung: Das Fleisch waschen, trockentupfen, etwas flachklopfen und mit Salz, Pfeffer, Paprika und Majoran würzen. Dann mit Tomatenmark und Senf bestreichen. Die Zwiebeln abziehen und in feine Ringe schneiden. Die Paprikaschoten halbieren, entstielen, entkernen, die weißen Scheidewände entfernen und die Schoten waschen. Danach in dünne Streifen schneiden. Zwiebelringe und Paprikastreifen auf die Fleischscheiben verteilen. Die Scheiben fest aufrollen und mit Holzstäbchen feststecken. Das Öl in einer Pfanne erhitzen und die Rouladen darin von allen Seiten kräftig anbraten. Die passierten Tomaten zufügen und alles bei geschlossener Pfanne etwa 50 Minuten schmoren lassen. Danach die Rouladen herausnehmen und auf einer vorgewärmten Platte warmstellen. Den Bratfond mit saurer Sahne verrühren und abschmekken. Über die Rouladen gießen und evtl. mit einigen frischen Majoranblättchen verzieren. Dazu Nudeln und Salat servieren.
Pro Person: ca. 820 kcal (3440 kJ). Zubereitungszeit: ca. 75 Minuten.

Bauernfrühstück mit Käse

Zutaten *(für 4 Personen):*
1 kg gekochte Pellkartoffeln,
2 Zwiebeln (100 g),
5 Eßlöffel Speiseöl (50 g),
150 g Schinkenwürfel,
Salz, Pfeffer,
6 Eier,
150 g Gouda Käse.

Zubereitung: Die Kartoffeln pellen und in dünne Scheiben schneiden. Die Zwiebeln abziehen und in feine Würfel schneiden. Das Öl in einer großen Pfanne erhitzen. Nun Zwiebel- und Schinkenwürfel sowie die Kartoffelscheiben im heißen Öl goldbraun braten. Mit Salz und Pfeffer würzen.
Inzwischen die Eier mit dem Schneebesen verquirlen und Salz und Pfeffer zufügen. Die Eiermasse über die Bratkartoffeln gießen und stocken lassen. Den Käse grob raffeln und über die Bratkartoffeln streuen. Das Bauernfrühstück so lange weiterbacken, bis der Käse zerlaufen ist. Dazu grünen Salat mit Schnittlauchröllchen reichen.
Pro Person: ca. 610 kcal (2560 kJ). Zubereitungszeit: ca. 40 Minuten.

In Alufolie gegart

Chicorée in Folie

Zutaten *(für 4 Personen):*
4 dicke Chicorée (à 150 g),
1 Zitrone,
4 Scheiben Edamer Käse (à 70 g),
4 Scheiben gekochter Schinken (à 70 g).

Außerdem:
2 Eßlöffel Speiseöl,
Alufolie.

Zubereitung: Die eventuell welken Blätter vom Chicorée entfernen und die Stauden unter fließendem Wasser gründlich waschen. Die bitteren Strünke herausschneiden und die Stauden mit Zitronensaft beträufeln. Nun jede Chicoréestaude zuerst mit einer Scheibe Käse und dann mit einer Scheibe Schinken umwickeln.

Alufolie in vier große Quadrate schneiden und die glänzende Seite der Folie mit Öl bepinseln. Auf jedes Quadrat eine Chicoréestaude legen und die Folie locker darumherum verschließen. In eine Fettpfanne setzen und im vorgeheizten Backofen bei 200 Grad etwa 25 Minuten garen. Nach Belieben mit Petersilie verzieren. Dazu Kartoffelpüree reichen.

Pro Person: ca. 480 kcal (2020 kJ). Zubereitungszeit: ca. 40 Minuten.

Kartoffelsalat

Zutaten *(für 4 Personen):*
750 g Kartoffeln (festkochend),
125 ml (⅛ l) Fleischbrühe (Instant),
250 g gekochter Schinken,
1 rote Zwiebel (50 g),
150 g Cornichons (kleine Gewürzgurken),
100 g Silberzwiebeln aus dem Glas,
2 Eßlöffel Essig,
2 Eßlöffel Speiseöl (20 g),
Salz, Pfeffer,
1 Glas Kapern (Abtropfgewicht 17 g).
Außerdem:
1 Bund Schnittlauch.

Zubereitung: Die Kartoffeln mit Schale kochen. Abgießen und etwas abkühlen lassen. Danach pellen. Nun die Kartoffeln gut durchkühlen lassen und dann in dünne Scheiben schneiden. Brühe erhitzen und über die Kartoffelscheiben gießen.
Den Schinken in feine Würfel schneiden. Die Zwiebel abziehen und in dünne Ringe schneiden. Die Gurken in feine Scheiben schneiden und die Silberzwiebeln abtropfen lassen. Nun Schinkenwürfel, Zwiebelringe, Gurken und Silberzwiebeln unter die Kartoffelscheiben mischen. Essig, Öl, Salz und Pfeffer verrühren. Die abgetropften Kapern zufügen und die Marinade kräftig abschmecken. Über den Salat gießen und alles gut durchziehen lassen. Vor dem Servieren nochmals abschmecken und mit Schnittlauchröllchen garnieren.
Pro Person: ca. 350 kcal (1470 kJ). Zubereitungszeit: ca. 60 Minuten.

A

B

C

D

E

F

G

H

REGISTER

J

K

L

M

N

O

P

Q

R

S

T

U

V

W

Z